名师名校名校长

凝聚名师共识
回应名师关怀
打造名师品牌
培育名师群体

程明远题

小学数学教学
思考与实践

马慧英◎著

西安出版社

图书在版编目（CIP）数据

小学数学教学思考与实践 / 马慧英著.-- 西安：
西安出版社, 2024. 12.-- ISBN 978-7-5541-8068-6

Ⅰ . G623.502

中国国家版本馆CIP数据核字第2024PE1251号

小学数学教学思考与实践

XIAOXUE SHUXUE JIAOXUE SIKAO YU SHIJIAN

出版发行：西安出版社

社　　址：西安市曲江新区雁南五路 1868 号影视演艺大厦 11 层

电　　话：（029）85264440

邮政编码：710061

印　　刷：北京政采印刷服务有限公司

开　　本：710mm×1000mm　1 / 16

印　　张：15.75

字　　数：275千字

版　　次：2024 年 12 月第 1 版

印　　次：2025 年 2 月第 1 次印刷

书　　号：ISBN 978-7-5541-8068-6

定　　价：58.00 元

△本书如有缺页、误装等印刷质量问题，请与当地销售商联系调换。

献给乡村教师[1]

当小鸟还在睡梦中呢喃
村口的晨曦中
最早出现的
一定是您那匆忙到校的身影
当天边的星星已显出睡意
校园的窗帘上
依然映衬的
一定是您那伏案学习的身影
其实
在大家的记忆中
您的辛劳还远远
不止这些

风雨交加中
是您踩着泥泞
背着孩子蹚过村口那条小河
寒风凛冽的日子里
是您起早摸黑
为孩子们点燃教室的温暖
甚至，在父亲都对他的读书无力供养时

[1] 本文系"国培计划"——中西部农村中小学教师远程培训中国教师研修网"教师梦之声"征文活动一等奖作品，获中国好教师征文一等奖（编号：20131109000214049）。

是您拿着新书包

重新将他领进了课堂

无法计算

您为了孩子们的学业

付出了多少辛劳

无法估量

您为了孩子们的将来

给予了多大的期望

但是不论何时何地

您的脸上

永远都镌刻着无怨无悔的光芒

国培穿越了

叠复的山

交错的水

盘绕的路

与您相约

学校变得没有了围墙

网络化学习成为了生活的乐趣

紧张着

初次接触的陌生

欣喜着

疑难困惑的释然

激动着

观点经验的分享

您说

学习永远不晚

国培的路上

信念

让您离散而不孤独

追求

让您辛劳而不埋怨

执着

让您清贫而不气馁

为了山里的孩子

您跋涉的脚步

永不停息

深深的脚印中

印证着更坚定的信念

无悔的事业

一定会托起明天的希望

无悔的奉献

一定会铸造不老的辉煌·

无悔的脚步

一定会书写得更加坚定

更加铿锵

目 录

上篇 "研"有所获，"思"之笃行

下篇 "教"出精彩,"课"显匠心

上 篇

"研"有所获，
"思"之笃行

第一章

课题研究激发教学活力

创新德育管理　实施全员育人[①]

一、课题研究背景及意义

我校是一所城乡接合部学校，生源参差不齐，学生缺乏良好的生活和学习习惯，家长文化程度低，家庭教育观念普遍淡薄，常规德育工作收效甚微。这就要求全体教师在教育教学过程中从学生的衣、食、住、行各个方面深耕细作，遵循《中小学德育工作指南》，有效开展德育工作。"创新德育管理，实施全员育人"课题的提出，有助于构建全员育人工作体系，促使学校、家庭共同努力，关注学生的全面发展和个性发展，形成"人人承担育人任务、堂堂渗透育人内容、时时蕴含育人理念、事事体现育人作用"的良好局面，落实立德树人根本任务。

通过本课题的研究，从理论和实践两方面对农村小学德育管理进行研究探索，摸清规律，提高认识，探出新路，促进小学生全面发展，增强学校的发展后劲。

二、课题研究内容

1. 对本校德育管理现状进行调查分析与归因分析，进而开展学生良好心理

[①] 2020年宁夏回族自治区中小学校"三全育人"综合改革试点项目，本文为《创新德育管理 实施全员育人》结题报告。

素质的培养研究，包括明确要培养哪些良好品行习惯，以及探索如何培养这些习惯。

2. 积极探索培养小学生良好行为习惯的方法与途径，从教师、学生、家长三个层面共同致力于学生心理素质及生活学习习惯的培养。

3. 通过开展创新德育管理策略的研究，促使更多教师关注并研究德育过程中的实际问题，构建"三全育人"模式。

三、课题研究目标

1. 通过理论学习，准确分析当前德育工作现状，提出新思路。

2. 创新德育方法，提升德育实效。

3. 加强学校德育工作，全面提高教育教学管理水平。

四、课题研究的理论依据

1. 坚持素质教育理念，全面贯彻执行党的教育方针，以提高学生素质为宗旨，为培育一代新人全面发展打好素质基础，全面实施以培养学生创新精神和实践能力为重点的素质教育。

2. 从系统论出发，重视教学各个环节中的育人"衔接"，做到课内课外相互联系、相互作用、相互制约。

3. 坚持循序渐进的原则。根据教育心理学相关原理，不同年龄学生在身心发展方面存在很大差异。不同阶段的学生在生理发展、言语水平、智力水平、活动形式和个性等方面存在特殊矛盾和质的区别。

4. 从学习心理理论来看，不同学习阶段的学生具有不同的学习心理特征和心理状态。小学生基础知识掌握程度不一、认知前提差异较大、心理和行为表现不稳定。

五、预期研究成效

在两年的研究期内，课题组成员能加强自身教育理论学习，紧紧围绕"创新育人模式，实施全员育人；创新育人载体，增强育人实效；创新家校共育形式，提高育人效果"的研究内容，按照研究计划制定的时间表开展研究，确保课题结果的科学性和可靠性。

六、研究方法

本课题研究以"行动研究法"为主线，以现代教育理论指导研究实践，在行动中发现、研究问题，在实践过程中不断调整、修正研究行为，总结、提升研究成果。

1. 文献法。查阅国内外德育管理方面已经取得的经验、成果，学习"三全育人"相关理论及文件精神，确定课题研究的目标和策略，保证研究成果的可行性与可靠性。

2. 调查研究法。通过对师生、家长进行问卷调查、座谈、访谈等方式，了解我校各年级学生的心理状况、学习生活的现状，并进行归因分析，在此基础上围绕课题研究目标展开研究。

3. 行动研究法。鼓励教师将教育教学行动和课题研究结合起来，发现、筛选并研究来自德育管理和"三全育人"中迫切需要解决的具体问题，不断提高本课题研究的即时应用价值，并以此帮助广大教师提高教育科研能力。

4. 个案研究法。选取典型实例进行跟踪研究，揭示某些规律性的内容，为课题研究的全面实施和经验推广提供借鉴。

5. 总结法。根据教育、教学课题研究实践进行经验交流和总结，提炼成果，撰写研究日志。

七、研究过程

课题研究步骤概述：该课题研究自2020年3月开始准备，2020年9月立项并开始研究，原计划于2022年7月结题。在实践与研究过程中分阶段进行，历经四个阶段。

第一阶段：准备开题阶段（2020年9月—2020年10月）

1. 组建成立课题组，召集会议并建立工作群，组织有关教师学习课题理论，统一思想认识，分工落实调研工作。

2. 确定研究的基本思路、基本原则和方法，完成课题实施方案，明确职责和要求。

第二阶段：基础研究阶段（2020年11月—2021年1月）

1. 以问卷为主，结合座谈、走访等方式了解教师对德育现状的认知，在认真分析的基础上完成调查报告。取得的阶段性研究成果：完成城关二小德育管理现状调查、城关二小班主任班级管理调查、城关二小教师教学中渗透德育情况的调查报告。

2. 结合城关二小德育管理现状调查、城关二小班主任班级管理调查、城关二小教师教学中渗透德育情况调查报告，课题组制订"创新德育管理 实施全员育人"工作计划，并依计划开展工作。

第三阶段：深入研究阶段（2021年2月—2022年3月）

1. 经过前期的调研、座谈和对德育管理模式的初探，聚焦研究问题，将研究内容统一到"低、小、细、实"的德育方法研究上。

2. 探索构建具有本校特色的"一点两心"德育新模式。即以"培养人"为出发点，以"育"为中心，以"全"为重心。以形式多样、丰富多彩的教育活动作为课题研究的有效载体，使研究持续深入。

3. 收集材料开展中期汇报，反思调整方案，分三个学段（低、中、高）进行总结研究。

第四阶段：结题鉴定阶段（2022年4月—2022年7月）

1. 不断拓宽研究途径，创新思路与方法，进一步丰富和充实课题的研究内容，开展卓有成效的教育实践活动。

2. 梳理研究过程中的创新点，建构具有本校特色的"一点两心"德育新模式：以"培养人"为出发点，以"育"为中心（用"规范"育人、用"活动"育人、用"文化"育人），以"全"为重心（人人承担育人任务、堂堂渗透育人内容、时时蕴含育人理念、事事体现育人作用）。

3. 探索多样的家校沟通方法（组建两级家长委员会完善家校共育机制、引领亲子共读共建书香家庭、建立班级微信群或利用"云校家""班级优化大师"等拓宽家校联系渠道、定期召开家长会、积极开展家访、发挥家长特长拓宽课程资源、开展亲子综合实践活动、开展家庭教育指导），密切家校联系，形成全新的家校共育共同体。

4. 全面总结课题研究情况，收集、整理、完善各类研究资料，总结课题研究过程中取得的经验和教训，撰写《创新德育管理实施全员育人》的研究报告，完成课题研究，申请鉴定验收和评审。

八、研究成果

经过两年的研究，我们收获颇丰。课题组分析了影响我校德育效果的各种原因，并从学校实际出发采取了有针对性的措施，实践了"低、小、细、实"的德育方法，构建了具有本校特色的"一点两心"德育新模式，探索了多样的家校沟通方法，密切了家校联系，形成了全新的家校共育共同体。

校内教研氛围浓厚，特别是年轻教师参与教学研究的热情空前高涨，促进了全体教师教育能力的提升。教学成果在香水镇各校进行推广，受到广大教师的认可，反响良好。

课题组教师专业能力不断提高。课题主持人马慧英在2021年10月被宁夏回族自治区教育厅确定为"自治区乡村名师工作室主持人"培养对象；2021年4月撰写的论文《用习近平新时代中国特色社会主义思想指导小学数学教学》获县级"三进"作品评选一等奖、市级二等奖；"面积和面积的单位（例1）"获固原市第二届信息技术与学科融合课例评选一等奖。课题组成员拜小花的微课"千人糕"在2020年固原市"四评一赛"评选活动中荣获二等奖；2021年4月荣获泾源县教育系统"学党史　感党恩　讲党史"红色经典诵读比赛活动三等奖；教学设计《军神》在2021年泾源县教育系统组织的"三进"作品评选中获一等奖，2021年固原市"四评一赛"评选活动中荣获二等奖；在泾源县2022年中小学生国家安全手抄报评选活动中被评为优秀指导教师。白燕老师在2021年泾源县"三进"活动中获思政课一等奖；2021年9月，被泾源县人民政府评为"优秀班主任"。马晓云老师获2021年固原市优秀作业设计二等奖；2021年固原市基础教育精品课二等奖；2022年泾源县班主任基本功大赛二等奖；2022年固原市优秀教育工作者。

校园文化氛围浓厚，教室窗明几净，校园整洁有序。学生明理守信，言行规范，富有朝气。学习秩序井然，课堂效率大大提高，学习风气日益浓厚。

家长关心学校发展，与教师同心协力，对孩子的变化感到满意。教师、家长的育人理念得到提升，工作方法更贴近学生。

课题组认真撰写了"创新德育管理　实施全员育人"开题报告和结题报告，收集整理研究过程中的资料并编辑成册，包括《课题研究教师论文、案例集》《泾源县城关第二小学创新德育管理制度汇编》《师德师风建设资料》《德育主题活动教学设计集》《德育主题活动课件资源包》《小学精品思政课教学设计集》《小学精品思政课课件资源包》《"五育"融合典型案例集》等。

农村小学数学提高计算能力策略研究①

近年来，随着教育改革不断深入，新的教学理念持续深化，在教学过程中对学生计算能力和习惯的培养已成为我们教师教学的基本目标之一。在小学数学教学中，计算能力是教学能力培养目标之一。计算能力不仅是小学数学教学的一项重要任务，更是学生今后学习数学的重要基础。可以说，每个单元的学习都离不开计算。数的运算、解决实际问题、几何计算、方程等知识都与计算密切相关。因此，学生计算能力的高低直接影响着学生数学及其他学科的学习成绩。然而，在农村小学的数学教学中，许多学生在计算内容的学习上存在困难，这也困扰着教师的教学。甚至有一些学生因计算能力弱而导致数学成绩较差，继而丧失了学习数学的兴趣和积极性。本课题针对这些问题，课题组教师开展问卷调查，分析计算能力弱的原因，努力寻求解决方法，在教学实践中取得了较好的效果。现将课题研究情况汇报如下：

一、课题研究的背景和意义

我们学校是一所农村小学，在数学教学中最大的障碍之一就是部分学生的计算能力弱。而计算教学是数学教学中的重要内容，在小学数学教材中所占比重很大，可以说这部分内容贯穿数学学习的整个过程。学生的计算能力是一项最基本的数学能力，它包含计算的速度和正确率，也是学生必备的基本技能之一。《义务教育数学课程标准（2011年版）》中明确指出："使学生能够对于

---

① 宁夏第五届基础教育教学课题。

其中一些基本的计算，要达到一定的熟练程度，并逐步做到计算方法合理、灵活"。

然而，在教学中我们发现，每个班总有一部分学生计算能力弱，计算的正确率低。在分析了低、中、高不同学段学生大量的错题后，我们课题组教师发现，许多同学总以为计算题比解决问题简单得多，对一些计算法则、运算定律等知识掌握得比较牢固，所以他们认为计算是件轻而易举的事情，因此在计算时因过于自信、注意力不能集中，导致错误百出。比如：抄错数字或运算符号、需要笔算的用口算、计算时忘记进位退位、没有养成检验的习惯……上述这些其实都是综合能力缺失的表现。

因此，为了提高我校学生计算能力，我们确立了"农村小学数学提高计算能力策略研究"这一课题，来探索如何在平时的教学中加强学生口算、估算和笔算能力的训练，培养小学生良好的计算习惯，以提高学生的数学计算能力。

二、课题研究的目标与内容

（一）目标

通过本课题的研究，努力提高农村小学学生的计算能力，具体包括：提高他们的口算、心算和笔算能力；重视学生对算理的理解，使其能根据算式的特点灵活选择适合的计算方法；增强学生的估算意识；让学生能运用运算律进行简便运算，养成良好的验算习惯；使学生在生动活泼、轻松愉快的学习氛围中对计算产生兴趣，为数学学习奠定扎实的基础。

（二）内容

根据对教学中学生经常出现的错题进行分析，找出导致计算错误的原因，并针对这些原因，寻找应对的策略，以提高学生的计算能力和计算正确率。

1. 关于寻找影响学生计算正确率的因素和计算速度慢的原因的研究。

2. 利用课堂教学加强口算、估算和笔算教学，以提高计算能力的研究。

3. 实现算法多样化与优化的研究。

4. 促进学生良好计算习惯养成的研究。

三、课题研究的理论依据

计算是小学数学的基本内容之一。不同的计算学习内容，其计算方法既有联系，又有区别；既有一定的共性，又有各自的特点。由于计算学习内容自身特点的不同、不同学习阶段小学生的思维发展水平不同，以及个体知识积累和数学活动经验的差异，造成了计算方法探索过程的丰富和多样性。教学中，我们通过仔细分析不同学段教材里不同计算方法的呈现特点，结合农村小学生的学习实际情况，采取相应的教学策略，提高计算效率，充分发挥计算教学促进学生思维发展的功能，让学生真正成为学习的主人、课堂的主体，真正实现课堂是学生的课堂。

《义务教育数学课程标准（2011年版）》强调：在计算教学时，应通过实际问题进一步培养数感，增进学生对运算意义的理解；要鼓励算法多样化，通过创设良好的学习环境，充分利用学生的非智力因素有效地进行课堂教学，激发学生学习的主动性，促进感觉和知觉的发展，培养各种能力，从而达到促进学生创新素养全面发展的目标。

四、课题研究的方法

1. 文献资料法。通过各种途径查阅、收集和整理相关资料，关注国内外计算教学的历史成果和最新动态，建立有效的理论支撑。

2. 调查研究法。在课题开始前，对学生计算能力通过问卷进行前期调查，采用谈话、问卷等方式摸清学生已有的计算基础以及计算中存在的问题。在实验过程中进行过程调查、效果调查、实地检测，了解学生现有状况，以便随时对研究的过程进行调整。

3. 行动研究法。教师针对学生计算中出现的各种错误进行分析、观察、比较和研究，提供多方面的形式进行计算的思维能力训练，培养学生良好的计算习惯（书写、检查等），并采用激励性的评价，激发学生计算的兴趣，从而大幅度提高计算的正确率。

4. 案例分析法。通过对学生典型错题和课例进行分析，找到问题的实质，研究解决这些问题的有效策略。

5. 经验总结法。对收集、积累的资料进行全面整理、归纳和分析，总结出计算教学的有效策略。

五、课题研究的过程

第一阶段：准备阶段

在明确课题的研究目的和任务后，搜集相关资料，查找有关本课题的国内外资料及相关理论依据，加以吸收借鉴和研究参考。通过对本校学生进行问卷调查、个别交流、错题搜集以及家长访谈等形式，了解和掌握学生已有的计算基础、计算习惯和计算兴趣，对学生的计算水平作出较全面的分析，并作出初步判断。在此基础上，制订具体实施方案，并拟定该课题的具体操作步骤。

第二阶段：实施阶段

1.对学生现状进行调查分析，了解并掌握其现有计算基础。

（1）学生对数学学习缺乏积极性，未养成良好的计算习惯。

调查发现，尽管班级、年级不同，但学生对学习数学的积极性普遍不高。既没有良好的兴趣，也没有良好的习惯。通过课题组教师了解发现，大部分学生认为自己计算出错的原因是"粗心大意"。有大半学生做不到审题认真，做数学题时只是粗略地只读一遍题目就下笔运算。学生的草稿习惯非常差，只有一少部分学生有草稿本，但草稿本上的字迹潦草、零乱；由于是农村小学，相当一部分学生没有固定的草稿本，有的随便撕一张纸，有的在数学书的空白处、课桌面或其他书上等到处列草稿，甚至还有学生在手背上、掌心上、胳膊上打草稿……这些现象是造成计算错误的重要因素之一。

（2）学生对算理不明晰且算法不牢固。

经我们调查发现，不同年级学生都存在"算法和算理不明确"而导致的计算错误。由于教师对计算教学不够重视，尤其是一些年龄大的教师，仍采用传统教学方法，不重视计算教学方法的改进，在教学过程中轻算理重算法、重练习轻理解，常常进行题海战术。当学生出现错误时，教师没有帮助学生寻找错误原因，而一味将其归咎于学生的粗心大意。久而久之，就造成了教师埋怨学生计算能力差的现状。

（3）不重视口算和估算。

根据课题组教师调查发现：我校部分教师只是被动地进行口算练习，只有当课本涉及相关计算内容时才会进行训练，不涉及时不进行或偶尔进行训练，对口算的训练纯粹依赖于课本。尽管大部分教师知道口算的重要性，但是总认为小学生是以笔算为主，多进行笔算练习即可。在教学中遇到估算题时，教师才会被动地进行估算教学。还有个别教师要求学生"算着估"，违背了估算教学"估着算"的教学目的，把估算看成是求近似值。我校的学生也常常习惯了精确计算，不愿意根据实际问题进行估算，甚至在教师的影响下，该估算的问题用精确计算来解决。

（4）没有做到算法的多样化及其优化。

在计算教学中要体现算法多样化，鼓励学生多样化的算法，以培养学生的创新素养。但很多时候教师仅仅在列举出学生汇报的不同算法后，立即要求学生从中选择自己喜欢的方法，此时学生不愿意去选择其他同学的算法，始终停留在自己理解掌握的一种算法上。长此以往，学生思维受到局限，计算水平很难得到提高。这就需要我们在本课题研究中对算法的多样化及其优化进行进一步的探索和实践。

（5）家长不重视影响了孩子计算能力的提高。

孩子的第一任教师是家长。在农村，很多家里不太重视孩子的教育。通过与家长的访谈，我们了解到很多家长不识字，只是问问孩子的作业写完了没有，却并不关心孩子作业写得好坏，是否正确，更别提是否真的把算理弄懂了。几乎没有家长用数学计算问题考问孩子，甚至有些家长看见孩子用计算器算题都不理睬。

2. 采取的具体措施。

（1）端正学习态度，培养良好习惯。

首先从书写开始培养良好的计算习惯。不断要求学生认真书写每一个数字和每一个运算符号。当拿到题目时，要做到"一看"，即看清楚题目及要求；"二想"，即想算理、想方法；"三算"，即按正确的运算顺序认真计算；"四查"，即算后仔细检查；"五洁"，即作业要写得干净整洁；"六练"，即在教师的严格要求下不断反复训练，坚持不懈；"七养"，即培养学生在计算时一丝不苟、严肃认真、及时检验的习惯。只有这样，良好的习惯才能逐步形成。

（2）明确算理，掌握算法。

算理与算法是计算教学中最关键的两个方面。算理是对算法的解释，是理解算法的前提；算法是对算理的总结与提炼，它们是相互联系、有机统一的整体。在计算教学中，只有透彻理解算理并熟练掌握算法，才能有效提高学生的计算能力。在课题研究中，通过以下途径帮助学生理解算理和算法：第一，创设直观生动的生活情境，激发学生兴趣，使其体会计算在实际生活中的重要性，让学生掌握算理和算法；第二，让学生通过自己动手操作或运用数形结合的方法，帮助学生进一步理解算理和算法；第三，根据学生已有的知识和经验进行合理迁移，解释算理和算法，在深入理解后使其熟练掌握；最后，将教师讲解算理与学生巩固练习相结合。

（3）提高课堂教学效率。

① 进行口算训练。每天根据当堂教学内容，学生根据教师要求提前准备形式多样的口算题目，在课前五分钟进行口算训练。

② 通过当堂提问，巩固与本节课教学内容相关的定义、规律、计算法则。

③ 教师充分启发学生抓住新旧知识的相同点，将学生的思维引导至新旧知识的联结点上，指导学生沟通新旧知识之间的内在联系。

④ 抓住典型例题，对新旧知识的本质进行比较、区别。当学生找出新旧知识的内在联系后，教师应将两者放在一起，让学生对比、分析，抓住新旧知识的本质进行比较、区别。

⑤ 概括计算法则。由教师引导学生进行分析、综合、抽象、概括，然后启发学生积极说出计算规律。当一名学生说不完整时，其他同学补充，教师在学生发言的基础上归纳、总结出正确完整的计算法则。

⑥ 探究新知之后，教师要紧紧围绕教学目标，设计形式多样的习题让学生尝试计算法则的运用。在练习过程中，如发现错误，要及时指出纠正错误，补缺遗漏。

⑦ 紧紧围绕教学内容，教师布置相应习题让学生尝试独立完成，同时准备难度较大的思考题给学有余力的学生做。通过集体批改，对普遍性错误进行全班讲评，个别错误当面辅导，督促及时矫正，并提出改进要求。

⑧ 课堂评价

a. 多样的学生评价：学生不但可以对自己进行评价，也可以对其他同学作出评价。这样既培养了学生上课认真听讲的习惯，又培养了学生的语言组织能力和口头表达能力。

b. 教师激励评价：教师要根据本节课学生的表现情况，对有进步或表现突出的学生进行评价，从各个方面鼓励、评价学生，增强他们的自信心和积极性。

（4）不断加强计算练习，努力提高学生计算水平。

虽然我们反对"题海战术"，但计算能力的培养仍需要适度的练习，任何知识都需要在运用的过程中逐渐掌握和熟悉。在课题研究中，我们在练习形式的多样性和趣味性方面积极探索、狠下功夫，使计算练习具有游戏性、挑战性和趣味性，从而达到寓学于乐的目的。

① 增强估算意识，加强口算训练。

笔算、估算和简算都以口算为基础，口算是计算能力极其重要的组成部分。而发展学生数感的有效途径之一是估算，同时估算也是保证计算正确的一个重要环节，对提高学生的计算能力有很大益处。因此，加强口算、估算训练是提高计算能力的开端。我们要天天、课课进行口算训练，从而逐步达到熟能生巧、又对又快的程度。课题组教师要求实验班级每个同学准备一个口算题本，每天在课前进行口算练习，时间约为3~5分钟。训练时可以采用各种活动或比赛进行，如口算游戏、对抗赛、夺红旗、接力赛等，还要用形式多样的练习来激发学生练习口算的积极性。当学生在较短的时间内集中精力进行练习时，既提高了学生的计算能力，又提高了思维的敏捷性。其次，我们还要适时进行估算能力的训练，在实际情境中让学生感受估算的重要性，体会方法的多样化。教师要把估算和实际生活情境结合起来教学，这样才能让学生在情境中产生多样化的估算方法，从而进一步提高学生解决实际问题的能力。通过学生对估算问题的解决，教师便能了解学生的估算意识的强弱，以及学生掌握估算方法的情况。

② 加强指导课堂练习。

在数学课堂上，同样需要教师"授之以渔"，不仅要教给学生计算方法，掌握计算法则，而且要保证学生练习的时间。只有在课堂上多加练习，高质量完成课堂作业，并及时指导学生改正在计算中出现的失误，才能提高课堂练习的有效性。

③ 激发学生对计算的兴趣。

计算教学本身是枯燥、单调的。如果处理不当，一节课就会显得枯燥乏味。教学时要让学生积极主动地参与到教学中来，变"要我练"为"我要练"，激发学生的兴趣。注意练习时间不能太长，所以我们在练习中相互穿插不同形式的练习,克服计算的单调性。其次,可以通过穿插一些数学故事,如走"数学迷宫"等,增强计算的趣味性。再次,适当进行竞赛活动,比如"看谁做得又对又快""数学医院""玩数独"等形式,提高学生的学习兴趣。最后,评价应及时,当堂对计算进步快或计算能力高的同学进行表扬、奖励,使学生体验成功的愉快,增强继续进步的动力。

④ 提高学生计算能力的有效途径——重视错题分析。

在平时的教学中,所有教师都怕见到错题,学生更是如此。然而,错题其实是一种有效的资源,如果能充分利用,反而会更好地提高学生的审题能力与计算技能。

我们要重视学生的错题并对其进行分析,对症下药。对于学生的错题,我们可以专门用一节课来进行剖析,让学生学会自己观察与分析错误,找出错题的原因。针对此种错误,引导他们说出在计算中今后要注意的地方。改错题也要有多种多样的形式,可以采用情境教学、直观教学、游戏等方法,比如采取"小医生找病因"的竞赛形式,也可以采用"哪位小老师最认真"的形式,让学生从比赛中获取知识,巩固他们的计算能力。

第三阶段:总结阶段

课题通过不同的研究方法对研究过程和成果进行全面总结,分析实验成果,撰写研究报告,形成具有我校特色的教学模式和评价模式。整理研究资料,写出结题报告,并在一定范围内进行展示、推广课题研究的成果。

六、课题研究的成果

经过近两年的研究,我们收获颇丰。课题组分析了农村小学生计算错误产生的各种原因,并采取了针对性的措施,实验班学生的计算能力和正确率有了明显的提高。在课题组教师的带动下,全校的数学教师都不同程度地关注了学生计算能力的培养。与之前相比,学生的计算能力得到了大幅提升,每学期期末测试实验班学生计算错误明显减少。通过几次数学作业展评可以看出,实验班学生作业整洁、书写规范、正确率高,并已养成良好的学习习惯。

校内教研氛围浓厚,特别是数学教师参与教学研究的热情空前高涨,促进了全体教师(尤其年轻教师)教学能力的提高。教学成果在香水镇各校进行推广,受到了广大教师的认可,反响良好。

课题组教师专业能力不断提高。课题主持人沙继花带领实验教师梳理研究资料，精心撰写了论文《如何提高农村小学数学教学中学生计算能力》，经《辅导员》专家委员会评审获优秀论文一等奖，并发表在《辅导员》2020年第11期。马慧英老师的"逆用乘法分配律简便计算小数乘法"获固原市"五个百"微课竞赛一等奖，《农村小学数学课堂中培养孩子创新素养之我见》《和学生一起思考》《立足生活，拓展思维，提升问题解决能力》《以学生经验为基点落实数学创新素养教育》等多篇论文获固原市"杏坛杯""五个百"优秀论文、案例一等奖和二等奖。教学设计"确定起跑线"获固原市"杏坛杯"竞赛二等奖。"总复习（因数与倍数）"获泾源县互联网应用大赛优质课二等奖。杨彩琴老师在固原市第四届教师技能大赛荣获二等奖，课件"'年　月　日'的整理和复习"在2019年固原市"五个百"评选活动中荣获二等奖，论文《浅谈农村小学课堂中学生倾听能力的培养》在2019年固原市"五个百"评选活动中荣获二等奖。

七、课题研究反思及设想

近两年来在课题开展的过程中，感觉时间较为仓促，虽然取得了一定的成效，但仍然存在很多问题。

（一）研究困惑

1. 由于学生存在差异，个别学生未能掌握心算、口算的方法，导致计算时间长且准确率低。

2. 在计算练习题型的趣味性开发方面仍需进一步加强，从与学生的访谈中反映出，几乎所有学生都喜欢趣味性题目，而且当前计算题的形式还不够多样化，我们在这方面做得仍有欠缺。

3. 在计算教学课堂上，放手让学生自主探究发现问题时，容易过度注重计算结果而忽视算理，使得知识点显得薄弱。

4. 在班级课堂教学中，因为时间的关系，对计算薄弱的学生关注不足，容易顾此失彼。

（二）今后的设想

1. 深入学习，转变计算观念，积极寻找更多有利于学生计算的途径。

2. 时常给学生提供口算与计算的机会，并创设良好的学习环境，充分开发学生的计算潜能。

3.注重算理与算法的学习，课堂上要有思考的空间。

4.计算习惯的培养是一个长期的训练和积累过程，计算教学要常抓不懈。从低年级开始培养学生的计算兴趣和计算能力，为后续学习奠定良好基础。

5.将计算与生活实际有机联系起来，寻求新型突破口，为学生计算能力的提高奠定坚实基础。

提高学生的计算能力是一项细致且长期的工作，学生计算水平的提高需要经历一个复杂而漫长的过程，这需要我们坚持不懈、持之以恒的努力。

参考文献

［1］段月红.农村小学数学教学如何提高学生计算能力［J］.考试周刊，2017（76）：95.

［2］孙建国.如何提高农村小学生数学计算能力［J］.雅安职业技术学院学报，2016（1）：83–84，86.

［3］曹猛.如何提高学生的计算能力［J］.中国教育技术装备，2009（19）：93–94.

［4］吕珍.小学生计算能力的培养［J］.广西教育A（小教版），2005（1）：77.

［5］苗建波.如何培养小学生的计算能力［J］.中学生数理化（教与学），2009（1）：61–62.

［6］李吉原.如何提高小学生的数学计算能力［J］.小学教学研究，2007（11）：30–31.

［7］杨启宏.提高小学生计算能力的方法［J］.河南教育（基教版），2007（5）：51.

自治区"互联网+教育"信息化骨干培训项目(高端教学类)

——依托互联网构建有效的小学数学课堂①

根据《自治区"互联网+教育"十百千万人才培养工程实施方案》(宁教人〔2020〕177号)(以下简称《实施方案》)要求,笔者积极撰写《2020年自治区"互联网+教育"高端教学人才计划申报书》,经单位审核推荐、专家集中评审,于2021年12月被宁夏回族自治区教育厅确定为全区"互联网+教育"信息化骨干培训项目第一批培养对象。本项目立项后,本人依据教育教学实际,立足于课堂研究,撰写《自治区"互联网+教育"信息化骨干培训项目(高端教学类)任务书》,选择"依托互联网构建有效的小学数学课堂"为研究主题,通过问题解决促进学科教学与信息技术深度融合。

一、通过项目实施掌握"互联网+教育"的理论知识

学习"互联网+教育"的理论基础,包括"互联网+教育"的概念、特点和发展趋势等。通过学习,课题组成员对"互联网+教育管理、互联网+教师、互联网+课程、互联网+教学、互联网+学习"等理论有了进一步的理解和掌握,为课题实施奠定了基础。

分析"互联网+"对课堂教学的影响,在边学习、边实践的过程中突破传统课堂的教学局限,重构教学理念。"互联网+"打破了传统课堂以知识为重心的教学理念,更加关注学生的个性发展,同时改变了传统师生关系。互联网开

---

① 自治区"互联网+教育"信息化骨干培训项目(高端教学类),项目编号:XXHC2021295。本文为该项目结题报告。

放、智能的资源和手段使课堂更加丰富，改善了课堂学习效果。"互联网+"使得教学模式也在不断创新，以适应当地学校、课程的需求。"互联网+"与教育的深度融合，会对课堂教学产生巨大影响，使得课堂的生态系统更加开放，引发传统教学模式的变革。

二、提高教育信息化应用能力，不断改进教学方法和手段

1. 组织课题组成员依托国家智慧教育云平台和宁夏教育资源公共服务平台深入学习《义务教育数学课程标准（2022年版）》，关注核心素养，重视全面发展，促进学生信息素养的提升。

2. 以智慧校园环境和信息化教学条件为支撑，转变教育观念。

3. 课题组尝试以理论依据、教学目标、实现条件、教学流程、教学评价等要素为主探索"互联网+"课堂教学模式，采取"先学后教，以学定教"的方式，实现教学环节的联通性、教学流程的翻转性、教学活动的交互性、学习活动的自主性。在此基础上，促进学生学习方式转变，提升课堂教学效果。

三、培养创新思维和团队合作能力，促进深度融合

在坚持主动学习"互联网+教育"理论知识并积极投身课堂教学改革的同时，主持人于2023年3月底积极参加高端教学类人才赴武汉的研修活动，在学习中认真聆听专家讲座，详细记录笔记，积极参与分组研讨，深入走访名校，用心观摩信息课，通过学习，充分了解了学校基于教育云平台构建的"五育"评价体系以及"课程+活动"为"五育"智慧融合赋能的课程体系。返岗后，主持人能积极将学习成果进行转化，开展校本培训，带动教师丰富课堂教学手段，增进教学互动性，用好大数据平台，依据数据评估课堂教学效果，实时掌握学生学习进展情况，以技术赋能促进课堂教育水平的提升。

自项目实施以来，本人带领课题组成员对"依托互联网构建有效的农村数学课堂"课题进行了深入研究，全面分析了农村小学数学教学中存在的问题和挑战，积极探索适合农村教学环境的教学模式和方法，并提出相应的解决方案和策略。撰写的论文《依托互联网构建高品质数学课堂》成功发表在《宁夏教育》2023年第11期。积极带领成员参加教育主管部门组织的各类教学竞赛活动，录制精品课和微课，认真整理并分享研究成果和教学经验。在周期内，共

有1项课题结题，2篇文章、3节课例、2节微课分别获自治区、固原市一、二等奖。2022年4月，被固原市教育局授牌"马慧英名师工作室"，同时经教育厅审核建立了"马慧英网络名师工作室"，极大地调动了全校、全县教师参与网络教研、深度融合教学的积极性，提升了他们的能力。

四、积极开展教学成果演示推广

为更好地促进"互联网+"课堂教学模式的开展，及时将其与县级以上教育主管部门组织的教育教学竞赛活动相结合，开展个人教学成果演示推广。

在全县第一届"四课"比赛之际，本人率先报名参加，并带领课题组成员在校内、学区内开展公开课活动，充分展示了课题组在"互联网+"推动课堂模式变革过程中的"三变"。

1. 转变设计理念，深化教学目标。从核心素养角度出发，分析学习者的真实需求，确定多维度、更加清晰的教学目标。

2. 转变课堂重心，促进个性化成长。将教师的注意力引向教学过程，注重过程引导，使知识以情境化的方式被内化，促进学生个性化成长。

3. 结合数学学科特色，培养学生的跨学科思维，让课堂更具灵活性与创造性。同时，在成果推广中也反映出"互联网+"背景下教学资源、环境和教学系统都发生了巨大变化，以及产生了一些新的教学问题，需要不断交流、听取建议，及时采取行动，寻求改进措施，才能逐步认真解决教与学中的问题，实现教学质量的优化。

五、合理、规范使用经费，无结余

5000元用于外出培训，3000元用于成果推广，其中资料印刷费用400元，2600元用于支付参赛视频课录制。

六、项目展望

在"互联网+"推动课堂模式变革的过程中，强调利用技术实现课堂三环节互联，以及教师、学生、家长互通。

首先，教学环节的互联应呈递进式，逐步实现学生对知识的深度理解。课前，着重培养学生的自学能力，教师进行学情分析，分层布置导学案，在线上、线下提供资料引导学生自学，促进学生对知识的提前感知；课中，侧重学生的合作意识和思维水平，教师设计教学活动，用问题引导探究，用任务增强合作，同时提供辅导答疑，促进学生对知识的深入理解；课后，注重学生的创新实践和能力拓展，教师提供拓展材料，学生线上、线下练习知识、迁移自学，促进学生对知识的延伸。

其次，教师、学生、家长的互通要通过合作交流，构建教育共同体。教师作为教学主导者，要定期分析学生的学习情况并制作相应评价反馈表，提供给家长和学生；学生是教学主体，通过交流会等活动促进自我反思，并向教师、家长提交心得反馈情况；家长是教学辅助者，及时与教师沟通，配合学校教育工作，同时以身作则，营造良好的家庭学习氛围。

另外，借助"互联网+"改善评价方式，适应教育发展。为保障教学模式的实施效果，提高教学质量，促进个人发展，应改善评价方式。课堂中应面向全体学生，设置促进学生发展的评价标准，实现教学评一体化。同时采取多元评价方式，分析过程性评价数据，促进学生素养提升。

本项目的实施有效促进了项目主持人和课题成员信息技术与教育教学深度融合，培养了一批具备高端教学能力的教育信息化骨干人才，努力使教学成果"异地转化"，形成了相互交流学习、共同发展的良好氛围，使更多的农村数学教师和学生受益，为教育事业的发展作出更大贡献。

附：

农村小学依托互联网构建高品质数学课堂的实践研究

一、项目实施背景、目的、意义

小学数学是小学教育中的基础学科，将课堂教学与信息技术相结合，以互联网为依托，有效提升农村小学数学课堂教学效果，全面发展学生学习能力，为学生终身学习提供坚实保障。

1. 依托互联网丰富数学教学资源，拓宽教学渠道。现代教育的竞争本质体现在资源的竞争上。在农村传统数学教学实践中，资源有限，以教材为主要内容，课堂教学面临挑战。而在"互联网+"时代，信息资源急剧增加，小学数学教学资源得到丰富，获得了全新的发展渠道与方向。

2. 依托互联网变被动学习为主动学习，促进学习能力大幅增强。目前，在农村小学数学教学中，教师受传统教学模式影响，一直以传输课本知识为基础，不断给学生灌输，却不重视学生的吸收及掌握程度，以自己为主体，忽略了学生的重要性，不能以生为本，学生的学习是被动的，缺乏主动学习意识。这种陈旧单一的教学模式，不但不能提高学习效率，还会让学生逐渐失去学习数学的兴趣，影响数学教学效果。在"互联网+"时代，学生在丰富的教学资源的支持下，发挥平台以及互联网资源的作用，教师可以采用多种教学模式与实际相结合。学生在未掌握和理解知识的情况下，通过教师线上正确引导，思考问题、解决问题，对所学内容加以强化。教师在实践中有针对性地提高学生学习数学的兴趣，调动学生的积极性，增强自主学习意识，这对培养学生的学习能力具有重大意义。

3. 依托互联网优化数学知识呈现方式，使知识传授更加便捷。在农村传统数学教学中，知识主要通过教师传授，呈现方式一般以挂图、教具等为主，类型缺乏丰富性，从根本上制约了数学课堂教学效率的提升。在"互联网+"时代，教师充分发挥现代信息技术的作用，使其发挥辅助教学的功能，优化知识呈现模式。多媒体、教学软件等应用使得数学知识呈现效果更加优质，将抽象的知识简易化，课堂教学质量与效率大大提升。

4. 依托互联网增进家校共育，协助教师提升教学效果。农村小学地理位置相对偏远，环境问题、教学条件、生活条件都制约着农村小学教学的发展与提高。

教师流动性比较大，经常更换教师，这不仅降低了农村小学教学的效果，还会影响学生学习能力的培养。虽然每年个别学校会有少数新鲜血液注入，但农村小学数学教学团队能力和力量仍很有限，始终成为制约农村小学数学教学的影响因素。依托互联网学习先进的教育教学理念、智能教学手段和实践案例，提高教师信息化教学综合素质，储备足够的工作技能，创新工作方法；依托互联网增进家校共育，加强对学生学习能力的培养，从而提升农村小学数学教学质量。

二、项目绩效目标

（一）总体目标

1. 突破传统教学方式的制约，依托互联网营造丰富的教学情境，增强教学

感染力，激发学生的学习兴趣。

2. 突破传统课堂的封闭性，依托互联网构建新型课堂模式，引导学生积极改变被动的学习状态，发挥学习的自主性。

3. 突破教学条件的制约，依托互联网架构起数学与生活的桥梁，强化数学与生活的联系，促进教师教学水平的提升。

（二）阶段目标

1. 梳理目前制约农村小学数学课堂效率提升的因素，并进行归因分析。

2. 探究依托互联网提高小学数学课堂教学有效性的路径。

3. 构建与课程内容相适应的农村小学数学课堂教学模式。

4. 在校内进行推广，展示项目成果。

三、项目实施进度、时间节点

第一阶段：项目启动阶段（2022年1月—2月）

1. 召开会议，成立项目组，设立项目班。

2. 根据项目组教师情况，分配各项工作负责人。

3. 深入学习，提高认识，制定项目任务书。

第二阶段：实施阶段（2022年3月—8月）

1. 成立学科同步课堂指导小组及研究群。

2. 参加区内外线下、线上信息化教学专项培训，学习先进的教育教学理念，提升信息化教学水平。

3. 梳理目前制约农村小学数学课堂效率提高的因素，进行归因分析。

4. 探究依托互联网提高小学数学课堂教学有效性的路径。

5. 构建与课程内容相适应的农村小学数学课堂教学模式。通过理论学习、教学实践、同伴交流、自主研修四个环节，开展研讨课活动，并使其有机衔接。

第三阶段：项目成果推广阶段（2022年9月—10月）

1. 依托互联网开展信息技术与学科教学深度融合的教学研究，探索教学模式，并进行初步推广。

2. 形成教学案例，各学段展示课堂教学典型案例1~2个，及时进行宣传。每次活动都应有照片留档，及时进行总结。

第四阶段：总结、反思阶段（2022年11月—12月）

在全校范围内进行全面推广，召开成果推广会。整合资料，迎接考核。

四、项目预期成效

1. 通过组织和参与本项目相关培训，课题组成员能够更深入地理解课题研究的意义，提高信息技术与数学教学深度融合的能力。

2. 重视学生的主体地位，调动和开发学生的潜能，在数学课堂上开展自主合作探究式学习，有效提高学生的学习效果。

3. 建立较规范的研究档案，为依托互联网构建高品质数学课堂提供可靠的参考和依据。

4. 在课题引领下，促进教师进行教学反思，撰写与本项目有关的论文和案例，积极参与各级各类竞赛，总结教学经验，发表论文等教学成果，形成具有实践指导意义的教学理论。

大概念统领下小学数学单元作业设计实践研究①

一、选题意义和研究价值

随着"双减"政策的推行以及《义务教育数学课程标准（2022年版）》的实施，学生核心素养的培养成为当前教学改革的焦点，同时倡导以学科大概念为核心，使课程内容结构化。作业是连接课堂、教学和评价的关键环节。作业设计作为数学教学的重要组成部分，是教学设计中的重要环节，教师布置作业，学生完成作业是教学活动中的常规环节，应体现核心素养导向，凸显数学学科的育人价值。因此，单元作业设计的研究便进入教学评一致性体现的前沿，如何进行有效的单元作业设计已经成为一线数学教师的必修课。相较于点状课时作业，单元作业设计的挑战在于其须具备情境性、系统性、关联性和综

---

① 固原市基础教育教学课题。

合性，全面体现单元教学对学生核心素养发展的影响，聚焦核心素养的单元作业设计将达到"减负不减质"的目标。

因此，提出"大概念统领下小学数学单元作业设计实践研究"课题，旨在抓住小学数学作业设计的革新机遇，深入分析当前小学数学作业设计的现状与不足。基于大概念教学理论，创新作业设计理念和策略，增强学习的趣味性、实践性和探究性。通过研究单元作业设计这一重要载体，促进教师专业发展，为提升校本教研质量提供可操作性路径。

二、文献综述

CNKI检索情况见下表。

检索词	数据量（篇）
大概念教学	1725
单元作业设计	700
大概念教学、单元作业设计	42

在大概念统领下的单元作业设计这一领域，国内外的研究现状存在差异，但都体现出对数学教育的深刻理解和创新尝试。

国际研究现状：在国际教育领域，特别是欧美国家，大概念教学法已成为数学教育的重要组成部分。该方法受到教育研究者和实践者的青睐，因为它能够整合概念、理论和实践，从而有效提高学生的理解力和思维能力。核心研究内容主要集中于如何将大概念有效融入课程设计，并开发能激发学生批判性思维和问题解决能力的教学活动与作业。在国际数学教育领域，特别强调理解驱动的学习理念，即以学生的理解和概念发展为核心。这种理念逐渐影响了作业设计的方式，不再将作业仅视为知识巩固的手段，而是作为帮助学生深化理解和探索新概念的工具。在实践研究方面，全球各地的教育者正在积极探索如何通过实际的课堂操作实现这些教学理念，这包括设计有效的数学作业以及评估这些作业的有效性。由此可见，大概念教学法在国际范围内被视为一种重要的教育创新手段，不仅促进了数学教育的发展，还为教师提供了新的教学策略，为学生带来了更加深刻和互动的学习体验。

国内研究现状：我国学者李刚、李松林针对大概念在小学阶段的应用展开了进一步研究，并发表成果阐述其重要意义。随着新课程改革的不断推进，大概念教学法在中国的小学数学教育中受到越来越多的关注，正在积极探索如何将大概念教学理念融入传统的小学数学教学框架中。当前的研究主要集中在大概念的理论基础、教学案例分析以及在课堂教学中如何实施大概念的探讨。然而，关于大概念教学法在单元作业设计方面的研究相对较少，这一领域可能成为未来研究的重要方向。

王月芬老师在《透析作业——基于30000份数据的研究》一书中就提出：作业从来都不是教育领域的一个"小问题"。作业是师生沟通的一个重要桥梁，教师布置作业是教学活动的延伸，学生利用课后时间完成作业是学习的巩固。两个环节环环相扣、相互交替，呈螺旋式上升，构成了日复一日的教学活动，因此，如何设计高质量作业以利于学生的长远发展是亟待解决的重要问题。

综上所述，将大概念教学理念运用于作业设计中有助于学生建立跨学科的知识联系，促进深层次理解和长期记忆。然而，在小学数学领域，关于如何将大概念融入日常作业设计的研究相对匮乏，这为本课题提供了较大的研究空间和创新潜力。通过实践研究探索和验证大概念统领下的小学数学单元作业设计的有效性，在实际教学中探求实施策略和改进措施，以达到改进教学的目的。

三、核心概念的界定

（一）大概念统领

大概念被视为"少而重要"的专家思维方式，具有统摄性和深远的生活价值。它不仅是重构知识的桥梁，还有助于学生形成复杂的认知结构，并实现跨学段、跨学科的知识迁移。本研究中的数学大概念主要指数学核心概念及核心概念反映的数学本质，主要包括数学抽象、逻辑推理、数学建模、直观想象、数学运算、数据分析等数学核心素养，但不止于此。

（二）单元作业设计

单元一般是指同一主题下相对独立并且自成体系的学习内容。单元作业设计，是依据一定的目的，以单元为基本单位，通过选择重组、改编完善或者自主开发等多种形式形成作业的过程。大概念统领下的数学单元作业设计就是将单元中零散的知识点由点到线、由线到面进行整合，结合单元教学内容，力图通过大单元教学理念实现对单元内容的整体设计，注重对学生已有知识与技能的巩固和内化，突出"做"作业的过程，以此促进学生数学核心素养的形成和提升。

四、研究设计

（一）研究对象

泾源县香水镇城关二小、园子小学全体学生。

（二）研究目标

1.深入学习、理解并应用数学大概念，树立正确的单元作业设计理念。

2.实践探究单元作业设计的创新与优化策略。

3.通过作业设计效果的实证与评估，落实差异化教学。

4.通过持续优化作业设计，加强家校互动，并实现评估的常态化。

（三）研究内容

1.学习相关理论，落实课标要求，聚焦学科核心素养。

2.以教学评一致性为导向，促进单元作业设计的实践与研究。

3.构建以大概念为统领的单元作业设计体系。

（四）研究假设

通过对大概念统领下小学数学单元作业设计的实践研究，我们期望能够提升教师基于知识的整体性、发展性，以及学生思维发展的连续性、递进性来设计单元作业的能力，培养学生的数学核心素养，实现学生的全面发展。

（五）创新之处

探索既符合学生实际又符合课标要求的数学单元作业设计策略。研究结果可复制、可移植、可加工，能够形成体系，弥补一定范围内研究的空缺。

（六）研究思路

1.学习单元作业设计的相关理论，依托大概念构建单元作业目标体系。

2.基于大概念学习要求进行数学单元作业的实践研究。

3.围绕表现性目标创设和组织学习活动。

4.提炼策略、构建模式、形成成果并整理上报。

（七）研究方法

1.调查法：在准实验前和准实验后进行问卷调查，编制调查问卷、师生访谈提纲。了解小学生对数学作业的态度、兴趣等，以及教师对设计数学作业的理念、方法。用数据支撑课题的实施成效。

2. 文献研究法：通过对期刊、网络、书籍等多种途径查阅和收集与本课题相关的国内外文献资料，了解相关研究的研究现状，借鉴已有的研究成果，为本课题研究提供理论基础和实践支撑。

3. 实践研究法：以实施典型课例作为研究单元，进行详尽的课例研究。

4. 个案研究法：进行课堂观察，全面探索大概念统领下小学数学单元作业设计的实效。

（八）研究路线图

本课题从2024年9月开始，到2026年9月结束，历时两年时间，分以下三个阶段进行：

第一阶段：准备阶段（2024年4月—9月）

1. 查阅文献资料，系统学习相关理论，掌握当前小学数学单元作业设计的现状，提出问题。

2. 填写课题申报书。

3. 加强理论学习，开展调查、访谈（对学生、教师），收集相关资料，分析研究动态，建立课题档案。

4. 组建课题组，解读课题方案，落实人员分工，拟定研究计划。

5. 制订课题实施方案。

第二阶段：实施阶段（2024年10月—2026年2月）

1. 进行实施前可行性分析与准备。成员通读1~6年级数学教材，为单元作业设计做准备，确定适合大概念教学的单元。

2. 围绕研究专题，组织实验学校、成员及本校教师，开展集体备课、同课异构、专题研讨、示范课、课例研究等丰富多彩的课堂教学及单元作业设计活动，全面实施课题研究。

3. 课题组教师掌握单元作业设计的基本特征，系统规划单元专题和任务，关注问题情境，强调综合应用，基于大概念教学理念对相关单元进行单元作业设计实践研究，深入分析实践效果。

4. 提高课题组成员的理论素养和实践水平，收集和分析预设课程与生成课程的整合研究资料并作出及时评价。选取典型案例，进行分析、交流、反思和积累。

5. 逐步深入实践，研究大单元统领下小学数学单元作业设计的策略，构建实施路径，撰写相关论文，参赛或发表。

6. 派教师外出观摩、研讨、学习，反思、借鉴，以提高教师的研究能力、反思能力和实践能力。

第三阶段：深化阶段（2026年3月—6月）

1. 开发设计基于大概念的单元教学模式，形成基本的教学范式。

2. 进行基于大概念教学的单元作业设计开发，在开发过程中通过访谈、问卷、检测等方式检验授课与单元作业评估效果，再反馈、改进、优化单元作业设计流程和内容。

3. 在中、高年级进行深入研究，分析大概念教学下的单元作业实际应用效果。

4. 利用教研、公开课、讲座、各级各类教学练兵活动等平台展示推广研究成果，形成至少涵盖2个年级、10个单元的单元作业设计及论文。

第四阶段：结题阶段（2026年7月—9月）

1. 分析、整理各类资料。

2. 总结提炼研究成果。

3. 撰写研究报告，做好后期课题研究总结。

4. 做好课题经验推广。

5. 申请结题。

五、预期成果

序号	成果名称	成果形式	完成时间	负责人
1	基于大概念教学的小学数学单元作业设计实践研究报告	研究报告	待定	主持人
2	基于大概念的小学数学单元教学案例集	案例集、教学指南	待定	核心成员
3	基于大概念的小学数学单元作业设计实践研究效果评估工具	评估问卷、工具	待定	核心成员
4	基于大概念的小学数学单元作业设计实践总结报告	总结报告、论文	待定	主持人
5	提供实证研究数据，支持大概念教学在小学数学作业设计中的应用	调查报告	待定	全体成员

六、参考文献

［1］柳井国.核心素养理念下小学数学大单元教学设计研究［J］.小学生（中旬刊），2023（8）：16-18.

［2］陈莎.基于核心素养理念下的小学数学大单元教学设计研究［J］.新课程导学，2023（20）：77-80.

［3］张雪楠.基于深度学习下小学数学大单元教学的作业设计［J］.云南教育（小学教师），2023（5）：6-7.

［4］曹均.大单元教学理念下小学数学作业的设计研究［J］.数学大世界（上旬），2023（1）：32-34.

［5］夏永立.基于"新课标"背景下的小学数学"大单元"教学［J］.江西教育，2022（31）：35-39.

第二章

基于课堂实践的思考

牢记教育初心　走向心中的"大先生"[①]

习近平总书记强调：教师要成为大先生，做学生为学、为事、为人的示范，促进学生成长为全面发展的人。这是总书记对全体教育工作者提出的殷切期望，更是对人民教师的尊重与高要求。不同的岗位，相同的使命。作为一位长期坚守在农村教学一线的教师，同样要怀揣教育报国的初心，坚持立德树人根本任务，不断思索成为人民教师所肩负的事业之大与责任之大，在潜心教书育人的实践中，以正直的人格、高尚的师德、精湛的业务，赢得学生喜爱、家长尊重、社会认可，在践行教育初心使命的征途上勇毅迈向心中的"大先生"。

一、躬耕教学一线，争做"春风化雨润桃李"的"大先生"

顾明远教授提出：师德本来就是教师专业化的一部分，核心就是敬业爱生。走向心中的"大先生"，就应当从大处着眼，从小处着手。

（一）教师要做"大先生"，就要做好"小教师"

做好"小教师"，就是把精力放在课程上，放在教学上，上好每一节课，批好每一份作业，教好每一个学生。1994年9月，我被分配到村口的小学任教，接任四年级班主任兼数学课。校长说："这个班有些乱，数学成绩尤其差，希

[①] 本文系自治区教育厅办公室关于公布"立德树人　弘扬师德"主题征文获奖作品（一等奖）（宁教办函〔2023〕402号）。

望你别介意，到了家门口就好好干。"初生牛犊不怕虎的我望着校长期许的目光，自信地说："请您相信我！"当我推开教室门的那一刻，我仿佛看到了夜空中隐隐闪现的点点星光，看到了初春里迎风颤动的绒毛草秧，看到了即将散去又渐趋扩张的星星之火……以后的每一天，我坚持最早出现在校门口迎接孩子们的到来。每堂课前，我认真准备教案、相关的教具、示意图和练习题，清晰生动地给学生解释和演示所学内容。孩子们常常被课堂中的故事、游戏、实物演示等教学活动深深吸引。一天中午放学，同村的芳姐拉着我的手激动地说："太好了！这学期我娃再也不说他不想念书了。你是我娃的老师，真是太感谢你了！我不识字，以后我就把娃交给你了。"一股暖流涌遍我的全身。

三尺讲台，方寸之地，却是我成长的大舞台。坚守在农村小学教学一线29年的我，用实际行动书写着师者风范，在立德树人的路上踏踏实实做好本职工作，用爱谱写着一位"小教师"的使命华章。

（二）教师要做"大先生"，就要站稳"小讲台"

站上讲台不难，站好讲台却不易，而站稳站好讲台更是教师一生的职业追求。

韩愈在《师说》中提到："师者，所以传道授业解惑也。"可见"传道"是对教师的第一位要求。不精"道"，就无以"传道"。亲其师，方能信其道！小学生都喜欢教师运用肢体语言和现代化技术手段，创设神秘有趣的课堂情境。当孩子的好奇心得到满足，学生便会慢慢喜欢教师，进而喜欢教师所教的课程。数学源于生活又用于生活，应基于学生的生活实际创设问题情境，让学生用课堂上学到的知识、方法去解决问题，当学生感受到知识有用时，被动学习就会逐步转变成主动学习。一批批扎根乡村教育、躬耕教学一线的教师们，在从教的几十年中，满怀着对教育事业的无限追求，以及对学生的赤诚之心，恪守着教师的天职，以实际行动努力践行着教师的责任，不断探索教育教学新模式，形成了自己独特的讲课风格，做好了"小教师"，站稳站好"小讲台"，才逐渐走向"大先生"。

二、用爱引领成长，争做"德高为师，身正为范"的"大先生"

爱是师德的核心。知识的传授、智慧的开启、德行的涵养以及品格的培育都以爱为基础，没有爱，就没有教育。用坚定的职业信仰担当起教育的责任，用教师的高尚师德培育学生的良好品德，走向心中的"大先生"，应当端正品行，修养德行。

（一）教师要做"大先生"，就要有大格局

教师要做到有大格局，应当将教育事业视为一种追求，而非仅仅是一份工作。热爱自己的职业，对教育充满热情、富有激情，心中装着国家、人民、学生和教育事业。放下架子，蹲下身子，与孩子平等交流，和孩子交朋友，用真情欣赏孩子的点滴进步，用大爱舒展孩子的生命。教师对学生的影响远不止于课堂，而是关系到学生成长的方方面面，包括品德、情感、社交等多个层面。因此，教师在课堂教学中既要注重知识的传授，也要关注学生的全面发展。拥有大格局的思维需要教师从短期到长期、从个体到群体、从学校到社会，为学生设定更为全面的成长目标。除了培养学习能力，还应注重培养学生的创造力、解决问题的能力以及团队合作意识，使学生在未来面对各种挑战时能够游刃有余。

（二）教师要做"大先生"，就要有大品德

不断修养师德、提升师德，在教育教学活动中不断探索和学习，拥有一颗"童心"，能和学生一起"飞扬"，成为学生们的"知心人"。不断完善人格，积蓄育人的能量，修炼自己的过程也是与学生共同成长的过程。

马卡连柯说："要得到孩子的尊重和爱戴，首先要学会尊重孩子的人格，要尽量多地要求一个人，也尽可能多地尊重一个人。"记得带的一届学生五年级时班上转来了一个学生，父母外出打工，他常和体弱多病的奶奶生活。学习基础很差，尤其是数学，连简单的计算都不过关。一个星期后，本班的其他任课教师纷纷向我反映，这个学生课堂上长时间发愣。看来新的环境并没有引起他的新奇感，课下看着他忧郁的神情，我担心地问："课堂上我讲的你能听懂吗？"他低着头不说话，眼眶里盈满了泪水。作为班主任，我那一刻好难过，决心先从他的数学学习抓起，把提高计算能力作为一个突破口。我特意买了一个笔记本送给他作为专门的数学练习本，每天给他当面辅导三道题，让他仿照着做，再出同类型的题练习。如果出错了，我要求他用红笔标出并写出错的原因。一周下来，我把他的错题归类写在黑板上，让他和全班同学再做一遍。课堂上给他提供展示自己的机会，慢慢地，简单的题目他能独立完成了，也愿意参与到同学们的学习和游戏活动中，简单的问题让他体验到了学数学的乐趣，增强了学习的自信心。一个学期下来，越来越多的任课教师发现，不仅这个孩子变了，整个班级变化也很大。

当教师用鼓励的眼神去注视每一个孩子的瞳眸，用敏感的心去倾听每一个孩子的心声，用宽容的爱去触摸每一个孩子的灵魂，给予学生无尽的鼓励和支持。心心相念，必有回音，孩子终会回馈我们以尊重、以胸怀、以我们意想不到的种种柔和。

三、夯实专业素养，争做"严谨治学、潜心科研"的"大先生"

习近平总书记指出，培养什么人、怎样培养人、为谁培养人是教育的根本问题，也是建设教育强国的核心课题。我想：要把总书记提出来的"培养什么人"的目标一条条细化、一条条落实，也就是把课程标准中的课程目标一点一点落实到每一节课中；把总书记提出的"怎样培养人"，也就是教育方法具体落实到每天的教育活动中。这对于一线教师来说都是大学问、大课题。教师要做"大先生"，就要牢记教育初心，把立德树人作为根本任务，培养肩负中华民族伟大复兴使命的下一代，不断学习并深入思考身边的教育、教学问题，严谨治学，潜心科研。

（一）用深入的学习夯实教学底气

时代瞬息万变，教师拥抱变化、迎接挑战的最好办法就是学习。教师作为世人眼中的"文化人"，理应养成不断学习的良好习惯，独立深思。寻找一切有用的教育资源，利用一切可能的机会向书籍学习、向专家学习、向学生学习、向社会学习、向实践学习，增长见识，有广阔的视野。同时还要不断研读新课标，深刻领会并落实核心素养，分析教材、活用教材，设计出科学合理的教学活动。主动参与各种培训学习，促进专业成长。

（二）用持续的反思拓宽教学视域

陶行知先生要求教师每天要四问。不断的反思是教师自知的体现，教学活动需要反思，落实立德树人根本任务的方法途径更需要反思。教学是有缺憾的艺术！任何一位教师，在其执教的过程中都不可能做到尽善尽美。反思教学能让我们的教学技艺更精湛，将教育规律和立德树人的根本任务贯穿到每一次课堂教育教学中，浸润到每一个学生的生命中。教学"平行四边形面积"时，渗透转化的数学思想方法是教学目标之一。第一次执教这节课时，教师通常是在"根据长方形面积推导平行四边形面积"这个环节反复讲解、强调"转化"，课后虽然学生计算平行四边形面积不成问题，但总感觉本节课的教学目标没有落到实处。课后，任课教师认真反思：能不能借助熟悉的生活事例、良好的问题情境有效调动学生兴趣，帮助学生充分感知数学思想方法的存在？再教这节课时进行了改进，用问题引领指导学生操作和归纳。教师指着课件中的平行四边形问：哪名同学能把这个平行四边形转化成我们会求面积的图形？学生举起手中的学具说：沿高剪下来，这边移到那边，拼成长方形。此时，教师及时肯定这名同学用到了"剪、拼"两个关键字，把过程说得很完整。教师又问：任意剪下一个角拼成的是不是长方形？是不是所有的平行四边形都能转化成长方形？学生讨论后明确先画出高，然后沿高剪下，就能拼成一个长方形。教师紧接着问：转化后的长方形与原来的平行四边形有什么联系？学生先独立思考，把自己的想法写在记录单上，然后小组讨论，展示交流。平行四边形的底变成了长方形的长，平行四边形的高变成了长方形的宽，名称变了，但它们的面积没有变。有效的提问直击课堂学习的核心本质，还大大扩充了学生探索的思考空间。像这样从内心深处对自己开展的教学活动进行关注和反省，逐渐积累内部经验，避免无意的重复，有效地纠正教学观念、教学行为上的偏差，形成自己对教学现象、教学问题的独立思考和创造性见解，提高自我觉察水平和教学监控能力。同时通过长期教学反思的积累，必将沉淀大量的第一手实践资料，为日后撰写论文或实验总结奠定基础。

（三）用实践性研究筑牢教学根基

优秀教师的成长离不开实践研究。通过研究和发现，才能找到教育教学的突破口，从而破解学生成长中的疑难问题。在研究中能有效推进工作，一方面，可以把学到的东西能够自觉地与工作挂钩，做到触类旁通；另一方面，工作中遇到问题通过学习的方式来解决会越学越多。比如在落实"双减"工作中，以拓展性数学作业设计研究为切入点带动数学课堂教学研究。首先查找资料，阅读有关数学作业研究的文献，逐步聚焦到拓展性数学作业设计的研究；然后由数学作业研究延伸到对数学课程目的、任务及数学教学结构与作业关系的研究。像这样从一个点的研究到一条线的研究，又到了一个面的研究，这就是在实践中学习、摸索、感悟，从而促进教师更快成长。

其实在我们的身边、在我们的心中，有一位又一位的"大先生"。这众多"大先生"的事迹更加深刻地阐释着为人师表的深刻内涵。也有一批又一批的人民教师正在不断提升自己的修养，以身作则，始终坚守这场修行和自我重建，脚踏实地、心无旁骛，站好三尺讲台，心装大事业，修炼好"小我"，终将走向"大先生"。

参考文献

［1］于漪.成为新时代的大先生需要思想自信实践自觉［N］.光明日报，2021-9-14（15）.

［2］李明新.走向"大先生"的三种立业方式［J］.内蒙古教育，2023（2）：15-21.

［3］李帮魁.简单之中见丰厚：特级教师姜锡春执教"平行四边形的面积"教学赏析［J］.教育科学论坛，2013（10）：46-47.

用真诚和爱心唤醒每个孩子

师爱如光，能洒向每个学生的心田；师爱如炬，能照亮孩子们前行的路。师范毕业后，我如愿走上了讲台，还成了一位班主任。23年的教学时光一晃而过，感恩与每一个孩子的不期而遇，感谢孩子们带给我的成长。在我的眼里，每一个学生都是一朵含苞待放的花蕾，即便有的带着小刺，作为班主任，我有责任让他们绚丽绽放。

一、以深沉的爱引导学生，促其成才

在教育教学工作中，我坚持以育人为本，以德育为首，促进学生全面发展。我班学生中独生子女较多，很多学生受家庭和社会的一些不良因素影响，聚到一起就会互相攀比。他们头脑中缺乏艰苦奋斗、勤俭节约以及为他人、为集体的意识。对于学生的这些错误认识，我没有简单地制止，而是利用班队会对学生进行思想教育。通过主题班队会，对学生进行爱祖国、爱人民、爱老师、爱同学、爱父母的教育；开展学雷锋活动，对学生进行道德行为教育，让学生明白比什么；通过课堂教学对学生进行思想品德教育，通过情感教育增强学生的爱国情、集体荣誉感。通过班级中的优秀学生的典型事例（我班有个叫孙文明的学生，是班长。每天早晨其他学生都是在外面买早餐吃，而他一直带的是妈妈做的馒头、饼子。其他学生嘲笑他太土，而他却说，妈妈没有工作，吃妈妈做的馒头和饼子一来放心，二来省钱。自己一天早晨省一角，一周就可以省七角，一月可以省两元八角……）榜样的力量是无穷的，我用这样的真实事例教育学生，在全班引起了很大的反响，许多学生都以孙文明为榜样，学会了勤俭节约，懂得了孝敬父母，明白了应该勤奋学习，立志成才。

二、以真诚的爱感染学生，促其进步

每个学生都有自尊心，后进生也不例外。作为一名教师，必须用一片爱心来对待学生。只有消除师生之间的情感障碍，达到心理相融，后进生才能敞开心扉。要做到这一点，就要给予后进生更多的爱。

爱后进生，才能真正地了解他们，分析他们成绩差的原因，然后对症下药，教育他们。我班有一个学生，头脑很聪明但成绩始终不理想。我经常有意地接触他，了解到他成绩不好的原因是家务负担重。每天放学回家就得帮父母带孩子，学习时间得不到保证，成绩逐渐下降，对学习也愈来愈失去兴趣。于是，我一方面进行家访，说服家长支持孩子的学习；另一方面经常和这个孩子谈心，鼓励他争取上进。同时，我利用课间和周末的休息时间，给他多补课，让他在学习上由不习惯到习惯，由习惯形成规律。就这样，通过努力，这个学生的成绩有了很大进步。

爱后进生才能重新唤起后进生的自尊心、自信心。由于后进生常犯错误，他们听到的多是训斥、批评、挖苦、讽刺、嘲笑和责骂。因而总觉得抬不起头来，进而造成破罐子破摔的心态。班主任只有把他们吸引到自己身边，用爱心唤回他们的自尊心和自信心。我所教的班级中有个名叫马小刚的学生，连续两年留级，特别顽皮。他父母是普通农民，对孩子的教育除了打就是骂，结果导致孩子越打越皮。在学校里，他不是招惹这个就是逗弄那个，成了同学眼中的差生。再加上贪玩成绩差，从没受到过表扬。对于这样的孩子，只有用爱去感化他。每天下午放学后，我帮他补习功课，有时帮他钉纽扣、洗头、洗脸等。当他有了点滴进步，我会不失时机地在全班学生面前表扬他。通过我的不懈努力，他逐渐有了积极向上的心态。时间长了，在教师和同学的关爱中，他增强了自尊心和自信心。

三、以无私的爱尊重学生，润心启智

在实际的教学过程中，确实有很多所谓的"笨生"。这些学生思考问题和分析问题的能力差，学习没有方法。有的学生因为基础差，缺乏自信心，自暴自弃。但这些学生一般都有特长和爱好，关键是教师要实施爱的教育来唤醒他们的灵感，发挥其聪明才智。

我带过的学生中有一个叫任好（化名）的男孩，他性格内向，不善言谈，没有自信心，学习成绩总处于班级倒数名次。我没有放弃他，亲切地称呼他"好人"，想方设法给他展示自我的机会。课堂上遇到简单的问题，我会第一个指名任好来回答，当他题目读得不流畅时，我会走近他，抚摸他的头，鼓励他再来一遍。慢慢地，我看到这个孩子有了点滴进步，我就更不失时机地在全班学生面前表扬他，我还会抓住时机给任好展示自我的机会，比如课堂上遇到有些简单的问题，我会亲切地对任好同学说："好人，你来回答这个问题。"其他孩子先是不约而同地哈哈大笑，然后用鼓励的目光注视着他。任好同学会在我和其他孩子鼓励的掌声中不好意思地慢慢站起来，十分害羞地小声回答我提出的问题。我和其他孩子微笑着认真倾听他小声的回答，等他说完，我会不失时机地表扬他说得好，但是声音有些小，鼓励他再大声说一遍。这时任好同学会信心大增，马上用提高一个八度的声音将刚才的回答重复一遍。我尊重他，无私地关爱他，自信心回到了这个孩子的脸上。他渐渐变得健谈，主动与班里的其他孩子玩耍、交往。篮球场上出现了他矫健的身姿，课堂上越来越多地听到他虽然有些口吃、有些慢但却很响亮地回答问题的声音。他的学习成绩在一点点提升，自信心也逐步增强。

四、把真诚的赞美送给学生，树立自信

哲学家詹姆士精辟地指出："人类本质中最殷切的要求是渴望被肯定。"天真可爱的小学生更是如此。教师的赞美是阳光、空气和水，是学生成长不可缺少的养料；教师的赞美是一座桥，能沟通教师与学生的心灵之河；教师的赞美是一种无形的催化剂，能增强学生的自尊、自信、自强；教师的赞美也是实现以人为本的有效途径之一。教师的赞美越是恰当得体，学生就越显得活泼可

爱，学习的积极性就越高。

我所带一年级的学生雷蕾同学活泼可爱、勤奋好学，铅笔字写得十分认真，既规范又漂亮，在课堂上面批她的作业时，我会由衷地赞美："哇，雷蕾写的汉字好漂亮！"此后，她的铅笔字越写越漂亮，还带动了全班的书写。同班的另一名学习困难的小刚同学，平时不爱说话，不能认真完成各科作业，但是他劳动积极，不怕脏，不怕累。每次打扫卫生时，他总是第一个跑去卫生角拿起笤帚扫地。于是，在班会课上，我会把他当作热爱劳动的典型赞扬他，要求同学们以他为榜样，热爱劳动，热爱班集体。在我的积极鼓励下，他的学习主动性逐渐增强，学习成绩有了明显进步。我关爱每一个学生，用点滴的真诚赞美激励他们积极上进，激发学生的学习动力，培养自信心，满足其成就感，促进学生良好心理品质的形成和发展，建立了和谐的师生关系，营造了一个奋发向上的班集体氛围。

教育是一门等待的艺术！教师的价值只有在学生身上才能得到体现。我们要把每个学生都视为自己的孩子，用真诚的爱心去唤醒、去拥抱每个学生。当我们添加了爱的催化剂，静待时间的发酵，教育就能散发出弥久的香韵。当我们用心灵触碰教育的磁场，用青春、用生命、用无怨无悔的付出，用全部的爱和智慧去创造性地从事热爱的教育事业，把爱洒向每一个学生，让学生在爱的阳光下健康苗壮地成长，我们就能走进学生的内心，用灵魂撼动灵魂，教育的奇迹就会在我们身边生根发芽。

依托互联网构建高品质数学课堂①

随着国家对教育资源投入的不断加大，"互联网+教育"得到深入广泛的应用。《义务教育数学课程标准（2022年版）》指出，教师必须重新设定教学

---

① 本文2023年发表于《宁夏教育》。

方法，并充分利用当今信息科技来提高数学教学效率。可见，促进小学生更加快乐、更加高效地学习数学是时代赋予数学教师的责任与使命。数学是一门具有严谨逻辑、高度抽象性和系统性的学科，而小学阶段的学生思考模式更倾向于直观、具象和具体的方式。教学中将信息技术与数学教学深度有效融合，能够调动学生多种感官，增强数学学习的趣味性，为学生搭建学习平台，同时也加强了教师与学生间的交流，能有效促进学生数学素养的提升，为学生终身学习奠定坚实的基础。

一、创设问题情境，激发学习兴趣

小学数学课不仅需要学生掌握知识，还要理解知识所蕴含的原理和实际运用。传统的数学课堂中，学生往往会感到刻板、枯燥，教学中往往是教师说、学生听，提问时能主动回答问题的学生寥寥无几。长此以往，学生学习数学时就会产生畏难情绪，不利于良好学习习惯的养成和自主学习能力的发展。利用多媒体资源能够丰富教学环境，创设与学生生活息息相关的问题情境，可以有效地激发学生的学习热情，营造积极的学习氛围，激励学生主动学习，体验学习数学的乐趣。如教学"相交与平行"一课时，教师利用多媒体展示将两根筷子随手扔下后出现的"平行"和"相交"的有趣现象。通过视频演示，学生能够清楚地分辨出同一平面内两条线的位置关系，帮助学生建立牢固、准确的数学概念。通过多媒体演示，两条线可以在视觉范围内无限延长，让学生直观感受什么叫作"永不相交"。又如教学"混合运算"一课时，教师首先运用多媒体课件一步步呈现如下场景：豚鼠小胖把它的零食全部都吃掉了，然后决定去超市再买一些零食。你们想了解它到底买了哪些美味的食品吗？不过，有一个要求，那就是在小胖结束购物之后，大家需协助它计算一下消费的总额，你们愿意帮忙吗？这种充满趣味的情境成功激发了学生的学习热情，也为他们学习探究新知识做好了心理建设。学生通过看图、读题、观察、对比，很好地理解了混合运算的法则。在帮小胖解决购物问题的过程中，他们发现了画图的重要性，理解了混合运算的步骤与优化算法，进一步提升了其学习的积极性和探究兴趣。

二、从静态到动态，助力自主探究

数学知识是丰富而多彩的，但呈现在教材中的知识是静态、抽象的。将静态知识动态呈现，能够把内隐、压缩的过程直观、形象地呈现，帮助学生疏通思维堵塞点、梳理思维混乱点、揭示知识的生成过程。如在教学"三角形内角和"一课时，教师借助几何画板软件随机画出一个三角形，并移动顶点位置。学生观察发现，虽然角度发生了变化，但是三角形的内角和始终是固定的，这证实了"三角形内角和等于180°"这一定理，使得学生能够轻松地理解图形的特性，并准确应用于问题解答。又如教学"搭配中的学问"一课时，教师在希沃白板和微课程视频的辅助下，采用动态的方式为学生展示实物。学生可以根据实物的属性自行选择喜爱的搭配或设计，随后将他们的创作分享给大家。这样的教学方法既贴近学生的现实生活，又符合小学生的思维特点，能够帮助学生建立起科学的数学观念，有助于突破教学难点，促使学生由形象思维转换到抽象思维。再如教学"面积的认识"一课时，教师用动画演示了"面积相等的图形，周长可能不相等""面积不等的图形，周长可能相等"两种情况。学生在变与不变的比较中，解除了困惑，摆脱了认知的干扰，自主学习能力不断提高。

三、从单一到多样，延伸学习时空

小学生活泼好动，有意注意时间较短。教学时分析学情，以学生的学习状态为基础，有效利用信息技术并采用各种教学方法，能够拓展学生的学习时间和空间，进一步提高教学质量。如教学"三角形"知识时，课前教师按照"三角形的分类"制作了"直角三角形""锐角三角形"与"钝角三角形"，并用三个微课视频进行了定义解释，学生对照生活中的实物进行观察、验证，有效激发了学生的学习兴趣，加深了学习印象，同时激发了探究欲望。课后教师将微课和电子板书转发给学生，作为课后学习的指导，大幅度提高了学生复习巩固知识的效率。又如教学"小数点的移动引起小数的大小变化"一课时，教师利用国家智慧教育公共服务平台的优课资源，使用触控屏上课功能播放视频，使学生在注意力非常集中的状态下参与新知识的学习，顺利完成了小数点向左、向右移动引起小数大小变化的认知，为后续的学习奠定了知识基础。再如教学"角的认识"一课时，教师以"描—做—认—标"为学习主线开展课堂教学，让学生从描出生活中的角到自己折出一个角，再到应用"中教云数字课程教材云平台"自主学习认识角，教学环环相扣。在学生自主探究画角与认角的过程中，教师使用希沃白板的移动授课功能直观形象地展示了他们的学习成果，学生相互欣赏、补充完善，很快掌握了角的正确画法。再利用网络画板辅助精讲，突破了教学难点，将抽象的教学内容形象化、可视化，师生、生生默契互动，思维不断碰撞，充满了浓浓的数学味。

四、从表象到本质，加深活动体验

史宁中教授明确指出，数学核心素养就是能从数学角度看待真实世界（数学抽象），运用数学思维来解析实际世界（逻辑推理），以及用数学表达方式来描绘实际世界（数学模型）。这就需要在数学课堂中一步一步地落实。如在教学"认识周长"一课时，教师在一个班里安排了较多时间让学生触摸多种物体表面，描绘各类平面图形一周的边线，在此基础上总结"周长"的定义。在另一个班教学时，通过在线协作工具实时搜集学生对"周长"这一概念的预测数据。系统显示，学生都能正确指出封闭图形一周的边线。于是我及时调整教学节奏和重点，使"摸、描"等体验活动进一步深入，不断促进学生深入反思，使学生逐渐理解操作行为背后的内在理念和原则，激发了学生对数学课堂中探究活动的热情和欲望。通过两次教学效果的对比，教师能够明显体会到：有效利用多媒体手段和数学专用工具等教学设备，能较好地将抽象的数学原理形象化，精确触及学生学习过程中的难点和兴趣点，帮助学生深入理解知识的本质，促使学生建立数学知识结构，培育空间观念，从一般到特殊，感悟数学思想方法。在利用多媒体呈现"量周长"环节时，让学生利用课件充分展示"曲边图形的绕线测量和直边图形的直尺测量"两种方法。在反馈交流环节，再用多媒体将周长从图形上剥离展开，化曲为直。先动手操作，再配合课件动态展示。一方面，让学生看到了一维线段与二维图形的联系；另一方面，让学生深刻理解，不管是曲边图形还是直边图形，周长的本质是线段的长度。在多媒体的辅助下，让学生"从一般图形的测量到特殊图形的估量和计算"，动作思维与计算思维进行有效衔接，促进了学生度量意识的培养。通过对图形周长的估测，在进一步理解化曲为直思想的同时，发展了学生的空间观念。

"互联网+教育"为小学数学构建高品质教学打开了一扇新的大门。只有不断地用技术、思技术、学技术，才能因材施教、因地制宜，创造性地开展教学，让信息技术为学生服务，为课堂增效。

参考文献

［1］郑毓信.小学数学教育的理论与实践：小学数学教学180例［M］.上海：华东师范大学出版社，2017.

［2］张晓珍.注重细节，优化教学：论细节教学对小学数学高效课堂的构建［J］.时代教育，2018（12）：157.

小学数学教学中渗透思政教育的策略与实践

　　课程教材要发挥"培根铸魂、启智增慧"的作用，既要坚持马克思主义的指导地位，又要体现国家和民族基本价值观，遵循教育教学规律，落实立德树人根本任务。学科教学旨在培养学生的核心素养，并非单向地传递该学科的基础知识，而是要通过教学过程为学生的终身发展奠基。小学生的可塑性强，小学阶段正是良好的个性品质、行为习惯和思维方式逐渐养成并走向成熟的关键期。小学数学作为基础教育的重要组成部分，承载着培养学生道德素质、逻辑思维能力和科学精神的重要职责。在小学数学教学的各个环节贯穿立德树人理念，渗透思想政治教育（以下简称"思政教育"），帮助学生树立正确的情感、态度、价值观，促进其素质全面提升和发展，是助力学生健康成长的关键环节。

　　数学教师在把握数学的工具性、思维性、文化性等学科属性的同时，还要深刻领会数学在培养人的过程中的独特魅力和价值。目前，在实践层面还存在一些困境，如课堂中过于重视学生数学理论知识的学习，过分追求教学成绩的提升，导致课本中的思政教育没有得到很好的利用和发挥。在数学教学过程中，应利用数学学科的逻辑性、抽象性和广泛性等特点，将思政元素与教学内容进行深度融合，培养学生的"德性"，抓好数学基础知识和基本技能的教学，培养数学思维，激发学生的学习兴趣，全面提升学生的综合素质。

一、深挖思政元素，确立素养目标

数学教材是教学的知识载体，处处体现着"立德树人"的思想。数学教学不是单纯地教数学，而是用数学去育人，相比数学知识与技能、数学能力和思维，更重要的是塑造学生的精神和品格。著名学者邱伟光教授经深入研究后指出，在学科教学中融入思政元素，能够在一定程度上显著提高课堂教育质量水平。备课时，教师要进行单元整体分析，除了对课标、核心素养、教材和学情进行分析外，还要挖掘教材中的思政元素，将思政内容创新性地融入教学中，科学有效地渗透到课堂教学活动中。在注重习得数学知识、发展数学能力、建构数学方法、渗透数学思想的同时，将学科育人的总目标根据教学内容分解到每个课时中，让思政教育的融入与核心素养的培养相辅相成、有机渗透，使学生在主动建构数学知识体系的基础上，提升道德品质。如教学"位置"一课时，笔者依据课标要求，在分析教材的基础上确定单元教学目标：①通过真实情境认识列、行，初步理解数对的含义，学会用数对表示物体在具体情境中的位置，并能在方格图上用数对表示点的位置。②经历将物体的位置图抽象成用列、行表示平面图的过程，发展学生的空间观念，提高抽象思维能力。③渗透"数形结合"的思想，培养学生观察能力和问题解决能力。教学中创设了"进影剧院"找位置的问题情境，通过"描述某同学观影时的位置和自己在教室中的位置"的游戏，使学生轻松地掌握了用"列"和"行"两个关键因素确定物体位置的方法，同时也让学生明白遵守公共秩序的重要性，禁止在剧院、图书馆等公共场所大声讲话、喧哗，应保持安静，以免影响他人，有效培养学生的规则意识和良好习惯。课尾适当延展，将中国象棋棋盘、围棋棋盘、经纬网、北斗卫星导航系统等知识适时引入，使学生感受到数学与生活的紧密联系，增强民族自豪感。

二、找准思政切点，培养良好习惯

数学教学中的例题和习题内容丰富多彩，蕴含着独特的数学文化。数学学科的育人实质就是深度发掘数学文化以此来哺育学生。数学教师要吃透教材，努力挖掘隐蔽、潜藏在其中的数学历史、数学逻辑思维以及数学精神与文化内涵，找准教学过程中育人的切入点，将学科知识传授与思政教育有机结合起来，让学生热爱数学，并利用数学文化中的求真、探索和创新精神来培养学生的自主学习能力和良好行为习惯，不断开发学生的学习潜能。在小学数学教学中，计算占了很大比重，教学内容相对枯燥，但计算能力的培养又不可忽视，挖掘计算课中蕴含的思政元素，丰富计算教学的内容，提高学生的计算能力，培养良好的计算习惯。如教学"三位数乘两位数"一课时，一些接受能力较快的学生掌握了计算方法，但没有养成验算、检验的良好习惯；接受慢的学生计算错误率较高又失去了信心。这时，笔者尝试以数学名人故事引导学生反思自身问题。我国古代数学家祖冲之在计算圆周率时，每天用纸笔一次次地推算检验，日复一日地重复着，直到圆周率精确到小数点后第7位，为世界圆周率的研究作出了杰出贡献；高斯为了用圆规和直尺画出一个正十七边形，经过了整整一个夜晚的奋斗，解决了千古遗留的数学难题；陈景润先生在验证"哥德巴赫猜想"过程中所使用的草稿纸大约有一人高。学生在聆听数学名人故事的同时，感受到先贤们不畏艰难、勇于钻研、探索创新的精神，知道了学习新知识、形成新能力须付诸努力，了解到璀璨的数学文化源远流长且来之不易，从而树立正确的价值观。针对教学内容，结合学生的阶段学习表现，找准思政教育的切点，能够吸引学生的注意力，提高教育的针对性和实效性。又如，在学习解答有关税率的问题时，向学生宣传有关纳税方面的政策和知识，让学生从小懂得依法纳税是每一个公民应尽的义务；在教学"分数"时，引入团结协作、公平分享的理念。教学中找准"切点"，就能使"好的营养"触及学生的灵魂。当这种意识渗透到学生幼小的心灵中，就能给学生带来精神成长，促进良好行为的养成。

三、拓宽思政视野，发展数学思维

教育的终极目标是培养人。为实现这一目标，数学教学应自觉转型，跳出知识教学的局限性，拓宽思政视野，将思政融入数学教学，让数学知识与思政有机融合。学生在学习数学知识的过程中，发展数学思维，磨砺学习品质，同时获得人格的发展和精神的熏陶，这样数学课堂教学才能更具生命力。如教学"扇形统计图"一课时，为了使学习材料更具现实感，笔者现场调查统计本班学生最喜欢的运动项目情况并生成统计表。这样的学习素材与问题情境与学生生活息息相关，在统计记录的过程中，引导学生从"学会生活"的视角体会统计的意义和价值，分析数据、制作扇形统计图的过程，让学生在领会"阳光运动、健康生活"的理念下憧憬美好未来。对教学情境和学习材料的合理改造，使"课程思政"理念在数学课堂自然而然地生根。接着，教师对例题中安排的三个任务进行重构，引发认知冲突，激发"我想探究"的学习欲望。学生以已有的知识经验为基础，主动建构知识体系，以整体视野认识扇形统计图，对比以前学过的条形统计图，感受扇形统计图在生活中的重要作用，形成数据意识，发展应用意识。

四、完善思政评价，提升育人质量

思政教育的目的最终要体现在学生核心素养的发展上。小学数学教学中离不开对新知的反馈和评价，数学作业和评价是课堂思政的延伸，也是提升思政教育的重要保证。数学教师在设计作业内容时，一方面要考虑减负，另一方面作业素材要在充分体现育人功能方面下功夫。用教—学—评一体化的理念促进教学评价完善，采用多元化的方式进行评价，课堂上采用口头测验、观察、当堂作业的形式，课后采用访谈、活动记录、动手操作、研究报告等方式，将结果性评价与过程性评价相结合，关注"四基""四能"，更关注核心素养。通过教师引导、学生自主、家长参与，促使学生不断提升思想道德品质，增强社会责任感，树立正确的世界观、人生观、价值观。

总之，在立德树人视域下，小学数学教学中渗透思政教育具有重要的现实意义。作为数学教师，只要不断地在教学中探索和实践，挖掘日常数学教学中的思政元素并落实在常态化教学中，才能将潜在的育人价值凸显出来，从而使学科教学走向学科育人。

参考文献

[1] 李秀苹.让数学学习更深刻：苏教版四下《用数对确定位置》第一课时教学设计 [J].中国教育学刊，2023（8）：10.

[2] 李军."大思政"视野下的小学数学课堂教学：以北师大版教材六年级上册《扇形统计图》教学内容改造为例 [J].教学月刊小学版（数学），2023（4）：15.

[3] 郝晓红.在初中数学教学中实施"课程思政"的策略研究 [J].吉林教育，2023（30）：46-48.

[4] 李晓明.数学教育与思想政治教育相结合的实践探索 [J].基础教育论坛，2019（24）：46-48.

强化数学思想方法　促进学生数学素养发展[①]

　　《义务教育数学课程标准（2011年版）》中提出："建立数感、符号意识和空间观念，初步形成几何直观和运算能力，发展形象思维与抽象思维；体会统计方法的意义，发展数据分析观念，感受随机现象；在参与观察、实验、猜想、证明、综合实践等数学活动中，发展合情推理和演绎推理能力，清晰地表达自己的想法；学会独立思考，体会数学的基本思想和思维方式。"这不仅仅体现了数学学科的基本特点，更是小学数学教学所追求的核心目标之一。然而，有些教师对课标独立研读不够、钻研教材不深，挖掘隐含在教材中的数学思想方法意识淡薄，只注重知识的传授，对知识技能的教学驾轻就熟，却淡化了知识发生过程中数学思想方法的渗透，导致学生所学的数学知识往往是孤立的、零散的，不利于学生对所学知识的真正理解和掌握，影响了小学生数学素养的全面提升。

　　教学实践证明，让学生懂得"如何想"比学生懂得"怎样做"更为重要。与数学知识相比，知识的有效性是短暂的，而数学思想方法的有效性却是长期的，能够使学生受益终身。笔者在教学中依据小学生的认知结构和年龄特点，坚持在教学中强化数学思想方法，使学生建构起一个完整的数学知识结构，形成科学的思维方式和思维习惯，促进学生数学素养的发展。

一、课前"备"思想方法

　　"备"指的是教师要通盘把握，分步实施，在教学目标中明确预设。北京教育学院数学系教授张丹认为："数学思维方式是数学思想的最高层面；第二层次是体现在数学不同内容之间的思想，如数形结合思想、化归思想、分类思

[①] 本文2015年发表于《宁夏教育》。

想、方程思想、函数思想等；第三层次是具体某一内容所蕴含的思想，如图形变换思想、数据分析思想等。"也就是说，数学概念、法则、公式、性质等知识都明显地写在教材中，是"有形"的，而数学思想方法却隐含在数学知识体系里，是无"形"的，并且分散于各册教材的各章节中。教师讲不讲、讲多少，随意性很大。只有深入研读课标，吃透教材，才能准确把握每个学段所包含的数学思想方法，掌握每种数学思想方法在每个学段的分布情况，找准每一节数学知识与数学思想方法的有效结合点，预设学段、单元和课时目标。

（一）抓住教材体系通盘把握

如数形结合思想，在小学数学课堂教学中尤为重要，主要体现在数的意义及运算"道理"的直观表示、运用图来分析问题和解决问题、运用图来直观表示正反比例关系、利用统计图来直观地描述数据、运用数对（即坐标）来刻画点的位置、从度量的角度对图形大小的定量刻画等。华罗庚先生说："数缺形时少直觉，形缺数时难入微，数形结合百般好，隔离分家万事休。"对于这一思想方法的系统渗透，低年级可以通过读数轴上表示的数、写数轴上依次排列的数，让学生初步体会数与图形之间的关系。中年级在教学解决实际问题时，可以通过画线段图帮助整理条件和问题，理解题中的数量关系，让学生进一步感受用图形来表示数量关系的好处。高年级在学习统计图时，可以根据统计图来分析数量之间的关系，让学生知道图形不但能反映数量的多少，还能反映数量之间的变化情况。通过这种循序渐进的系统学习和经常使用数形结合的方法解决问题的积累，学生就会逐步加深对数形结合思想方法的理解，形成借助图形来解决数学问题的观念和方法。

（二）通过课时目标科学预设

课时教学目标的制定和实施直接指导和影响着具体的教学过程，预设科学的教学目标是渗透数学思想方法的"指挥棒"。例如，在"圆的周长"教学目标制定中，我是这样设定的：①在具体情境中认识圆的周长，并能运用"绕线法""滚动法"进行测量。②经历实际测量的过程，感受圆的周长与直径之间的函数关系，了解圆周率与周长、直径的关系，能推导圆周长的计算公式。③借助具体操作活动，初步体会以直代曲的转化思想。④在数据的收集和分析过程中，秉持科学的研究态度和反思意识，培养民族自豪感，感受人类的探索精神。

（三）借助探究活动分步落实

如"圆的认识"探究活动中，我这样安排：①由实物抽象为几何图形，建立圆的表象；②在表象的基础上，指出圆的半径、直径及其特点，使学生对圆有一个更深层次的认识；③利用圆的各种表象，分析其本质特征，抽象概括为用文字语言表达圆的概念；④使圆的有关概念符号化。通过教学我发现这样的设计，既符合学生由感知到表象再到概念的认知规律，又能让学生从中体会到教师是如何应用数学思想方法，对有联系的材料进行对比，对空间形式进行抽象概括，对教学概念进行形式化的。

二、课中"导"思想方法

"导"指的是教师要适时引领、及时指导，在数学活动中帮助学生感悟。数学思想方法是统领课堂教学的主线，只有把相对独立但又相互联系的数学知识置于自主探究、观察、实验、抽象、概括等数学活动中，才能使蕴含于数学知识之中、呈现隐蔽形式的数学思想外显。而小学生受年龄特点和智力发展水平的限制，必须通过教师合理引导，经历数学知识生成、迁移的过程，经历困惑、思考、探索、创新等一系列艰难的心路历程，从而自主地建立起数学模型，体验到数学思想方法的存在。

（一）调动兴趣，在问题情境中感知

借助熟悉的生活中的问题情境有效调动兴趣，帮助学生充分感知数学思想方法的存在。在教学"平行四边形面积"时，我创设了这样的情境：同学们听说过曹冲称象的故事吗？生（齐声）：听说过。师：谁能用简洁的语言给大家叙述一下？（生简洁叙述）师：曹冲聪明吗？生：聪明！师：为什么？生：大人不能解决的问题他都会……他会把不能称的大象转化为能称重量的石头。师：同学们说得很好，刚才这名同学说到了一个很好的词——生：转化。（师随机板书：转化）师：今天这节课就来看看我们班有多少像曹冲这样会转化的同学……这样的问题情境激活了学生的相关经验，在揭示故事本质的同时，把深刻的转化思想变得通俗易懂，既引入了新课，又为学生探索新知做好了认知和情感上的准备。

（二）启发思考，在探究活动中体验

数学思想方法蕴含于数学知识的形成过程中，"纸上得来终觉浅，绝知此事要躬行"。我在教学"简单组合"一课时，让学生经历了这样的探究过程：①提出问题：下周，小红要去参加秋游，她有很多漂亮的衣服，该怎样搭配呢？请利用你手上的衣服卡片动手摆一摆，看一共有几种穿法？边摆边想怎样搭配才能保证不重复也不遗漏？用什么巧妙的方法可以把搭配的结果记录下来？②学生活动后反馈交流：第一组学生用文字记录衣服的名字，用"+"表示搭配，在实物投影上演示记录方法：短袖衣+短裙，短袖衣+长裤，短袖衣+长裙，长袖衣+短裙，长袖衣+长裤，长袖衣+长裙。

第二组学生说："我们的搭配方法和他们不一样，我们拿着下装去搭配上装，一件下装分别和两件上衣搭配就得到了两种穿法，有三件不同的下装，就能得到六种穿法了。"第三组学生说："我们的搭配方法跟他们一样，但是表示方法不同。我们是这样记录的。"边说边在实物投影上演示。第四组学生说："我们组用字母表示上衣，用数字表示下装搭配。"受第四组学生的启发，其他同学马上用△、□、☆、◇等符号表示。不知谁还加了一句："所有符号都可以！"第五组学生毫不示弱："不管哪一种表达方法，其实就是2个3，一件上衣可以分别和三件下装搭配，另一件上衣又可以分别和三件下装搭配，所以可以用乘法计算：$3 \times 2=6$（种）。"各组同学都用不同的方法得到了六种穿法。通过自主合作探究、讨论交流总结，把学习知识上升为学习方法，培养学生数学的有序思想和符号感，从而提升学生的数学修养。可见，过程好了结果不会差，学生动起来结果会更好。

（三）梳理提升，在巩固运用中提炼

学生在具体情境中解决了具体问题后，就要运用掌握的方法解决其他问题，对整堂课进行梳理，抓住契机进行提炼，使数学思想方法的获得和应用过程经历从模糊到清晰的飞跃。在教学"商不变的性质"后，我让学生写出和、差、积分别是2的算式，并鼓励学生质疑：加、减法和乘法是否也存在与"商不变"类似的规律？能不能用上面的方法（不完全归纳举例验证）去验证？学生心中有数、兴趣盎然，一会儿就举出了各种特例。我有意识地将学生经历的探索和验证的过程以适当的形式展现出来：引导学生观察他们所举的例子并适时板书"观察特例"；学生根据所举例子猜想——"一个加数加上几，另一个加数……"我又适时板书"归纳猜测"；学生验证他们的发现时，我就板书"举例验证"；然后我让学生回顾以上思考过程并板书"大胆猜测，小心求证"。

这样就呈现出了思考问题的方法和过程，实现了对知识和方法的全面强化。

三、课后"思"思想方法

"思"指的是教师要及时反思，启迪内省，在课后完善中全面提升。数学思想方法是数学教学的价值所在。教然后知困！课后反思数学思想方法能使我们的教学更加有效或高效。

（一）在教学反思时"思"思想方法设计的全面性

我第一次教学"鸡兔同笼"时，按照教材呈现的解决这一问题的四种方法：列表法、假设法、方程法、图示法分别引导学生思考并解决这一问题，每一种方法都是单独讲、单项练，上完课我觉得自己引导没主次，学生对其中的思想方法没有深刻理解，照猫画虎者居多。通过课后深入反思，我才发现这四种方法有内在联系——列表法是前提，方程法是列表法的延伸，假设法则是对列表法的拓展，而图示法则是列表法向假设法过渡的桥梁。教学时如果将教材内容化繁为简、变难为易，把这四种方法有机地整合在一起，同时培养学生的聚合思维，就能产生好的教学效果。①化繁为简：课始用古文表述鸡兔同笼问题。②化归：转化成用现代文表述的、数据相应变小的简单鸡兔同笼问题：笼子里有若干鸡和兔，从上面数有6个头，从下面数有20只脚。鸡和兔各有几只？③猜想提升：根据第一个条件"从上面数，有6个头"，猜一猜有几种可能？根据学生回答，有序整理成表，找到了正确的答案：鸡有2只，兔有4只。④揭示规律：让学生用方程法得出结论。这样教学思路清晰，学生也能较深刻理解，教学效果也明显提高了。

（二）在教学研讨中"思"思想方法挖掘的深刻性

三人行，必有我师焉！在教研活动中，通过群体的力量挖掘思想方法的深刻性。我初次上"角的认识"这节课时，认为学生已有相关的生活经验，通过找角、画角、做角的活动就能达到本课的教学目标。但在评课中，教师们认为这节课要渗透两方面的数学思想方法：一是通过认识"静态的角"和"动态的角"渗透"运动与变化"的数学思想；二是通过先找角、再认识角的特征、规范的画角，感受实物抽象为图形的过程，渗透抽象的数学思想。之后，我对本节课进行了重新设计：首先让学生在媒体上观察"巨大的激光器发送了两束激光线"，然后引导学生把看到的画在练习本上，再通过找身边的角发现共同点并归纳得出：确定一点并由这点引出两条射线就是角，感知角的"静止性"定义；引导学生延长所画角的两边，感受角的大小与所画边的长短无关的观念。再让学生用两根纸条和图钉等工具进行"造角"活动，让学生在动手操作、欣赏同伴作品中发现角可以旋转，并且随着两根纸条叉开的大小角又可以随意地变化，帮助学生理解角的"运动性"定义，体现着运动和变化的数学思想，同时为将要学习的"角的分类"做了充分的迁移准备。这样的设计让学生在"画角、造角"活动中经历了"角"的产生、形成和发展，经历了一个有意义的学习过程，从中感悟到数学思想是充分与深刻的。

（三）在交流分析中"思"思想方法理解的准确性

数学思想方法的感悟和接受是一个潜移默化的长期过程，通过与学生不断交流，分析学生对思想方法理解的准确性。在学习两位数乘法估算时，我让学生尝试估算 22×18，学生交流了各种估算方法：$22 \times 18 \approx 360$；$30 \times 20 \approx 600$；$20 \times 20 \approx 400$。我启发学生思考：怎样估算所估得的值与实际得数较接近？一个学生马上说：老师，我有办法！在一条线上（学生不会用数轴一词）用 A 点表示 22×18 的实际得数，估小法（$22 \times 18 \approx 360$）、估大法（$30 \times 20 \approx 600$、$22 \times 20 \approx 440$）、调估法（$20 \times 20 \approx 400$），所估得数的相应位置就能在这条线上找出来，从而直观地发现估大法所估得的值比实际得数大得多，而用调估法所估得的值与实际得数较接近。学生能借助数形结合直观判断出估算方法的值域范围，这种灵活的判断能力超出了我的预期。

总之，数学思想方法的渗透应是一个有意识、有计划、有目的施加影响的过程，教师只有坚持长期、反复、循序渐进地去渗透，才能收到"随风潜入夜，润物细无声"的作用，静待数学思想之花悄然绽放。

参考文献

[1] 张丹. 小学数学教学策略 [M]. 北京：北京师范大学出版社，2010.

[2] 顾冷沅. 数学思想方法 [M]. 北京：中央广播电视大学出版社，2004.

[3] 吕世虎，陈清容，钟志勇. 小学数学教学法 [M]. 北京：首都师范大学出版社，2012.

让数学课堂"活"而不"乱"

课堂教学是实施课程的主渠道，数学课堂是学生数学学习的主战场。数学课堂教学的优化是提升学生数学素养和思维能力的重要途径。在教学中构建良好的课堂教学秩序，使学生在充满活力的氛围中，通过教师的有效引导，保持课堂的秩序和高效，实现教学目标的达成，促进学生学习兴趣和学习能力的提升。

一、 创设教学情境，提高学生参与度

"活"而不"乱"的课堂不仅是一个理想的教学境界，也是衡量教学质量的重要标准。"活"体现的是课堂的活跃度和动态性，而不"乱"则指的是课堂的有序性和高效性。在数学教学中，这意味着教师需要在确保教学内容具有深度和广度的同时，合理组织和调控课堂，让学生的学习既充满参与感，又具有明确的目标导向。

数学知识具有高度的抽象性和逻辑性，而小学生则习惯于感受生动具体的事物，对小学生来说数学课不免有些枯燥，学生一旦没兴趣，课堂秩序就会出现混乱即无序状态。在"无序"之中，参与教学活动的各种因素按照新的机制运行，要在新的规则约束下产生相互作用。

二、落实课堂常规，形成课堂纪律规范

没有规矩，不成方圆。课堂教学是一种需要在有序的环境中才能进行的活动，无序、混乱将使教学无法展开，而有效的课堂纪律管理，实际上是在建立有序的课堂规则的过程中实现的。教师面对的是几十个性格各异、活泼好动的孩子。如果没有一套行之有效的课堂常规，就不可能将这些孩子有序地组织在教学活动中。

1.运用课堂常规组织数学课堂教学，形成基本的课堂纪律规范。首先需

要建立课堂教学常规。例如,上课之前,学生要把各种学习用品摆放在指定的位置;开始上课,教师走进教室,学生起立致敬,师生互相问好;上课时,教师提问,学生应先举手,得到教师允许再发言;学生不得擅自离开座位,更不准说笑打闹;上课要认真听讲,学会用眼去看、用耳去听;开展小组合作学习时,首先自己独立思考,然后有次序地进行交流,再由汇报员进行汇报等。这些课堂教学常规能促使学生养成自觉遵守纪律的良好习惯。其次,课堂纪律规范要符合学生的年龄特征,切合班级实际,要循序渐进,不断地提高要求。要求学生尊重他人,倾听他人的发言,发言要找准适当的机会,不能在课堂上做与本节课学习无关的事等。对个别课堂纪律很差的特殊学生,可以特殊对待,提出他们能达到的要求,这种特殊情况,要先和全班学生商量好,不然学生会觉得教师不公正。

2. 课堂纪律的监督执行。制定了课堂纪律就必须严格执行,才能发挥它应有的作用。按照事先制定的制度,该怎么办就怎么办,持之以恒慢慢就会形成习惯。除了教师提醒、维护,还可以根据学生实际,发动学生参与课堂管理,发挥集体的力量。人人都是监督者,也都是被监督者,互相监督,互相提醒。这样既可以帮助教师管理,减轻教师负担,也可以培养学生自我教育、自我管理的能力。

3. 及时表扬鼓励正当行为。小学生好表现,渴望得到别人的赞扬。课堂上多进行正面表扬,让学生感受榜样的无穷力量。课堂上学生的表现令人满意,教师可以报以微笑,投以赞赏的目光等。在教师的举手投足之间,让学生意识到行为的正确性,从而起到"蜻蜓点水"的作用。如对不专心听讲的学生,可以点名回答问题,让学生知错能改。

三、以学生为主体,提高课堂管理能力

在当前的教育环境中,传统的教学模式往往过于注重知识的填鸭式传授,学生往往是被动地接受知识,这种方式在一定程度上抑制了学生的主动性和创造性。为了让数学课堂"活"而不"乱",教师需要采取有效的策略,培养学生的自主学习能力,从而提高课堂管理能力。

1. 教师需要通过创设合适的学习情境,激发学生的好奇心和探究欲。例如,在教学"利息"一课时,教师可以设计让学生扮演金融分析师的角色,为

老师的500元钱进行投资规划。这样的情境能有效激发学生的参与兴趣，并促使他们主动探索相关的数学概念和计算方法。

2. 教师应当鼓励和引导学生参与到课堂的各个方面，如提问、回答问题、做演示、进行讨论等。在这一过程中，教师的角色更多的是一个引导者和协调者，而不是传统的知识传授者。通过这种方式，学生的思维会变得更加活跃，他们会更愿意参与到课堂的讨论和交流之中，这对于提高课堂管理能力是非常有帮助的。

3. 教师需要引导学生掌握科学的学习方法和策略。比如在教学"长方形与正方形"一课时，教师可以通过手动积木来辅助演示，引导学生发现长方形周长的计算方法，并鼓励他们自己发现并总结计算正方形周长的方法。这样的教学不仅能让学生在"做中学"的过程中体会到数学的乐趣，而且还能帮助他们建立起科学有效的学习方法，为他们的自主学习奠定基础。

四、 注重课堂评价，提高课堂反馈效果

在数学课堂上，"活"而不"乱"的教学环境的创建，不仅需要教师的精心设计和组织，还需要有效的课堂评价机制来加强学生的参与感，提高学习的互动性和反馈性。课堂评价作为一种促进学生主动参与、自我反思和发展的教学手段，对于实现教学目标、增强学习的互动性和提高课堂反馈效果至关重要。将评价融入教学各个环节，可以有效地实现课堂的动态管理和即时调整。

1. 注重课堂评价可以增强学生的参与感和责任感。通过学生对同伴以及自身的学习成果进行评价，不仅能够让他们学会如何用批判的眼光审视问题，而且能够在评价过程中加深对于所学知识的理解。比如，在教学"可能性"一课时，让学生在"游戏的公平与不公平"的课程实践中，学生可以通过实践各种游戏，并通过同伴间的讨论来评估游戏规则的公平性。这样的参与过程不仅丰富了课堂的互动性，而且加强了学生对数学知识的深刻理解。

2. 多样化的课堂评价方式能够及时反馈学生的学习情况，提高课堂反馈效果。在教学活动中，教师可以采用多种形式的评价，如师对生评价、生对生评价、小组内评价和集体评价等，使整个教学过程充满民主和谐的氛围。通过这种多元化的评价方式，既可以让学生及时认识到自己的长处和待改进之处，也有助于教师了解学生的学习进度和理解深度，从而及时调整教学策略，确保课

堂教学的有效性。

3. 课堂评价还能促进学生的反思能力和批判性思维的发展。在同伴评价的过程中，学生不仅是在评分，更是在学习如何反馈。他们学会了如何在尊重别人的同时，提出建设性的建议。这种过程不仅促进了他们的社交技能，还培养了他们的批判性思维能力。

五、采用多种教学手段，提高教学效果

1. 在讲解过程中，教师可以根据教学内容的不同特点，采用适合的讲解方式。例如，在教授新的概念或公式时，教师可以采用讲解配合板书，将抽象的概念转化为具体的图形和例子，帮助学生建立直观的认识。当遇到复杂的问题时，教师可以将问题分解，逐步引导学生理解每个步骤以及其中的数学逻辑。

2. 讨论和小组合作是培养学生合作精神和批判性思维的有效方式。在讨论活动中，学生不仅可以交流自己的想法，还可以倾听和评价他人的观点，这对于培养他们的数学思维方式至关重要。例如，在"掷一掷"这堂课中，通过让学生参与掷骰子、分析游戏规则的公平性，学生不仅学会了如何收集统计数据，还学会了分析数据背后的"组合数"规律，进而解释生活现象。

3. 实验和演示是提高学生动手能力和实际操作意识的重要途径。通过做实验，学生可以直观地观察数学概念的实际应用，并且通过亲身体验来加深对算理的理解。例如，在教学"比例和比例关系"一课时，通过操作实验，如投币类游戏，学生能够更直观地理解概率的概念和计算方法。

4. 发挥多媒体教学的辅助功能，为课堂教学注入生命活力，切实提高课堂教学效率。如小学数学教学中，许多概念的形成及计算公式的推导过程学生不易理解，若运用多媒体课件展示概念的形成过程及计算公式的推导过程，则便于学生的理解与掌握。运用多媒体手段组织课堂教学，不但可以激发学生学习兴趣，促使学生主动学习，还能化静为动、化难为易、化抽象为具体，既节约了教学时间，又提高了课堂教学效果。

让数学课堂"活"而不"乱"，使教师的主导作用与学生的主体地位有机结合。创设具有挑战性的学习情境，激发学生的好奇心和求知欲，鼓励孩子们主动探索、合作交流，不断创新教学手段，真正激发学生的学习热情，提高教学的有效性，从而实现高质量的数学教学。

参考文献

［1］严海艳.创新教学方法，构建高中数学高效课堂［J］.数理天地（高中版），2022，354（23）：70–72.

［2］卢琼兰.构建有效小学数学教学课堂之我见［J］.华夏教师，2019，135（15）：35.

［3］李小红.让学生在数学课堂上"活"起来［J］.文理导航（下旬），2016（222）：55.

以"形"促思，以"图"明理

数学是一门研究客观世界数量关系和空间形式的科学，它的最终形态是以抽象的形式呈现在人们面前。很多时候人们看不到它被发现、被创造的艰辛历程，也看不到人们研究数学时所使用的非逻辑手段，致使许多人在谈论"数学思维"时，常将其等同于抽象思维。

在以往的数学教学中，由于忽视形象思维的作用，不重视形象思维与抽象思维的有机结合；忽视小学生心理、生理发展特点，不注重与学生生活实际的联系；过分强调数学形式化的要求，不重视数学形象思维能力的培养。这使很多学生感到如果没有过人的智慧就无法学习数学。

我国著名科学家钱学森就曾大力提倡把形象思维作为人类思维的基本方式之一，并且建议把形象思维作为思维科学的突破口。形象思维在心理学上是这样界定的：以直观形象为支柱的思维。人类发现事物的本质，科学技术的发明，首先就是从形象思维开始的。比如我国古代发明家鲁班，因为手被带有齿的小草刺破而发明了锯子；牛顿看到苹果从树上掉下来，发现了万有引力。通过这些事例不难看出，形象思维实质上是人们对日常生活中的事物和现象的直观感觉的应用。这种直觉（感知观察之后在头脑里留下的有关事物的形象）以表象为基础，进行联想（一种事物和另一种事物相类似时，往往会从这一事物引起对另一事物的联想）与想象（人根据头脑中的已有表象经过思维加工建立新表象的过程），以达到创造发明的目的。

所以，一个人具备形象思维能力是非常重要且很有必要的。我们的教学对象——小学生，是以具体形象思维为主，并逐步向抽象思维过渡，这个阶段的抽象思维仍然具有很大的具体形象性。如果我们抓住这个时机，有意识地对学生的形象思维进行培养，就会促进学生创新能力的提高，这必将使他们受益一生。

"数"与"形"是贯穿整个中小学数学教材的两条主线，更是贯穿小学数学教学始终的基本内容。"数"与"形"的相互转化与结合是数学的重要思想，也是解题的重要方法。在小学数学教学中我们应该重点关注并培养学生的形象思维，可以尝试从以下几个方面做起。

一、重视教具、学具的应用

教师们在教学中运用学具、教具能给学生提供充分的观察和操作机会，使学生各种感官都参与到学习中来，从多方面、多角度去观察感知事物和现象。通过比较、概括反映出客观事物和现象的直观性特征，就能获得正确、完整、丰富的表象，从而使学生的形象思维得到训练。

原来和学生一起探究圆面积公式时，只是借助课件让学生看一看，了解圆面积与转化后的长方形面积之间的关系，然后推导出公式，最后将大量时间放在应用公式解决问题上。现在，让学生们每人提前准备两个同样大小的圆。课上给学生充足的时间去探究圆面积的计算公式，让多种感官参与到学习中，有助于从多方面、多角度观察事物，获得丰富的表象。学生们经过剪、拼、摆等动手操作，搞清楚了几何图形各部分之间最突出的等量关系和特点，在头脑中形成了清晰的表象，推导出圆面积公式。学生通过观察和想象，进而理解圆面积公式 $S=\pi r^2$ 的原理。通过直观教学从抽象到具体再到抽象，学生自主获得了圆面积的计算公式。

通常"因数"与"倍数"两个概念是安排在一起教学的，重在揭示两个数之间因数和倍数的关系。根据本班学生实际我是这样执教的，将"认识因数"单独作为一课时进行教学，主要原因在于学生真正理解"因数"存在一定困难，主要表现在两方面：第一，难在从"关系"的视角研究数。在教学本课之前，学生都是独立地研究整数，而"因数"是对两个或几个整数之间"特殊"

关系的研究，这种研究视角的改变造成了学生认知的困难。第二，难在形成对"方法"的结构化认识。虽然学生"找到因数"并不难，但有序、全面地找因数，并理解这样做的道理是存在困难的。

课堂上，学生在教师的引导下，借助多种直观材料，层层深入地认识并理解数学概念，同时在主动思考的过程中探寻方法。教具、学具的"直观""形象"起到了积极的促进作用，让数学概念"更易于理解"，让数学思考"更有方法"，让数学变得"更容易学"，创造更适合儿童的数学教育，从而发展了学生的形象思维。

心理学研究表明，儿童的认知规律是"感知—表象—概念"，而使用学具恰恰符合这一规律，能够让学生从被动变为主动，充分调动他们的各种感官参与教学活动，去感知大量直观、形象的事物，获得感性知识，形成知识的表象。同时还能诱发学生积极探索，从事物的表象中概括出事物的本质特征，从而形成科学的概念。在此，还要给教师们一个建议，教具的演示和学具的应用要注意多角度、多样性以及不同方位。

二、重视数形结合

在教学中，我们要重视"数形结合"对培养学生形象思维所发挥的作用。

我国著名数学家华罗庚曾说过："数形结合百般好，隔离分家万事休"。"数"与"形"反映了事物两个方面的属性。数是抽象的数学知识，形是具体实物、图形、模型、学具。"数"和"形"是紧密联系的，学生只有先从"形"的方面进行形象思维，通过观察、操作，进行比较、分析，在感性材料的基础上进行抽象，才能获得"数"的知识。

在日常教学中，可以有意识地引导学生认识多种直观模型，如实物模型、图解模型、操作模型等。例如，复习直线、射线、线段三种线的特征时，可以从一个点组成一条线开始，从一条线变为两条线，带领学生复习四年级的平行和相交两种位置关系以及角的种类的相关知识。从两条线变成三条线，让孩子们在讨论和探究中回顾三角形的特征。最后引出四条边的图形，串联平行四边形、长方形、正方形之间的区别和联系，这样既关注到了小学阶段图形组成的整体结构，又抓住了学生的几种常见错误，起到了良好的效果，为立体图形的复习做好了铺垫。

借助线段图也是培养学生形象思维的一个很好方法。以"数"化"形"，以"形"换"数"，不仅可以使抽象的知识直观化，抽象的数量关系具体化、形象化，也可以借助线段图的直观，有效地分析信息与信息的联系，建构信息与问题之间的数量关系模型，发展学生的思维品质。

在教授"打折与策略"这节课时，教师可以巧妙地创设这样一个教学情境：张老师要买一台打印机，乔老师要买一件毛衣。打印机：800元/台，毛衣：200元/件。商场促销活动为：如果购买500元以上的商品，就把超出500元的部分打八折。问：两位老师合着买比分着买可以省多少钱？

解决这个问题时以"形"助"数"，可化解学习难点。课堂上学生提出两种方法：

方法1：

分着买：（800−500）×80%+500+200=940（元）

合着买：（800+200−500）×80%+500=900（元）

940−900=40（元）

方法2：

200×（1−80%）=40（元）

在解决问题时，大部分同学使用的是方法一，有相当一部分同学不理解第二种算法，这时教师是如何处理的？

此时，教师很机智地出示了两种算法的线段图。学生通过两个图的对比，恍然大悟！真正省的其实就是200元的20%。这一教学片段凸显了线段图的功用。借助线段图进行"数"与"形"的转化，可以帮助学生建立正确的表象；将抽象的数学问题直观化，变"看不见"为"看得见"，使隐蔽、复杂的数量关系变得明朗，并能直观描述数量之间的关系，使学生切实感受到画图直观的重要作用。

通过这个教学片段可以看出：数形结合，相辅相成。"数"辅助"形"，可以使"形"形象化；"形"辅助"数"，可以使"数"直观化。通过"以形助数"或"以数解形"，即通过抽象思维与形象思维的结合，可以使复杂问题简单化，抽象问题具体化。数与形相结合的数学学习必将促进学生的数学学习。

三、重视空间观念的培养

除了以上两个方面，在第三方面，教师们还可以借助"学生的空间观念"

的发展来促进对学生形象思维的培养。空间观念是对物体的形状、大小、长短和相互位置关系的表象认知。在"认识梯形"一课中，将图形动态呈现，引导学生直观感知图形的本质特征，这体现了对学生形象思维的培养。不仅仅是从静态的角度去认识梯形，而是注重化静为动，让学生从动态的角度去丰富对梯形的认识。

学生参与"借助图形的随意交叉摆放，动态生成新的图形"的过程，是一个从直观辨认到探索特征的过程，符合儿童的认知规律。亲历知识的形成过程可使学生对梯形的样子形成直观感知，再通过寻找旧图形与新图形的内在联系和区别，不断完善对梯形的认识，建构梯形概念，培养空间观念。由此可见，培养和发展学生空间观念的过程，也是培养和发展学生形象思维能力的过程。

培养小学生的形象思维能力是小学数学教学的一项重要任务。在教学中，要注意不断丰富学生的脑中表象，认真培养学生的直觉识别能力，适时处理好形象与抽象的关系。培养学生的形象思维，能够提高学生学习数学的能力，是全面提高学生素质的需要。

"标本兼治"转化数学学困生[①]

学生个体间存在客观差异，使得相同年龄、同一班级的学生在智力、能力、个性、心理、品质等方面发展各不相同。如果这种差异在数学课堂中得不到很好的利用，部分学生的学习态度就会发生改变，表现为缺乏自信、学习被动、学习习惯差。在正常的教学要求下，他们会对数学学习感到困难，认为数学知识太抽象、太难学、枯燥乏味，从而完不成教学任务。这些学生上课无精打采，厌倦作业，害怕考试，更缺乏独立思考和钻研的精神与能力，数学成绩越来越差。这部分学生常常被家长忽视，被同伴轻视，有时也被教师无视，渐

---

① 本文2009年发表于《宁夏教育》。

渐地便成为需要教师特殊指导才能改观的数学学困生。

学困生"困"的情况千差万别，造成他们"困"的因素多种多样。为了"从最后一名学生抓起"，教师常常会花大气力进行课外辅导。而笔者认为，要"治"学困生的"困根"，就必须"标本兼治"——既要肯花时间进行课外辅导，更要让他们从喜欢本学科的每节课开始，为他们创造发挥学习潜能的条件，激发他们的求知欲望，促使他们主动参与学习过程，像一般学生一样学习和探索，养成良好的学习习惯，基本掌握有效的学习方法。只有这样，才不至于隔靴搔痒，才有可能做到真正转化。

要想让学困生喜欢某节课，教学设计就要富有情趣、突出重点。教学活动要让学困生易于参与，注重学困生参与的面（参与的学困生人数）与量（每个学困生参与的次数），进而提高教学效率。

一、结合生活设计教学，让学困生能参与

生活体验是学生学习数学的基础。当学生在日常生活中所常见的情境在教学中以各种不同形式再现时，学生就会有兴趣，就有冲动感，因为是学生经历过的事情，他们才会有丰富的表现。因此，要促使学生"能学"，就要根据学生已有的生活基础设计教学，注重原有的知识基础，尽量缩小学生已知和未知之间的差距，使学生学习新知有一个较好的起点，促进学生思维上的正迁移。"倒数的认识"一课内容虽然和前面知识联系不是很紧密，但当我们留心学生生活可以发现，"倒"的现象还是大量存在的，数学中有，语文中也有。为了让学困生能参与到教学活动中来，我首先让学生对口令"口天——吴，天口——吞；口木——呆，木口——杏"，再要求学生设计两数相乘积为1的算式，即便是学困生也能设计出（1）×（1）=1、（2）×（$\frac{1}{2}$）=1……这样的算式。凭经验，学生在这一过程中已经对"倒数"有了感性认识。然后以"甲是乙的同学，乙就是甲的同学"的实例帮助学生轻松理解"互为"一词。

二、注重情感交流，创设持续学习的氛围，让学困生敢参与

良好的学习氛围是点燃学生思维火花的助燃器。课堂上要努力营造轻松、愉快的学习环境，引导学生，特别是学困生积极参与学习过程。鼓励学困生积

极发言，重视师生、生生间的交流。在小组讨论、同桌合作中，给学困生提供自主的活动空间和交流的机会，并使其尝试承担学习小组中的某一主要职责，逐渐培养其自信心和责任感。探究新知时，或以课件创设情境，或以竞赛、实验引入，尝试让学困生说图意，提问题，讲思路，列算式，述答语。把知识进行创造性延伸时，尤其是在分层练习和开放性训练中也要注重学困生的基础，既达到巩固所学知识的目的，又能兼顾各个层次学生的情感需求。

三、注重过程，发展性地提出问题，让学困生想参与

数学中概念性的知识对学困生而言尤其抽象，概念性的教学不能只重结果而忽略概念的生成过程。在教授"倒数的认识"这节课中，我紧紧围绕概念的来龙去脉组织学生展开研究讨论，使学生在一个跌宕起伏的情境中，感知倒数的意义。当学生的求知欲一次次被唤醒时，新问题也就随之产生。如学生竞赛填写（ ）×（ ）=1时，会思考乘积是1的两个数有什么特点？在求整数的倒数时随即产生了"所有的整数都有倒数吗？"这样的问题。教师发展性地提出问题，学生才会面临认知冲突，产生一种积极的探究倾向；强烈的求知欲望才能促使学困生想参与。激发了学生认知上的冲突，触及了学生的情绪和意志领域，满足了学生的精神需求，探究才会变得高度有效。

四、在"猜测—验证—应用"中感悟知识的形成过程，让学困生会参与

在课堂教学中，要使学困生主动地进行观察、猜测、验证、应用等数学活动，经历数学知识的形成过程，就要培养他们善于发现、善于思考、敢于创新、主动获取的精神，让学困生会参与探究活动的全过程，从而发展他们持续学习数学的愿望和能力。在"倒数的认识"这节课的教学中，我让学困生猜测乘积是1的两个数有什么特点，验证5与$\frac{1}{5}$、18与$\frac{1}{18}$……乘积是否都等于1，再应用前面的收获求$\frac{17}{19}$、6、1的倒数。

课堂教学中多给学困生一些质疑问难的机会，让学困生慢慢地会提问题。无论在什么时候，只要有疑惑，就可以提出疑问，教师及时给予解答与评价。

这样在提出问题和解决问题的过程中，才能逐步培养学困生的质疑问难精神、质疑问难习惯和质疑问难能力。在"倒数的认识"这节课的教学中，求整数的倒数时，数学课堂上从不发言的吴小飞就提出了"怎样求0和1的倒数"的问题，为课堂教学增加了活力，增添了色彩，促使全体学生经历探索的过程，解决了学困生的困惑，同时也让学生体验到了成功的快乐，形成了学习的经验。

数学教学中转化中等生的几点思考

课堂中，优等生思维敏捷，成绩优异，表现突出，理所当然成为课堂宠儿；后进生也会因不足明显而赢得教师的关注和帮助。中等生品学一般则显得平淡无光，最容易受到教师的遗忘和忽略。长此以往，中等生们习惯静坐于课堂中，淡然存在于班级里，如同"沉睡的火山""平静的湖面"。而在一个班级中，中等生的人数比例最大，成绩波动也较为明显，既可上升到优等生队伍，也可下滑到后进生行列。由此可见，提高数学教学质量，离不开对中等生的关注和激活。那么，如何激活中等生呢？我认为不妨抓住以下几个关键点。

一、打破心理定势

从总体表现来看，中等生学习的自觉性尚可，不用教师监督也能完成任务，自我约束能力较强，课堂中不会出现纪律问题，也会安分守己。但这个群体普遍有一种"比上不足，比下有余"的心理，课堂上不会积极表现自己，表扬和批评与他们不沾边，主动性不强，对自己的能力难以作出恰如其分的认识。由此可见，不少中等生之所以长期处于中等状态，在于他们有这种不正确的心理意向。因此，在教学中，要想方设法打破中等生的"上游难争、下游危险、中游保险"的平衡心理。

（一）正视差异，改变"配角"意识

在数学教学中关注中等生的发展，前提是了解每一个学生，正视班级学生间的差异。学生作为一个生命的个体，必然存在差异，教师也要充分认识到，

学习中的诸多因素造成了这些学生的差异。班级里存在优等生、中等生、后进生，并非要求我们把他们拉齐扯平，他们都是课堂中平等的主体，我们追求的是让中等生在原有的基础上有更大、更好的发展。无视差异势必会造成"一刀切""齐步走"，挫伤中等生学习的积极性和自信心。同时，教师要引导中等生正确认识自己与其他群体的差异，特别是要看到自己身上的长处，以此悦纳自己，不再活在优等生光环的阴影下，消除"配角"意识。

（二）激励赏识，唤醒成功意识

教师的激励赏识是学生学习兴趣的催化剂，也是学生思维的激活剂。课堂中，可以用微笑、点头、眼神等方式与中等生进行交流，向中等生传达"我在关注你"的信息。教师对中等生尤其需要及时、准确地给予激励、表扬，如"你的回答太精彩了""你的解题思路十分有创意""你的补充很不错"等；对中等生课堂中思路有错误的，也不要"一棍子打死"，可以说"你对课堂的贡献是一样的，你可以启发大家朝另一个方向走"；在作业评语中，不要用简单的"对"或"错"，而要写上充满激励性的话语等。当然，教师还应该努力创造各种成功的机会，让每个中等生获得尽量多的表扬与肯定，激发他们的潜能，调动他们主动学习的内驱力。

（三）设置目标，增强进取意识

人们常常会对自己本身或自己能力产生"自我设限"的心理，中等生自然也会产生与优等生无法抗衡的心理定势。他们缺少"跳一跳，就能摘到果实"的学习目标牵引，这就需要数学教师经常指导中等生自我设定数学学习目标，要求他们确定追赶的对象、榜样人物。课堂教学目标的设定，也要体现出中等生必须"跳一跳"才能实现，由自我设定的目标和教师对他们的目标与要求来增强进取意识。

二、建立"偏向"机制

（一）实施"黄、绿牌"发言制

课堂中优等生思维敏捷，发言踊跃。如果教师为完成教学任务把目光锁定在优等生上，优等生必定能赢得更多的发言机会，称霸课堂；如果教师保持原生态的发展状态，这些优等生自然占尽优势。过于积极的发言状态，使中等生只能做听众、当陪衬，失去锻炼机会。针对这种情况，实施"黄、绿牌"发言制，对优等生、中等生发言进行有效的调节。对于一般程度问题的解题，若优等生过于积极发言，则实施"黄牌"警告，限制其发言，相反给中等生"一路绿灯"的发言机会，充分发挥他们的主动性。

（二）巧用延时评价制

评价是数学教学的重要调控手段，联系着教师和学生的思维、情感，直接影响着学生的心理活动。好的课堂教学评价机制，能激发学生的学习兴趣，启迪其心智，拓展其思维，提高教学效率。在课堂中，我们更多地对中等生采用"延时评价"，即在中等生做出一道习题或说出一种思路之后，不急于进行评价，作出对或错的结论，而是以鼓励性的动作和语言，激发他们动脑思考，让学生畅所欲言，提出自己的个性化见解，给予学生更广阔的思维空间，使中等生从不同角度思考来解决问题。基于此来培养中等生的发散性、求异性思维，不断提升其思维品质，同时也能创设出精彩的数学课堂。有时当中等生对自己某阶段测验的结果觉得不满意或没有达到基本目标时，我们采用"延时评价"，允许、鼓励学生提出申请进行重新考核，直到每个中等生都达到目标，自己感到满意为止。

（三）设立岗位职责制

由于优等生能力和学习水平俱佳，很多事情都能包办代替，从而使中等生产生了依赖性，滋生了惰性，对课堂中的活动参与度不强，不能激发自身的潜能。教师要安排好中等生的课堂学习岗位，明确职责，以便创造主动参与、平等参与的机会。如在小组合作中安排中等生为汇报员，而不是记录员，这样习惯于旁观的中等生不得不主动参与到学习中；可以安排中等生结对，一个优等生搭配一个中等生再帮扶一个后进生，并要求他们履行施教者的职责。这样中等生就能通过岗位职责激发自身发展，同时得到同伴的信任，心中自然充满了使命感，进而在沉默中爆发。

在数学教学中，抓住关键点，有效地激活中等生，不仅能让"沉睡的火山爆发"，激活无穷的潜能，而且能形成"长江后浪推前浪"的学习数学的良好形势。中等生推动着优等生的前进，也带动后进生的发展，从而提高数学教学质量。

利用微课助力数学有效教学

信息技术在教育领域不断深入，技术持续改变着教与学的方式。微课的应运而生，为农村小学数学教学带来了新的生机。它打破了传统课堂教学的时空限制，能够模拟真实的教学情境，从而扩展教师教学容量，提高学生学习效率。微课相比传统教学更加灵活，具有短小精悍、形式多样、互动性强、易于传播、弥补师资不足等特点，在农村小学数学课堂中具有很大的应用价值。教师在日常教学中围绕教学内容、教学重点、教学难点或某一个教学环节制作微课，适时加以利用，会使教学更具针对性、时效性。同时，学生在课下也可以借助微课进行预习和复习，从而进一步提升学习能力。当农村小学师资不足时，微课可以为教师提供丰富的教学资源，帮助教师更好地完成教学任务。

一、利用微课让教师"换位"

在微课应用过程中，教师的角色发生了转变，从传统的知识传授者转变为学生学习的引导者和辅导者。教师需要根据学生的需求，选择合适的微课资源，引导学生进行自主学习，同时在学生遇到困难时给予及时的指导和帮助。

1. 创设情境，激发学生的学习兴趣。情境教学是提高学生学习兴趣的有效途径。教师可以根据教学内容，创设生动有趣的情境，引导学生将所学知识应用于实际生活中，从而激发学生的学习兴趣。

2. 引导学生进行合作学习。合作学习是培养学生团队协作能力、沟通能力的有效途径。教师可以利用微课平台，组织学生进行小组合作学习，让学生在合作中相互学习、相互帮助，提高学习效果。

3. 注重学生的个性化学习需求。每个学生的学习需求和兴趣都有所不同，教师需要关注学生的个性化学习需求，为学生提供个性化的微课资源，满足学生的个性化学习需求。

4. 加强微课资源的建设和管理。教师需要加强对微课资源的建设和管理，确保微课资源的质量和数量。同时，教师还需要定期对微课资源进行更新和优化，以适应学生的学习需求。

二、利用微课增强学习兴趣

"兴趣是最好的老师。"兴趣对于学生的学习具有极其重要的影响。学生对一门课程感兴趣，他们的学习积极性就比较高；若是他们对一门课程缺乏兴趣，则学习的积极性也比较低。微课教学相对于传统的课堂教学而言，在教学时更容易调动学生的学习积极性，学生的学习主体地位也得到了明显凸显。因为微课主要是以视频的形式呈现在学生面前，学生在学习的时候可以根据自己的需要和学习基础，控制视频的播放次数。有的学生基础好，在学习时只要播放一次视频就能够理解学习的重点和难点；而有的学生学习基础一般，可能需要多次观看视频才能够理解知识的难点和重点。这种教学方法相比于传统的以教师为主导的课堂，更容易调动学生的学习积极性。

此外，在教学时，微课教学集画面、声音和文字于一体，将知识点进行分解，类似于小学生在生活中喜欢观看的动画片，形象生动，能够有效地刺激学生的视觉和听觉。学生在学习时就会更容易进入学习情境，从而成为学习的主角，激发他们的学习兴趣，调动学习积极性，促进教学发展。

三、利用微课让学生做"主角"

在传统的数学课堂上，教师是课堂的主导，把控着课堂教学的节奏，一节课学生需要学些什么，学到哪里都由教师来安排，学生在课堂上缺乏独立自主的意识，学习较为被动。而微课在教学中的应用，则打破了这一传统教学模式的局限性。微课教学注重调动学生学习的自主意识，培养学生的学习积极性。这样，教师在课堂上的教学负担就减轻了。而且，由于小学生的年纪比较小，教师在教学时还需要花费较多的时间来维持教学秩序，但是使用微课教学之后，学生的学习积极性得到激发，课堂纪律更好了，课堂教学效率也更高了。

四、利用微课拓展学生思维

数学是一门锻炼学生思维能力的学科。学生学好数学知识，不仅有助于他们学习成绩的提升，而且能够更好地解决生活中的数学问题，提升他们的综合能力。在教授数学知识时，微课除了能够调动学生的学习积极性、激发他们的学习兴趣以外，还能发散学生的思维。

例如，在教学"长方体和正方体"的知识时，在学生掌握了相关的基础知识之后，为了进一步加深学生对知识的理解，教师可以适当地进行一些思维拓展。如可以联系学生之前学过的长方形和正方形的知识，如一个正方形切掉一个角就变成了五边形，那么一个正方体切掉一个角会变成什么样呢？这样的问题往往更容易激发学生的学习兴趣。在学生说出自己的答案之后，教师可以将相关的微课视频播放给学生看，让学生想一想为什么有些问题是自己没有想到的，以拓展学生的思维。

五、利用微课巩固当堂学习

"温故而知新。"学习知识时如果不进行有效巩固，学生可能很快就会忘记自己所学习的知识。数学教学对学生学习的要求比较高，在学习时更需要不断巩固，才能使他们真正掌握知识。因此，学生在课后的学习十分有必要，如在学习一些几何、应用题和简单的函数知识时，都需要巩固。如果依照传统的教学方法，教师的教学精力有限，很难对班上的学生一个个进行单独辅导和课后巩固。但是，微课教学则不受时间和空间的限制，学生可以将微课资源拷贝到自己手中，在课后自己进行学习。对于自己不懂的知识，也可以通过观看微课视频来理解，这样有助于全面提升教学效果。

六、利用微课促进师生互动

教学反馈是教学中必不可少的一个环节。通过教学反馈，教师能够充分了解自己在教学中的不足，以及学生在学习时有哪些知识需要掌握。但是在传统的课堂上，教师需要花费大量的时间进行教学，还需要维持课堂纪律，很少有时间进行教学反馈，这使得他们对学生的了解不足，这对于教学的发展是极其不利的。但是，微课在教学中的应用使学生的学习更快、更自主，教师也有了更多的时间进行教学反馈，有助于师生之间的互动和交流。

七、利用微课开展校本教研

首先，学校为教师提供微课制作培训，使教师掌握微课制作的基本技能。

其次，学校建立微课资源库，为教师提供丰富的微课资源。此外，学校还利用网络平台进行微课的分享和传播，使得优质的教学资源得到更好的利用。通过运用微课进行教学改革，学生的学习兴趣得到了提高，学习成绩也有了明显的提升。同时，教师的教学效果也得到了提高，教学质量得到了保障。

总之，微课在农村小学数学课堂教学中的运用，对扩充教学容量、调动小学生学习积极性的作用是显而易见的。但微课也不是一把万能钥匙，在今后的教学中，我们要善于发掘"微课"中的积极因素，让其助力教学，不断优化教学资源，培养小学生学习数学的浓厚兴趣，夯实小学生的数学素养基础。

参考文献

[1] 张晓燕. 微课在小学数学教学中的应用研究 [J]. 教育教学论坛，2018（36）：179-180.

[2] 陈丽华. 微课在小学数学教学中的应用探讨 [J]. 课程教育研究，2018（35）：187-188.

[3] 王瑞芳. 微课在小学数学教学中的应用策略研究 [J]. 课程教育研究，2018（35）：189-190.

巧设情境 激活课堂

教学来源于生活，又运用于生活。将生活中的一些实际问题转化成问题情境展现在学生面前，能够极大地引起学生探讨知识的兴趣。当学生有了积极的态度和情感时，才能促使大脑的活动加快进行，使各种智力因素得到有效激活，活的思维映衬活的课堂。如何在这片充满可能的领域中，让数学课堂焕发出生机与活力，让每个孩子都能在其中找到乐趣，成为我们每一位小学数学教育工作者值得深思的问题。本文将以"巧设情境 激活课堂"为核心，探讨情境教学在小学数学教育中的应用，旨在通过生动、有趣的教学情境，激发学生的数学兴趣，培养他们的数学思维，让数学课堂成为孩子们成长的乐园。

一、情境教学的魅力：让数学不再抽象

数学，常被误解为抽象、枯燥的代名词。然而，当我们把数学知识融入具体的生活情境中，它便变得鲜活起来，充满探索的乐趣。情境教学，即通过创设与现实生活紧密相关的场景，让学生在模拟或真实的情境中学习数学知识，体验数学的应用价值，从而激发学生的学习兴趣，提高他们的学习效果。

在小学数学教学中，情境教学的魅力在于它能够打破传统教学的束缚，将抽象的数学概念转化为直观、生动的形象，让学生在轻松愉快的氛围中掌握知识。比如，在学习加减法时，我们可以设计一个"超市购物"的情境，让学生在扮演顾客和收银员的过程中，通过选购商品、计算总价、付款找零等实际操作，自然而然地掌握加减法的运算规则。这样的教学方式，不仅让学生学会了数学知识，更让他们感受到数学与生活的紧密联系，增强了学习的动力。

二、情境教学的设计原则：贴近实际，注重体验

情境教学的设计应遵循贴近实际、注重体验的原则。这意味着我们在创设情境时，要充分考虑学生的生活实际和认知水平，选择他们熟悉、感兴趣的主题，使情境具有真实性和吸引力。同时，还要注重学生的参与和体验，让学生在情境中动手操作、动脑思考，通过亲身体验来理解和掌握知识。

贴近学生生活实际：情境的选择应贴近学生的日常生活，如家庭、学校、社区等场景，让学生在熟悉的环境中学习数学，减少学习的陌生感和恐惧感。例如，在学习分数时，我们可以利用分蛋糕、切水果等生活场景，让学生在实践中理解分数的概念。

注重学生的参与和体验：情境教学的核心在于学生的参与和体验。因此，在设计情境时，要充分考虑学生的主体地位，为他们提供动手操作、合作交流的机会，让他们在实践中发现问题、解决问题，从而加深对知识的理解。

情境应具有层次性和挑战性：为了满足不同层次学生的学习需求，情境的设计应具有层次性，从简单到复杂，逐步引导学生深入探究。同时，情境还应具有一定的挑战性，以激发学生的求知欲和探索欲，让他们在挑战中不断成长。

三、情境教学的实施策略：多管齐下，激活课堂

兴趣是思维的原动力，兴趣是最好的老师。从这个意义上讲，激发学生的学习兴趣是促使其主动参与学习的基础。新教材中的例题、习题的选择素材都与学生的生活实际非常接近。因此，在教学中，依据实际情况用游戏、表演等活动将情境图提供的内容进一步动作化、情境化，可以使学生全身心地置身于真实的数学活动环境中，增加实际体验，切身感受数学的奇妙与无所不在。如我在教"加法的含义"一课时，先让三名学生表演。教室左面站一名学生，右面站两名学生，教师说开始走，当三名学生走在一起时，教师说停，反复走动3~4次。让学生观察，使学生直观地看出1名同学和2名学生合并的过程，充分感知加法的含义，然后教师引导学生用语言、手势表达合并的过程，进一步加深对加法含义的直观理解。

情境教学的实施，需要灵活运用多种策略，多管齐下，才能激活课堂，让每个学生都能在情境中找到自己的位置，享受学习的乐趣。

（一）故事情境

故事是孩子们最喜欢的表达方式之一。在数学教学中，我们可以利用故事情境，将数学知识融入故事情节中，让学生在听故事、讲故事的过程中，自然而然地掌握数学知识。例如，在学习几何图形时，我们可以讲述一个关于"图形王国"的故事，让学生在故事中认识各种图形，了解它们的性质和特点。

（二）游戏情境

游戏是孩子们的天性。在数学教学中，我们可以设计一些富有挑战性的数学游戏，让学生在游戏中学习数学，体验数学的乐趣。比如，在学习加减法时，我们可以设计"数学接力赛""数字拼图"等游戏，让学生在游戏中锻炼计算能力，提高反应速度。

（三）生活情境

数学源于生活，又服务于生活。在小学数学教学中，我们可以创设一些生活情境，让学生在模拟或真实的情境中学习数学，感受数学的应用价值。比如，在学习货币单位时，我们可以设计一个"小小收银员"的角色扮演游戏，让学生在模拟购物的过程中，掌握货币单位的换算和计算方法。

（四）问题情境

问题是思维的起点。在小学数学教学中，我们可以创设一些问题情境，让学生在解决问题的过程中，锻炼思维能力，培养探究精神。比如，在学习"分数加减法"时，我们可以设计一个"分蛋糕"的问题情境，让学生在实践中探索分数加减法的运算规则。

（五）多媒体情境

随着科技的发展，多媒体已经成为现代教学的重要手段。在小学数学教学中，我们可以利用多媒体技术，创设生动、形象的多媒体情境，让学生在视觉、听觉等多种感官的刺激下，更好地理解和掌握数学知识。比如，在学习几何图形时，我们可以利用多媒体课件，展示各种图形的动态变化过程，让学生在观察中理解图形的性质和特点。

四、情境教学的案例分析：以"分数的初步认识"为例

为了更具体地说明情境教学在小学数学中的应用，我们以"分数的初步认识"为例，进行案例分析。

教学目标：使学生初步认识几分之一，会读、写几分之一。通过直观演示、操作、观察、比较等活动，培养学生的观察能力和语言表达能力。基于此，使学生体会分数来源于生活，感受数学与生活的密切联系。

师：同学们，今天老师给大家带来了一个有趣的故事。在一个阳光明媚的早晨，小明和小华去野餐。他们带来了一个大西瓜，准备一起分享。可是，他们只有一个西瓜，却有两个人，怎么办呢？生：可以分成两半。师：对，我们可以把西瓜切成两半，这样每个人就可以得到西瓜的一半了。那么，这一半西瓜我们可以用什么数来表示呢？生：不知道。师：这就是我们今天要学习的内容——分数。

师：现在，老师要把这个西瓜切成两半，请大家仔细观察。（教师用实物或多媒体课件演示切西瓜的过程）

师：同学们看，这个西瓜被切成了两半，每一半都是西瓜的一半。我们可以用分数来表示这一半西瓜，它就是二分之一。

师：现在，老师想请同学们自己动手来分一分，感受一下分数的意义。请大家拿出准备好的圆形纸片，试着把它分成两半，并标出二分之一。（学生动

手操作，教师巡视指导）

（观察比较）师：请大家看看自己手中的圆形纸片，它的一半是不是和二分之一的图形一样呢？生：是的。师：那么，谁能告诉老师，二分之一是怎么来的呢？生：把一个整体平均分成两份，每份就是它的二分之一。

师：同学们真棒！现在老师想考考大家，如果把这个西瓜切成四份、六份甚至更多份，那么每一份应该用什么分数来表示呢？（学生思考、讨论，教师引导）

师：同学们，分数在我们的生活中无处不在。比如，我们吃蛋糕时，常常会把蛋糕切成几块来分享；我们看时间时，也会用到分数来表示时间的流逝。那么，你们还能想到哪些生活中用到分数的例子呢？（学生自由发言，教师总结）

通过本次情境教学，学生不仅初步认识了分数，学会了读、写分数，还通过直观演示、动手操作、观察比较等活动，加深了对分数的理解。同时，学生在情境中感受到了数学与生活的密切联系，激发了学习数学的兴趣和热情。

五、情境教学的挑战与对策

尽管情境教学在小学数学教育中具有诸多优势，但在实施过程中也面临着一些挑战。比如，情境的创设需要花费大量的时间和精力；情境的多样性和趣味性难以保证；情境与数学知识之间的衔接和融合需要技巧等。针对这些挑战，我们可以采取以下对策：

加强教师培训：提高教师对情境教学的认识和设计能力，使他们能够熟练地运用情境教学来激发学生的学习兴趣和动力。

丰富教学资源：利用互联网、图书馆等多种渠道，收集和整理丰富的教学资源，为情境的创设提供有力支持。

注重情境与知识的融合：在创设情境时，要充分考虑数学知识与情境之间的衔接和融合，确保情境能够准确地反映数学知识的本质和内涵。

鼓励学生参与：在情境教学中，要鼓励学生积极参与、主动探究，让他们在情境中发现问题、解决问题，从而加深对知识的理解和掌握。

及时反思和调整：在实施情境教学的过程中，要及时反思和调整教学策略和方法，根据学生的学习情况和反馈意见，不断优化情境教学的设计和实施。

六、让情境教学成为小学数学教育的一道亮丽风景线

情境教学作为一种生动、有趣的教学方式，在小学数学教育中发挥着越来越重要的作用。它不仅能够激发学生的学习兴趣和动力，提高他们的学习效果和思维能力，还能够让学生感受到数学与生活的紧密联系，培养他们的数学素养和应用能力。因此，我们应该积极探索和实践情境教学在小学数学中的应用，让情境教学成为小学数学教育的一道亮丽风景线。

在未来的小学数学教育中，我们将继续秉持"巧设情境　激活课堂"的理念，不断创新教学方式和方法，为孩子们打造一个充满乐趣和挑战的数学课堂。让我们携手共进，为孩子们的数学之旅铺设一条充满希望和梦想的道路！

利用思维导图促进小学生科学思维发展

小学科学是小学阶段的重点内容，学生不仅需要掌握基本的科学知识，还需要培养良好的科学思维能力。习近平总书记强调：要在教育"双减"中做好科学教育加法，激发青少年好奇心、想象力、探求欲，培育具备科学家潜质、愿意献身科学研究事业的青少年群体。面对国家对高科技人才的呼唤，作为一位置身"双减"政策大背景下的小学科学教师，要让学生充分参与体验科学活动，培养科学思维，增强学生的科学创新意识与实践能力。

思维是以已有的知识和经验为基础，通过一定的模式帮助人认识新事物的一种媒介。科学思维是指人们在认识和探索自然现象时所运用的一种思维方式，它是科学课程目标中核心素养的重要组成部分。《义务教育科学课程标准（2022年版）》对科学思维的培养提出了具体要求：在获取科学事实和数据中培养学生观察和实验的能力；在提出问题、设计实验和分析结果中培养学生主动探究和发现问题的能力；在分析和比较得出的结论中培养学生运用逻辑思维进行推理和判断的能力；在构建模型解释科学现象中培养学生建立模型和解释现象的能力。由此可见，在小学阶段培养科学思维的核心在于培养孩子独立思

考、发现问题和解决问题的能力。笔者在小学科学教学实践中发现，小学生参与科学活动的经验有限，常常缺乏系统性的思维。然而，通过巧妙地运用思维导图，可以帮助小学生在绘制和分析思维导图的过程中更加清晰地理解和归纳科学知识。利用图文方式将思维内容展现出来，使思维具象化、可视化，逐渐培养出具有脉络性、层次性和形象性的思维方式，从而形成系统性的思维模式，进一步有效地促进学生的科学思维发展。

一、利用思维导图激发学习兴趣

在科学课上，培养孩子的兴趣、激发好奇心至关重要。当孩子对课堂上的学习内容、学习方案、学习形式没有任何发言权，只能被动地接受安排时，就会逐渐对学习丧失兴趣。科学课上有的教学内容与孩子的认知脱节，孩子们思维训练不足，长此以往不利于孩子科学思维能力的形成。小学生以形象思维占主导，喜欢模仿和画、涂、描、染。教师利用思维导图辅助教学，运用颜色、文字、箭头及图像展示出完整的知识网络体系，勾连知识点之间的联系，帮助学生明确各个概念之间的关系，使学生形成简洁明了的知识网络，增强他们的科学思维能力，激发他们的潜能。在引导学生制作思维导图的过程中，激发学生的好奇心和学习兴趣，开启孩子们的科学探索之旅。

二、利用思维导图培养观察和实验能力

观察和实验是科学思维的基石。巧用思维导图能够帮助学生更好地进行观察环境和现象，收集并描述、记录信息，开展实验。例如，在学习"植物的生长过程"时，以"植物"为中心主题，让学生观察和记录植物的特征，包括外观、生长环境、生命周期以及植物在不同光照条件下的生长情况等，用简洁而精确的语言进行描述，并利用思维导图来整理这些观察到的现象和实验结果，将这些信息连接起来，形成一个完整的概念框架，更好地帮助学生理解和记忆植物的生长过程。又如，在学习"天气变化"时，学生可以更好地观察云的形状、风向、温度等，然后将这些观察结果以关键词或短语形式记录在思维导图上。通过使用具体的图像、颜色和形状来构建直观的关系，可以降低孩子们理解的难度。这种具体的思维方式有助于促进抽象思维的发展。同时，当教师引导孩子们使用思维导图学习时，学习变得更加个性化。每个思维导图都反映了

孩子们自己的思维方式，更适合个人对知识的理解、记忆和应用，从而进一步提高学习效果。

大多数小学生在抽象思维方面相对较弱，他们更倾向于通过形象思维来认识和思考问题。为了改进实验教学环节，教师可以利用思维导图来制订完整的实验教学计划。这样，学生可以通过思维导图明确实验课程的主要教学内容，找出实验中存在的主要问题，并形象地观察实验中的科学现象，从而得出准确的结论。例如，在学习"温度与水的变化"这个课题时，教师可以带领学生进入实验室，让他们利用思维导图记录实验过程，明确温度计的使用方法，并了解水在不同温度下的变化形态。通过实践和使用思维导图，学生可以更好地理解和掌握关于这个课题的知识。

三、利用思维导图加强问题提出和解决能力

问题是学生学习的重要途径，科学思维的关键在于培养学生提出问题和解决问题的能力。教师应利用思维导图引导学生提出问题，激发他们的学习兴趣。通过让学生使用思维导图分析教师提出的问题，他们可以找到解决问题的方法，培养较强的问题意识，敢于自主提问和分析问题。这样有助于提高学生解决问题的能力，加深他们对教材内容的理解和吸收。例如，在教学"我们周围的材料"这一课程中，教师可以创建一个思维导图，向学生提出以下问题："砖瓦、陶器和瓷器是由什么材料制成的？""我们身边有哪些材料？"以及"如何对身边的材料进行分类？"让学生带着这些问题去思考，准确找到问题的答案，从而更好地理解教材所讲授的内容。同时还可以利用思维导图帮助学生整理和分类问题，进一步深入分析进而解决问题。例如，以"太阳系"为主题，学生可以在中心主题下列出各种问题，如："为什么太阳会发光？""为什么冥王星不再是行星？"等等。在学习动物的特征时，教师可以引导学生使用思维导图来提出问题、设计实验和分析结果。在解决环境污染的问题时，学生可以使用思维导图来分析污染源、污染物、影响和解决方法，并找出最可行的解决方案。学生利用思维导图的分支结构提出相关解决方案，从而推动科学思维的发展。

四、利用思维导图促进推理与判断能力的提升

推理和判断是科学思维的重要环节，巧用思维导图可以帮助学生更好地进

行推理和判断。在科学课上引入新课时，我们经常从趣味的自然和生活现象开始，但落实到抽象知识的学习时，难免枯燥，知识点太多记不住，孩子们觉得记笔记很无趣。利用思维导图把学过的旧知识和新知识联系在一起，碰到难推理和判断的问题时，可通过图画、表格等方式让其显出脉络，呈现可视化的记忆过程。例如，在学习"物体的运动"一课时，教师可以引导学生使用思维导图来分析和比较不同物体的运动特点，加上对应的图像，更直观地掌握静止与运动的相对性。孩子们发挥自己的想象制作的学科思维导图不只是知识的"再现"，更是让孩子们主动运用大脑机能，利用其内在规律，将知识结构化"呈现"，有效避免了常见的"教师反复讲，学生一错再错"的问题。

五、利用思维导图促进合作与分享

科学思维不仅仅是独立思考的过程，还需要与他人合作和分享。思维导图可以成为学生合作和交流的工具。例如，同学们可以在小组中共同绘制思维导图，每个人负责一个分支主题，最后将各自的分支结构整合到一起。这种合作方式可以促进小学生之间的互动和团队合作精神。首先，帮助小组长整合组内成员知识点的掌握情况，各成员通过将相关概念、观点和实验结果连接到小组长给定的中心主题或问题上，每个学生可以看到信息之间的联系，从而更好地理解整个知识体系。例如，在学习生态系统时，学生可以"生态系统"为中心，绘制出各个组成部分，如动物、植物、环境等，以及它们之间的相互关系。其次，在复习阶段，全班学生两两结对，同伴之间互说错题、互问对方自己认为重要的内容。同伴间相互补充，相互提问，共同完善巩固旧识，完成每个单元的思维导图，使知识系统化、逻辑化、直观化，从而建构属于孩子自己的知识网络体系。

六、利用思维导图实施学习评价

为了巩固学生的科学思维能力，我们可以将思维导图与实际实践相结合，进行教与学的评价。例如，在进行实验探究时，学生可以先制作实验思维导图，将实验的步骤、材料和结果等有机地组织起来。在实践过程中，教师可以通过观察学生的思维导图和回答问题的方式来评估他们的科学思维水平。刚开始学习制作思维导图时，学生能把知识画进图里，觉得很神奇；慢慢地，学生觉得和教师的相比自己画得也不差；接下来，学生画着画着还能不时地创新一下构图形式，画到兴起时还会加点自己的想法进去，就这样，便理清了单元知识脉络；五、六年级的学生画着画着就逐渐形成了自己独特的风格。这是学生科学态度方面的变化与进步。期末复习或毕业总复习时，学生不再一张一张地做卷子，而是一幅一幅地画图，用思维导图概括、总结、提炼自己的学习收获，并在此基础上进行有效拓展。这是学生科学思维能力发展以及学科学、爱科学、用科学的真切体现。

把思维导图引入科学课的常态教学中，既能"寓教于乐"，又能有效地促进小学生的科学思维发展；既体现了科学课程的文化理念，又转变了教师的教学理念，拓宽了学生的学习空间，转变了学生的学习方式，促进了学生的思维发展。同时有助于学生在科学领域中的进一步学习和发展，为他们日后面对更复杂问题时提供经验。

参考文献

[1] 王丽华，李晓红.巧用思维导图促进小学生科学思维发展[J].教育教学论坛，2019（1）：123-124.

[2] 刘中光.基于思维导图运用的小学生科学思维能力的培养[J].小学科学（教师版），2019（9）：178.

[3] 杜伟.小学科学思维型教学具象化处理策略[J].教学与管理，2023（29）：54-58.

以大概念为统领设计数学单元作业

——以"万以内的加法和减法（二）"为例

"唉，课堂上我反反复复强调，还是有这么多学生做错，感觉就像没听课一样……"数学办公室经常会听到类似的抱怨声。目前，部分小学生在做数学作业时存在应付现象，并且没有养成认真检查的习惯。随着年级的升高，作业量加大，一部分小学生对作业产生的厌烦、逆反、恐惧心理不断增加。这一现象反映出长期以来作业的功能被偏重于"知识的巩固"与"技能的强化"，存在弊端，忽视了学生的主体性和创新性。部分数学作业题型呆板、形式单调、题量过多、内容封闭、脱离学生的生活实际。这样的数学作业本身缺乏"魅力"，不能对学生形成"吸引力"，以致学生在做作业的过程中体会不到应有的快乐和成就感，而是迫于教师的强制性措施，不愿思考与推理计算，盲目地凑结论，甚至抄袭他人作业。教师批改作业的工作成效因按时交作业的假象而大打折扣。

数学是整个学段最重要的基础学科之一，数学核心素养能为学生终身发展奠基。《数学课程标准（2022年版）》提出："通过义务教育阶段的数学学习，学生逐步会用数学的眼光观察现实世界，会用数学的思维思考现实世界，会用数学的语言表达现实世界。"因此，落实数学课程标准的要求，以学生数学核心素养的发展为导向，关注学生的学习过程。数学作业是课堂教学的延续，也是学生巩固知识、提高思维能力的重要路径，对发展数学核心素养具有重要作用。研究和改进数学作业设计有助于落实新课标精神，不断提升教学品质。

开展以大概念为统领的单元作业设计是单元整体教学的延续，能促进数学教学的结构化，发挥关联教学内容、迁移知识与方法的积极作用。笔者对人教版三年级上册第四单元"万以内的加法和减法（二）"的内容从整体性、结构性和迁移性出发进行重组，并进行了大概念统领下的单元作业设计，体现教学内容的整体性和连贯性，凸显知识元素间的结构关联和单元知识内容的本质属性，有效促进学法迁移和学生结构化思维的进一步形成，促使学生真正实现具有现实意义的学习。

一、凝练单元大概念，确定习题目标

在大概念统领下设计单元作业，首先要立足课程标准，把握单元教学目标和学习目标。在进行数学作业设计时，不仅要关注学生对数学知识的巩固、基本技能的提升、基本思想的感悟，还要关注学生数学核心素养的发展。"万以内的加法和减法"包括三位数加三位数（不进位、一次进位、连续进位）、三位数减三位数（不退位、连续退位），这部分内容属于"数与代数"中的"数的运算"子领域。它以"20以内数的认识、100以内数的认识、万以内数的认识及100以内的加法和减法"为基石，是小学阶段学习加减法运算的最后一个阶段。因此，学生在开启这一单元的学习前，不但经历了较为完整的计数系统的建构过程，而且具备了十分丰富的学习经验。依据三年级学生认知结构，可以将"100以内数的加法和减法"运算规则迁移至"万以内"，学习过程中一方面巩固"计数规则"，另一方面进一步完善"运算规则"。同时，将为以后学习大数的认识、小数加减法、四则运算、数位进制、多位数乘除法奠定基础。在此分析下，以"基于加减法的意义计数单位个数的计算"为"万以内的加法和减法"这一单元大概念。通过单元教学目标和单元作业目标进行具化和细化。用一个主题串联教学内容，通过习题使大概念从抽象变为具体，从复杂变为简单，从而帮助学生更好地理解和掌握本单元的内容本质，以保持学生的学习兴趣，提高作业完成的质量，达到预期的学习目标。

二、遵循以学生为中心，规划作业形式

大概念统领下的单元作业设计应源于生活，以学生的实际需求为出发点，关注学生的个体差异，激发学生的学习兴趣和学习动力。展现数学的趣味性和实用性，同时要达到巩固本单元基础知识、训练基本技能、感悟基本思想、积累基本活动经验、反馈课时教学效果的目的，从而培养良好学习习惯，促进学生全面发展。

对于"万以内加法和减法（二）"单元作业设计，笔者从"回顾、优化、迁移、应用、拓展"五个层次进行设计。

（一）回顾

通过前联引导学生回顾数的源头，即先给数赋值，用正方形代表100，圆圈代表10，三角形代表1，合在一起代表加法，划去代表减法，将赋值和加减法的意义结合在一起，就变成了运算。在此基础上，借助计数器，让学生在计数器上将上面的计算过程拨出来。基于此，帮助学生更好地理解十进制，理解计算的本质即计数单位的累加，其方法是满十进一。通过以上两小题，把学生带回计数的源头去看一看，让孩子们自觉地将前面的知识联系一起。

（二）优化

"万以内的加法和减法"是三位数的计算，算法从百以内两位数的加减法迁移而来，相比之下区别在于多了更多的进退位，需要进行连续的进退位。对于学生而言，算理不难理解，但计算时容易出错是一个难点。若用重复训练来减少出错，学生会对计算失去兴趣，而且也不能及时了解学生在迁移之后对连续进退位的整体把握情况。为了更好地帮助学生对算法及时调整和优化，设计了这样一道习题：457+□□□=（　　　）；当计算时不进位，这个三位数最大是（　　　），和是（　　　）。当计算时发生一次进位，这个三位数最大是（　　　），最小是（　　　）。当计算时发生两次进位，这个三位数最小是（　　　）。当计算时发生三次进位，这个三位数最小是（　　　）。如果不进位的话，学生需要考虑什么？进一次位呢？进位以后对更高位有没有什么影响，会不会导致二次进位？这个过程其实就是在巩固算理，更好地了解十进制，换句话说就是在触摸这个单元的大概念：更好更优地进行计数单位个数的叠加。

（三）迁移

将一般计算方法迁移至更灵活的计算方法，是对计数规则更加灵活的运用。三位数加减三位数时，数据本身的特点会产生一些简便方法，如：不列竖式，看谁算得又对又快。199+38这道题让学生根据加减法的意义灵活地进行计数单位个数的计算，符合大概念的要求。通过这个例子让学生体会到不列竖式，可以"凑整"，可以改变运算顺序，使计算变得简单快捷。我们的生活处处有数学，学到的计算方法是看得到、摸得着、有用的。

（四）应用

玩数字卡片接龙游戏。为了唤起学生的兴趣，我设计了数字卡片接龙游戏。在本习题中，每张卡片的正面和反面设计成了这样的一组回文数。通过第1

小题任选其中一张卡片上正面或者反面上的数字玩接龙游戏和第2小题分别列竖式计算这两组数的和，观察计算过程，你发现了什么？帮助学生了解回文数的特征。在第3小题中，由于回文数的特征，除了中间的3，百位和十位上的数字都是一样的，只需要算一次就可以了。通过计算发现不管是正面的数相加还是反面的数相加，它们都有：相同的（　　　）个百，（　　　）个十和（　　　）个一，得出结论（　　　）=（　）×100+（　　　）×10+（　　　）×1。这样的习题有趣、富有挑战性，可以激发学生的学习兴趣，使他们更愿意投入学习中。

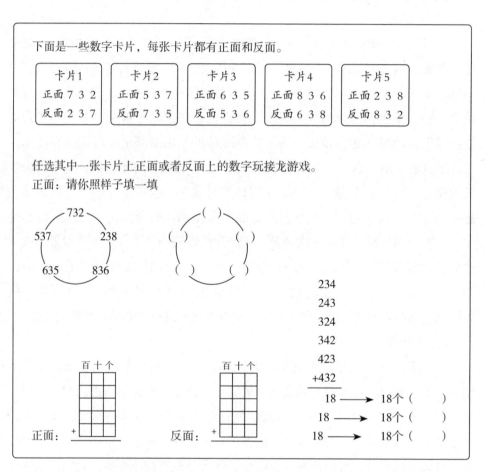

（五）拓展：巧妙的加法

数学学习离不开观察，观察是认识事物、获得新知识的源泉。为了进一步拓展，让学生用给定的3个数字组成所有的三位数，观察发现个位、十位、百位上的数字都会发生变化，一共能组成六个数，而每个数字在每个数位上都出现了两次。在计算的时候，我们只需要算出一个数位上这些数字的和就可以了。如：用2、3、4这3个数字可以组成的三位数有234、243、342、324、432、423，把这六个数相加的和有如上面图中巧妙算法，你能看明白吗？完成填空（如上页图）。

利用这种特殊性，再次驱动学生去应用单元大概念：将不同的计数单位的个数进行累加，用更加能表达计数规则本质的竖式来计算。接着用依次递进的3道小题不断去进行大概念的应用：①用3、5、7这3个数字可以组成哪些三位数？这六个三位数的和是多少，你能巧妙地算一算吗？②通过上面的两个例子，你发现了什么规律？③还有哪3个数字组成的所有的三位数的和也是3330呢？④运用你发现的规律，你能很快算出用2、5、8这3个数字组成的所有的三位数的和是（　　　　）。

经常性、有计划地布置一些观察性的作业，可以让学生养成注意观察的好习惯，学会观察的方法，培养他们仔细观察的品质，提高他们的观察力和思维能力。

通过以大概念为统领，对"万以内的加法和减法（二）"单元作业进行设计与实施。在这个过程中发现，学生在完成作业时较好地巩固了基础知识，理解了加减法的基本原理，领会了多种解决问题的策略，还探索发现了加减法的一些基本规律，激发了学生的主动性和创新性。学生愿意进行讨论和交流，在反思中学习、成长和改进，增强了团队合作意识，促进了批判性思维能力的提升。大概念统领下的单元作业设计，使单元作业既能考查学生的知识掌握程度，又能考查学生的思维品质和解决问题能力，从而提高数学课堂教学实效，促进学生核心素养的发展。

教是为了学生的"学"，"作业"是为了巩固和拓展所学，"评"是为检验学生"是否学会了"。坚持设计具有实践性、操作性、开放性、探究性的单元作业，让学生动手操作、实践探究、自主查找资料、分析问题、解决问题，主动进行小组合作，共同完成任务。在完成学习任务的过程中，不断学会用数学的眼光观察生活实际、用数学的思维思考实际生活中的问题、用自己建构的数学知识解释和表达对生活事例的观点及问题的解决方法，促进学生良好思维品质的形成和数学素养的发展。

参考文献

[1] 顿继安，何彩霞. 大概念统摄下的单元教学设计 [J]. 基础教育课程，2019（18）：6–11.

[2] 方敏，秦照华. 大概念统领下的单元教学设计路径：以"经济发展与社会进步"为例 [J]. 思想政治课教学，2022（10）：42–44.

[3] 窦彩琼. 学习落实新课标，努力提升教学品质 [J]. 小学数学教师，2023（增刊）：87–88.

"三全育人"视域下的农村小学德育管理新探索

习近平总书记在全国高校思想政治工作会议上指出，要坚持把立德树人作为中心环节，把思想政治教育工作贯穿教育教学全过程，实现全员育人、全过程育人、全方位育人。小学生是祖国的花朵，更是国家的未来。小学阶段是学生形成正确思想道德观念和规范自身行为的黄金期，德育教育毫无疑问成为小学时期的首要工作，更是一项渗透于多方面和需要多个主体参与的教育。我校地处城乡接合部，进城务工和在外务工子女占近六成，学生缺乏良好习惯，家庭教育滞后，德育教育成效不显著。为实现德育目标，需多措并举，开展德育管理新尝试，积极推进"三全育人"，让学生养成良好的行为习惯，全面提升学生的整体素质。

一、凝聚共识，人人承担育人任务

立德树人是"三全育人"的核心，围绕这一目标整合各方资源，形成教育合力。

拓宽育人渠道。学校引导教师树立"人人是德育工作者，处处是德育工作阵地，事事是德育工作内容"的新育人观，提高教师对德育的认识，积极调动全体教师向着教育目标努力前行。

拓展育人队伍。完善德育队伍建设，构建"三位一体"的全员育人机制。通过培训、经验交流会等形式提高教师德育管理能力。让家长和学生参与德育管理，完善家长护校队、校级家长委员会建设，经常性邀请家长参与食堂膳食管理，形成"处处可育人，事事可育人"的良好局面。学校、家庭、社区拧成一股绳，家长们积极协助参与学校管理，执勤站岗，亲自体会孩子的学习和生活，感受校园氛围，老师与家长之间的关系更加融洽，形成和谐有效的教育合力，为孩子的健康成长保驾护航。对于在外务工、无暇或无能力顾及子女教育问题的学生家长，学校通过微信、云校家、小黑板等家校沟通平台，想方设法调动务工家长的育人积极性，提升家长育人参与度。每到假期，教师们都会有针对性地进行家访，走进家庭，倾听家长的心声，取得家长对学校的理解和支持，加深教师和家长的感情，架起家校教育的桥梁。

二、系统规划，堂堂渗透育人内容

课堂教学是德育的主渠道。学科教师努力挖掘教材中丰富的德育因素，结合学科特点、学生年龄及学段特点，在备课中既设定渗透目标，又规划渗透过程，把德育内容细化到课程目标之中，融入并渗透到教育教学全过程。以知识为载体渗透德育，实现知识与道德、教学与教育、教书与育人的统一。

三、分类设计，时时蕴含育人理念

德育是系统性的、细致的且具有渗透性的。学生良好的道德品质培养不仅要通过教育教学活动，更要通过一件件日常小事的实践。学校确定"低、小、细、实"的德育实践方法，构建"一点两心"德育模式（以"育人"为出发点，以"学生"为中心，以"渗透"为重心）。

1. 紧紧围绕"中华民族一家亲，同心共筑中国梦"总目标，建立健全铸牢中华民族共同体意识主题教育实践活动长效机制，充分挖掘各项工作蕴含的育人元素，以铸牢中华民族共同体意识为根本方向，全面开展铸牢中华民族共同体意识进校园、进课堂、进头脑活动，厚植爱国主义情怀，传承中华文化，聚焦培养担当民族复兴大任的时代新人重任，努力让中华民族共同体意识的种子在师生心中生根发芽，全面落实立德树人根本任务，推进素质教育。利用传统节气和节日以及校园文化艺术节、科技创新节等校园节日，开展丰富多彩的铸牢中华民族共同体意识主题教育活动。打造三层书香长廊，将中华民族共同体意识教育融入校园文化展板、宣传栏、班级黑板报、校园广播、网络平台等各类宣传载体中。开展实景研学、劳动种植、志愿服务等活动，强化和巩固学生的社会实践意识与道德践行能力，将立德树人覆盖到课上课下、网上网下、校内校外，实现育人无时不有、无处不在。

2. 引导学生参与班级文化建设，因地制宜开展校园文化建设。学校每学期举办一次"班级文化布置评比活动"，例如一年级入学常规评比，将对学生的养成教育渗透于班级文化的各个环节，规范学生在校行为习惯，树立优良的班风、学风、校风，营造秩序良好、环境优美、积极向上、格调高雅的校园文化。开展读书节活动，让书香润泽师生心灵，经典点亮孩子人生。通过长期坚持，大大激发了学生的阅读兴趣，提升了校园文化活动的品位，增强了同学们的文化意识，书香校园蔚然成风。学校通过宣传栏、校园广播、电子显示屏、征文比赛等多种形式，大力宣传文明校园创建工作的目的和意义。以常规文明礼仪、遵守交通规则、公共场所文明行为、尊老爱幼、社区共建等为主要内容，通过制作横幅、宣传版面、开展征文等多种形式，营造人人宣传文明，人人参与创建的浓厚氛围。

3. 利用重大节日开展主题教育活动。每年举行一年级"开笔礼"、一年级入队仪式、三年级"今年我十岁了"以及六年级毕业典礼等大型活动，让师生与家长共同见证孩子每个阶段的成长。每个农村孩子都拥有与大自然亲密接触的机会和一片实践的沃土。在学校的组织和倡议下，各年级利用五一小长假开展以"劳动最光荣，我行我快乐"为主题的实践活动。校内校外、家里社区，到处可见教师和孩子们辛勤的身影。他们用双手粉刷世界，用汗水致敬责任，用努力装点环境，磨炼了意志，以不同的方式绽放劳动之花，开发自身潜能，培养团结协作、吃苦耐劳的精神和抗挫品质。

4. 坚持"以德育德"（以教师高尚的师德培养学生的品德），把教师的师德修养作为学校德育的重点工作来抓。"工欲善其事，必先利其器"。教师在各种教育教学活动中以身作则，一言一行、一举一动都应履行育人之责、产生育人之效。全体教师应加强学习，不断提高信息技术应用能力，持续创新教育手段。学校通过智慧校园建设，充分利用网络教育资源，培养学生获取知识的能力。

5. 各个中队长期坚持开展"红领巾安全自强"活动，倡导全体学生争做"六好"（好习惯、好兴趣、好身体、好队员、好伙伴、好晚辈）学生。活动中，班主任和任课教师全程跟踪小学生的习惯培养，通过上下联动，让小学生德育教育无间断，帮助小学生树立正确的价值观、人生观、世界观。针对不同年级小学生的德育迷茫点，突破难点，让小学生轻松学习，获得教育乐趣，实现身心健康成长。

6. 大力挖掘校外资源，在确保安全的前提下，将学生带出校门，开展多样的家校联系、社会实践等活动。例如，通过家校联系，倡导亲子共读、为父母做一件事、自己的事情自己做等家庭实践活动，让学生在家长的教育和帮助下，不断提升道德水平；通过踏青、学雷锋义务劳动等活动，让学生与大自然亲密接触，磨炼意志，开发潜能，培养团结协作、吃苦耐劳的精神和抗挫品质。这样的活动不仅拓宽了学生的成长空间，也培养了学生的自信心。

四、全方位实施，特色评价显育人成效

小学德育教育是一项系统工程，全方位实施、全员参与，让德育教育"活"起来、"动"起来，才能形成"全程育人+全体成长"的大格局。学校构建的"七彩少年"特色评价体系，贴近学生心理需求，有效发挥激励作用，及时帮助学生解决困惑，纠正不良行为，促进了学生道德素养的积极提升。

（一）分层评价

我们依据小学德育的基本模块目标，分低、中、高年级制定了梯级递进的评价目标，对不同年龄层的学生提出不同要求，真正做到因材施教。如在文明礼仪方面：一、二年级要求尊重长辈，见到师长要主动问好；三、四年级要求尊重他人、学会倾听和帮助他人；五、六年级要求平等对待每个人，学会宽容和谅解他人，在集体生活中平衡个性自由与集体精神。

（二）多元评价

传统评价往往局限于教师单方面评价学生这一单一模式，新课程理念要求我们转变评价方式，由单一评价转为多元评价，评价主体应凸显互动性，即在整个评价过程中，强调教师评价、学生自评和同伴互评三位一体的评价模式。既有教师的观察、记录、评价，也有学生对自我或同伴的评价。在德育教育过

程中，我们始终坚持多元评价，评价方式包括学生自评、小组评、教师评、家长评等，既重视旁观者评价，又重视学生内省的力量。在评价目标、评价内容、评价主体、评价标准、评价方式的多元化实践中，学生的道德生命成长更具活力。

（三）动态评价

动态评价，即在德育教育过程中，重视学生的发展性评价。评价内容既要面向学生完整的生活领域，又要满足学生未来生活的需要。我们从学生道德品质的长远发展出发，开发多种评价内容。例如，学生可根据自己的特点、特长制定"七彩少年"个性评价目标，对自己提出道德要求；学校将评价的重点放在学生对德育的生活体验上，实行定性或不定性评价，关注学生在德育生活中的积极体验和科学方法的习得，做到既注重结果，更强调过程。

总之，教育一个孩子，带动一个家庭，影响整个社会。在"三全育人"理念下，我校德育工作将根植于农村教育土壤，汲取乡地文脉营养，焕发德育活动无限的精神魅力，使立德树人更有成效。

用习近平新时代中国特色社会主义思想指导小学数学教学①

习近平新时代中国特色社会主义思想是铸魂育人的思想引领。在小学数学教学中，同样要将这一思想作为开展教育教学活动的理论基础和思想支撑。那么，在实际教学中如何使这一思想入脑入心呢？

---

① 本文系固原市"习近平新时代中国特色社会主义思想进教材、进课堂、进师生头脑"优秀论文评选活动二等奖作品。

一、把牢政治方向，深刻领悟教材特点

国家数学课程标准提出"让每一个孩子都能获得良好的数学教育"，这正是我们的追求。教师在钻研教材时，要把牢政治方向，深刻领悟当前教材进一步强化育人功能的特点。依据教材内容，准确把握"为什么学"和"怎么学"的问题，努力使学生在学习活动中彰显中国底色。

教学中，教师要重视激发儿童对学习数学的好奇和求知欲望，让他们有机会经历刻骨铭心的数学学习过程，拥有对数学学习的良好感受和丰富难忘的数学活动体验，从中获得数学知识技能、数学思想方法及数学活动经验。充分激发学生学习的兴趣，教师应创造各种条件让学生体验数学，感受到数学和实际生活的联系，将学数学枯燥的感受转变为生动好奇。在课堂中加强感悟，丰富他们的活动经验，让他们全身心参与到数学学习中，及时给予肯定和激励，从而使学生在课堂上充分感受数学学习的快乐与成功，为学生真正享受快乐的小学生活奠定基础。

所以，我们要给孩子们创建"好吃又有营养"的数学教育。"有营养"的数学，就是在学生学习数学知识的过程中，获得终身可持续发展所需的基础知识、基本技能、数学思想方法、科学的探究态度及解决实际问题的创新能力。"好吃"的数学，就是把有营养的数学烹调成适合孩子口味的数学，即孩子们喜欢的数学、爱学的数学、乐学的数学、能学的数学，是能给孩子们良好感受的数学。因此，我们必须改变自己已经习惯的教学行为。

二、真正读懂学生，按照规律教学

（一）唤起学生学习兴趣

唤起兴趣是引导学生学习数学的第一要务。小学生的年龄特点和心理特征决定了他们学习行为的前提是"有趣的我才喜欢学"。然而，我们大人们常常以成人的眼光审视严谨系统的数学，并以自己多年习惯的思维方式将数学"成人化"地呈现在孩子们面前。课堂上，对孩子的"奇思妙想""异想天开"并未给予太多关注，忽视了儿童期的心理特点和学习规律，失去了儿童的情趣，影响了儿童创造力的发挥。教师要满腔热情地保护好奇心这颗"火种"，小心翼翼地呵护学生的求知欲。教师要关注孩子的情感体验和行为体验，尊重每一

个孩子的个性品质，鼓励学生用自己的方法诠释数学意义。"好吃的"数学或许不那么"严谨系统"，但只有属于孩子们自己的数学才是最美的数学。"好玩的"课堂或许不那么"尽善尽美"，但只有属于孩子们自己的课堂才是最有魅力的课堂。

儿童只有获得对学习的积极期待，才会产生丰富的想象力和创造力，产生数学探究的欲望，产生愉悦而富有成效的学习体验，进而形成"想学—爱学—学会—会学"的良性循环。这样的兴趣是学生持久发展的不竭动力。

（二）贴近生活开展教学

学习有意义的数学就是引导儿童对于生活中"数学现象"进行"重新解读"。课程规定的数学知识，对小学生而言并不是"全新的知识"，在一定程度上是一种"旧知识"。实际上，儿童的数学体验早就存在。上学前，他们跟随父母乘车、购物，知道几时起床、几时上学；还了解物体的长短、大小、轻重、形状；搭过积木，拼过七巧板……这些活动与经历使他们获得了数量和几何形体最初步的观念。虽然这些概念或观念可能是非正规的、不系统的、不严格的，甚至还有错误隐藏其中。但恰恰是这些亲身体验为他们开始正规学习数学奠定了重要基础。这些学前积累下来的生活经历，会在小学阶段的数学学习中被"重新解读"。例如，学生在学习"年、月、日"之前已经知道"我今年过生日到明年过生日正好是一年""爸爸这个月领工资到下个月再领工资正好是一个月"，这是多好的解读！孩子们把十分抽象的时间观念，通过自己的贴身经验生动地"物化"呈现出来。

在数学学习中，教师要借助身边熟悉的现实生活，帮助学生逐步学会数学思考，发现并得出数学结论，感受数学知识的产生和发展过程，使学生感受到身边处处有数学，激发学生对数学的亲切感，培养学生用数学眼光观察生活的习惯和意识。同时，我们又要引导学生把学到的数学知识运用到生活实际问题的解决中，引导学生开展数学实践活动，做到学用结合，使学生体验数学在实际生活中的价值，从而更加热爱数学学习。

（三）注重课堂互动交流

传统课堂上，教师喋喋不休地讲解，以为讲的知识越难越深，水平就越高。殊不知，课堂里还有一些"听天书"的学生，他们或许眼睛直直地盯着教师，脑子却是一片空白；或许思想开小差，早已游离于课堂之外。当学生无法承受学习压力时，选择的路只有一条，那就是逃避，从听不懂到厌倦，继而放弃。

我们要充分关注儿童的差异，满足个性化的学习需求。鼓励儿童敢讲话、敢追问，善于对话交流。鼓励儿童用自己原生态的，甚至有些粗糙的语言诠释对数学意义的理解。鼓励儿童充分表达，注重学生"讲数学"，把自己的思考说出来。在学习中，教师要营造民主平等交流的氛围，帮助儿童学会分享。让儿童的语言、思维、动作在交流分享中得到更丰富的体验，使"板着脸"的严肃数学变得有趣而鲜活；使"抽象乏味"的学习变得"好吃又有营养"；使"一言堂"的数学课堂变成师生互动交流的"群言堂"。

（四）强化动手操作能力

儿童的思维是在有效的数学活动中产生和发展的。儿童在亲自参与的操作实践活动中不断积累活动经验，促进思维发展。

儿童喜欢动手做数学，在动手中获得体验与理解。教师应鼓励学生积极动手实践。例如在"三角形内角和"的教学中，学生是如何获得三角形内角和是180°这一结论的呢？课堂上，有的学生用量角器分别测量三个角的度数，再累加起来；有的学生把三个角分别撕下来拼在一起，组成一个180°的平角；还有的学生则把三个角分别对折，同样可以形成一个180°的平角……孩子们带着好奇和猜想自由地操作着，在动手实践中验证自己的猜想，最终通过"看得见、摸得着"的事实获得"三角形内角和是180°"的结论。动手操作活动不仅满足了学生的好奇心，提高了其学习兴趣，而且是儿童学习数学所需要的一个内化的重要过程，即由感知到表象再到抽象的认知过程。"动手操作的"数学是小学生需要的数学学习方式。它是以数学思维为核心的脑活动与动手操作的有机结合，能够促进学生的思维发展。从数学教学走向数学教育，让数学教育更具有吸引力和感染力，使数学学习更加丰富多彩。

三、不断反思教学，厚植文化底蕴

教师是学生学习的共同参与者，不是领跑者，更不是知识的灌输者，而是与学生一同思考。有了这样的角色转变，才能把学生推到前台，才能贯彻以生为本的思想。

因此，作为教师，我们要经常反思：自己是否通过极强的消化理解能力，把学科知识有效、合理地转化为学生喜闻乐见的形式和新颖的实践活动；是否达到了有效的预设和有效的生成之间的完美结合。教师用这样的思想魅力和人格魅力唤醒学生，使学生拥有真心喜爱、终身受益的魅力课堂。厚植学生的文化底蕴，在他们心灵深处埋下真善美的种子，立德铸魂，让孩子们的身心在健康快乐的道路上前行。

以学生经验为基点　落实数学创新素养教育①

学生的经验是一切教学的基点。在教学中，以学生的经验为"根"，以这些经验所发生的知识为"枝"，如此，一茬一茬的"新枝"才能接得上去，这样的"人树"才能枝繁叶茂。因此，落实创新素养教育就要从学生已有的生活经验出发，营造民主和谐的课堂氛围，选取合适的生活素材，鼓励全体学生参与数学活动，勇于发现并提出问题，大胆尝试解决问题。在教师的"引导"和"激发"下，学生逐步建构对数学的认识、理解、掌握和运用，发展自身创造力，从而提升学生的数学创新素养。

一、分析学情为基础，营造民主和谐的课堂氛围

每节数学课，不仅仅是学习知识的过程，更是师生之间心灵碰撞的过程。因此，开展教学的基础是分析学生的学情，包括了解学生的性格差异、数学基础和思维能力，只有这样才能营造民主和谐的课堂氛围。学生置身其中，愉悦地开始学习，继而接受信息和处理信息的能力才能得到强化和巩固，创新思维的萌芽才能在自由、宽松、民主、平等的土壤中生根发芽。以学生经验为基础设计教学，不仅要教授学生知识，更重要的是让学生始终能看到自己的进步，感受到学习的快乐。在课堂中，要面向每一个孩子，正视和理解学生之间的差异，分析孩子的经验基础，让新知的学习首先在"民主和谐的课堂氛围"这方

---

① 本文系固原市第五届"杏坛杯"教师教育教学成果评选论文二等奖作品，编号：1588。

"沃土"中扎根、发芽。若要让"创新的幼芽"破土新生，教师就要在接下来的每一个学习活动中不断维护好师生关系，让渴望尊重的孩子得到尊重，让需要关爱的孩子得到关爱，让学习有困难的孩子得到帮助，让探究不深入的孩子得到指点，让无法创新的孩子得到引领，鼓励全体学生都能够参与到数学活动中。正是因为有了这样自由而安全的氛围，学生五彩缤纷的思维世界才会真实地展现在我们眼前。这样，学习才能真正成为孩子自己的事，创新素养教育才能落地生根。

二、贴近生活选素材，创设有趣的问题情境

基于学生的生活经验选择数学情境和数学素材，才能体现数学源于生活、用于生活的理念。如果生硬地呈现例题，教学很难取得良好效果，更谈不上学生创新素养的发展。兴趣是最好的老师！课前用趣味化的情境导入，能有效激发学生的学习兴趣，充分调动学生自主学习的积极性，让他们在兴趣的推动下敢想、敢问，通过想和问一点一点培养主动学习的意识。例如在教学四年级"小数点移动引起小数大小的变化"一课，小数点的移动是"小数的意义与性质"这一单元中的重点，也是难点。特别是小数位数不够时，学生掌握起来比较吃力。在了解到学生喜欢看《西游记》后，我打算在教学中采用视频讲述"孙悟空打妖精"的情景，但学生容易只关注故事情节而忽略"金箍棒的长短变化"这一关键数学信息，因此，在观看视频之前我先提出问题：同学们在看完这个故事后能用一组数据讲出故事梗概吗？让学生在故事情节的引导下观察到金箍棒中"小数点"的移动现象。选取这样的素材，将本来枯燥、难懂的数学概念，借助学生喜爱的《西游记》中孙悟空金箍棒变长变短的故事，让学生有了最直接的感悟。带着这样的体会再深入学习，学生兴趣浓厚，思维活跃，学习效果良好。

三、以生为本导学法，体验学习的快乐

数学教学是师生的双边活动，教学中必须把侧重点放在学生的学上。建立在学生自身思维水平上的数学活动，才能有真正的思维碰撞。不同的教学内容教师会采用不同的教学方法，自然也要进行不同的学法指导。如："克和千克"重在观察体验，"吨的认识"重在联想；"20以内进位加法、退位减法的

算理及乘除法意义"的理解重在操作，"几何形体的认识"重在观察发现等。但是学生在学习的过程中都需要教师适时给予学法上的启发、点拨和指导，充分体验知识的形成过程，享受成功的喜悦。

例如，学习5以内的加法时，刚教完1+1=2，再练习1+2=（　　），就有几个孩子一脸茫然，连算式都读不出来。从理论上讲，刚入学的孩子应该水平都差不多，都是从零开始，可实际上并非如此，他们之间的差异非常大。他们学前所受的教育不同，家长的重视程度也不同。课堂上又不会听讲，老师所讲的内容没有存到大脑中，一到做题就茫然不知所措，刚开学没几天就有要掉队的趋势。借助实物或数手指能解决眼前的问题，但不利于建立数感，也不能在短时间内缩小与其他孩子之间的差距。

苏联教育家苏霍姆林斯基说："当孩子不能有效表达和正确解决问题时，可以通过画图画的方式展示他们对一些事物的理解。"那就让他们先画简单的图案再计算吧！可能是小孩子喜欢画画的缘故，这种画图案的方法一教就会，而且速度也不慢。并且加减法的计算题目正确率很高，几乎没有看错"+""-"号的情况，就连一开始题目都读不出来的几个孩子也能正确快速地计算题目了。得到教师的肯定和表扬后，这些孩子怀着满满的喜悦之情，在课堂上听得更用心了。前一段时间课堂上那种茫然的神情消失了，和其他孩子一样，用充满灵气和光彩的眼神倾听教师的讲解。虽然5以内的加减法计算还需要画图来帮忙，但是方法已经掌握了，加减法的含义在画图的过程中也得到了理解，从这个层面来说，这几个孩子已经不再是学困生了。通过画图计算每一道题目，使孩子们的数感得到了很好的培养。因此，学习20以内的加减法时要掌握的"凑十法"和"破十法"，学生学得自然又轻松，几乎没人再数手指。接下来，我又让孩子们把应用题也用图画出来，开始时画一些简单的实物（花朵、飞机、苹果、小鸟、熊猫等），后来他们为了方便就用小圆圈、小三角代替了。更重要的是，画图已经逐渐成为学生学习数学知识、解决数学问题的一种习惯。这也为孩子们进入高年级学习用线段图解决复杂的数学问题奠定了坚实的基础。

四、激活思维重过程，积累数学活动经验

数学教学旨在让学生通过手脑并用的探究活动，学习科学知识和方法，增进对科学的理解，体验探究的乐趣，从而获得最具数学本质的、最具价值的数

学活动经验。因此，教师之教应服务于学生之学，即激活学生思维，凸显经验的形成过程。在数学活动中，学生获得的经验往往是粗浅的，仅仅停留在感性层面。在教学中，教师要根据学生的个体差异，引导学生将数学知识、解题思路从感性认识上升到理性认识，对不同程度、不同性格的学生提出不同的学习要求，让学生在发现问题、解决问题、实践活动的过程中，建立"用数学"的意识，在"用"中积累数学基本活动经验，这样才能使每个孩子的数学活动经验不断积累、逐步提升，从而发展学生的数学创新素养。

如四年级上册的"烙饼问题"这节课，我从实际问题出发，按照"观察—操作—抽象"的学习过程引导学生进行思考，应用动画完成难以直观的教学内容，使学生有亲身烙饼之感，并让学生以小组为单位解决"怎样让爸爸、妈妈和我尽快吃上饼"这一实际问题。学生在自主、合作解决问题的同时体会到了优化思想，并逐步引导学生将所学知识迁移、发散到生活中的优化问题。当学生有了烙1张饼、2张饼、3张饼的经验后，处理"怎样尽快烙出多张饼的问题"的思路就会更加清晰、更有条理。从中获得成功的喜悦促使其产生继续主动探究和思考的愿望，也就有了进行深入学习的推动力。在问题引领下，学生多种感官参与，从简单到复杂，由特殊到一般逐层推进、步步加深，将学到的知识自然而然地应用到生活中。学生的思维在"能否尽快"的批判过程中不断完善，教师相机穿插于学生学习过程中进行引导，启发思考，服务了学生的学，促进了学生的学。

五、多元评价促内化，提升学生创新素养

在数学活动中，学生的表现是参差不齐的。要让学生运用探究所获得的知识举一反三地解决类似或相关问题，挖掘学生巨大潜能，点燃学生创新的火花，需要通过多元评价激发学生的参与度、活跃课堂气氛，开发学有余力学生的创新思维，激发中等程度学生的竞争意识，维护学习困难学生的学习自信心，帮助和促使学生养成主动思考的习惯。在教学中，可以采用希沃白板5中的班级优化大师进行分组、抽选、点评等活动进行及时评价；同时配合希沃白板5的课堂活动功能，通过游戏、竞赛等方式进行评价；还可以运用标注、拖拽等功能展示学生的思维结果，使学生享受思考的快乐，养成主动思维的习惯。如在教学"校园的绿化面积"过程中，当学生采用不同的方法求出组合图形的面

积时，我用希沃白板5中的截图拖拽功能将学生的方法一一展示在屏幕上，孩子们看到自己的解法思维结果被充分肯定，心中无比高兴，主动钻研的劲头更足了，同时也启发了其他同学。当时我没有就此止步，而是组织学生对展示出来的方法进行分类，并给同类的方法起名，学生通过讨论后将这些方法形象地归纳为"分割求和、填补求差、割补转化"，我顺势板书。这种用具体行动代替了口头表扬的做法，充分培养了求异思维，学生尝到了思考的甜头和成功的快乐，创新思维能力也在这样的探究活动中得以培养。

总之，学生创新素养的培育是一个多层次、全方位的目标群，需要一以贯之、持之以恒。在小学数学教学中，教师要将创新素养教育的理念落实到课堂教学的各个环节，让"经验"这个树苗长成"参天大树"，让学生真正成为数学学习的主体，才能让学生在课堂内外真正主动地学习，进而更有效地发展学生的数学创新素养。

参考文献

[1]岳维鹏.关于创新素养教育实践的困惑与思考［J］.宁夏教育，2019（6）：19–20.

[2]丁福军.核心素养视域下小学数学课程实施现状个案研究［D］.南昌：江西师范大学，2018.

[3]孔洁.在创新素养教育背景下的教师角色转变［J］.宁夏教育，2019（6）：47–48.

乡村教师专业成长的基石①

梦想是人生的灯塔，照亮我们前行的路。教师前行路上的灯塔就是自己坚

---

① 本文系乡村学校暨移民地区学校教研基地建设成果自治区级评选活动获奖作品。

持的教育理想，相信这份事业的神圣与伟大，用智慧教书，以爱心育人。在教育教学中，教师的成长不仅是个人能力的提升，更是对学生、对教育事业负责的重要体现。

教育部师范教育司编写的《教师专业化的理论与实践》一书中指出：教师的专业成长是指教师在其职业生涯中，基于个体经验，依据职业发展规律不断提升、改进自我，以顺应职业发展需要的过程。其本质是教师在职业生涯中专业素质不断成长的持久历程。也就是说，专业化发展是一个不断成长的过程而不是一个自然的过程！因此，对于一名乡村教师而言，只有认同自己的工作、不断学习、及时反思、坚持研究、珍惜当下，才能拥有成长之路，从而促进专业发展。

一、认同自己的工作

教育是慢的艺术，生命有多长，教育就有多长。教育工作是神圣且伟大的，但同时又是清贫、普通且琐碎的……这种认同感决定了我们的教学方式、成长方式以及对待教育的态度。

我和大多数教师一样，是被职业所选择的。毕业那年，我被分配到家门口的园子小学任教，接任四（1）班班主任兼数学教师。校长说："这个班级的学生很调皮，学习成绩落后，希望你别介意，到家门口了就好好干。"带着复杂的心情，我走进了四（1）班的教室，听着那句夹杂着惊喜的"老师好"，望着那一张张熟悉的面庞、一道道渴求知识的目光，我心潮起伏，将不满和不愿抛诸脑后，坚定地拿起了粉笔。一天中午放学，同村的芳姐拉着我的手激动地说："太好了！我娃这学期不说他不想念书了。你是我娃的老师，真是太好了！我不识字，以后我就把娃交给你了。"一股暖流涌遍了我的全身，我点头说："你就放心吧！"

自从我当上了教师，父亲每天做完晨礼后都会督促我早起，有时还会固执地陪我走到学校门口。村民因我是他们孩子的老师而对父亲更加尊重，这让父亲倍感自豪。一次，他语重心长地对我说："娃呀，当老师是积德行善的事。要当就要当个好老师！"学生的渴望、领导的厚望、家长的寄托、父辈的叮嘱，让我第一次认识到教育是用生命感动生命、用心灵去浇灌心灵的职业。

两年后，我代表全县小学数学学科参加固原市优质课评比活动。记得那是深秋的一天，天下着蒙蒙雨，正好碰上了赶来的县教研室负责人一行。他当着大家的面说："小马，你的悟性很好，好好努力，是个好教师！"这句话像灯塔一样照亮了我前行的路，瞬间升华了我对教师这一神圣职业的认同，坚定了我终身从教的信念，激励着我在专业成长的路上默默前行。后来，我也有几次重新选择职业的机会，但我毅然决然地选择了教师作为我终身的职业。

我们的工作内容和范围相对固定，每天在办公室、教室两点一线间重复进行着"备、教、改、辅、查"等工作，更容易产生厌倦和疲惫的心理。曾有一段时期，我感觉自己很多事情都在重复，备课也没有新意，上课只是中等以上的教学效果。参加听课之类的教研活动也没有新的收获，其他的工作也得过且过，我以为自己这样就到头了。有一天，我在一本教学杂志上看到了上海师范大学李海林教授提出的"教师二次发展论"。通过对照，我意识到当时的自己已经身处高原期了，但一切还是照老样子进行着。直到有一天，我看到一段话：身处高原期的教师具有自闭性，往往不能正视自己的处境，如果长期走不出这个时期，将会沉重打击专业自信心，专业认同感也会逐渐迷失，这对教师的心理伤害会很大。其中的"伤害"一词戳中我，心中顿生疑虑，便上网进行了学习，了解到应对高原期必须改变当前单纯靠经验积累的成长方式，应该有新的成长要素强力介入，为自己打开一扇窗，让工作回到"原创"，做新的事！什么是"新的事"？应该就是之前没做过、没做好的事。我尝试调整工作状态，并给自己制定了新的目标：虚心、认真地做好当天的事，包括处理好每一件班务，上好每一节课，参加好每一个教研活动，并集中精力关注班上的学困生。这部分学生在学习数学上存在困难，容易产生自卑心理，一遇问题就进行自我否定。我在课堂上尝试每节课鼓励他们一次，在教学过程中，给予学生更多的耐心与关爱，创造轻松愉悦的学习环境，帮助学生摆脱自卑心理，给后进生提供展示自己的机会，让他们敢参与、愿意参与数学活动，体验到学数学的乐趣，增强学习的自信心……一学期后，收获的不仅仅是这个同学和全班学生数学成绩的提高，我还体会到在辅导后进生的过程中，其实他们也很努力，很想获取成功，我要做的就是慢下来，给孩子成功的机会和环境。我将这些做法和思考撰写成论文《"标本兼治"转化数学学困生》，并在《宁夏教育》上成功发表。

二、在工作中学习

学习对于教师的重要性不言而喻！教师需要持续、连贯的学习来提高自身的专业知识和技能。

首先，注重平时学习。打铁必须自身硬，对自己所教的学科有足够的把握，才能提高课堂效率。在教学之余，我以研读《义务教育数学课程标准（2011年版）》和研究教材为主。课程标准是我们设计数学教学和开展数学活动的纲领，不断研读才能深刻领会新课程理念，才能明确教什么、怎么教以及怎么学。研读过程中，我及时记录自己的心得体会，在深入研究教材的基础上创造性地使用教材，设计出科学、合理、有效的教学方案。

其次，积极参加优质课评比等竞赛活动。课堂是教学的主渠道，同时也是教师天然的实验室，更是教师成长的希望田野。参加优质课评比对自己最具历练价值，可以将自己的理论知识和实践经验有机结合。因此，我们要珍惜学校及各级机构提供的机会和搭建的平台。

另外，主动参与各种培训。在2012年起的"国培"中，我连续四年都是以"班级辅导教师"和学员的双重身份参与培训学习。在培训中，我不断学习，积极参与评论、分享，认真组织所辅导的班级学员高质量地完成研修任务，年年被评为优秀"班级辅导者"。每期培训之后，我都及时总结培训心得，结合教学实践形成研修成果。撰写的《献给农村教师》获全国教师教育学会"中国好教师"征文一等奖，撰写的"分数乘分数"微课设计获区级一等奖。撰写的案例、编制的试卷、网络空间也都一一获奖。记得在"2014年区级骨干教师"培训时，在西北师范大学学习的三个月中，我记满了厚厚的三个笔记本，用完了二十几支笔芯。在听课之余，我虚心向西师大的教授请教课题研究和论文撰写方面的问题。功夫不负有心人，培训结束后，我的课题被评为优秀课题，论文《强化数学思想方法 促进学生数学素养发展》在《宁夏教育》上成功发表。一次暑假，我有幸与厦门海沧区的学科带头人一同在浙江大学的课堂上学习，学科带头人们的学习精神深深地感化了我。从他们身上我明白了，当一位教师知道自己要什么，并且非常渴望有所获得的时候，就要利用、发现、创造各种机会和条件，自觉学习。因为扎实的专业知识让我们有底气，宽广的学科视域让我们有眼界，丰厚的文化底蕴让我们有根基。

三、在教学实践中反思

反思是教师专业发展和自我成长的核心因素，是让自己变优秀的过程中不可缺少的重要环节。对于一堂课而言，首先应思所得，将自己满意的地方即成功之处，如教学过程中达到预期的做法、应变课堂教学中突发事件的过程、运用某些教育教学基本原理的一些感触、教学方法上的实践与创新、开展师生双边活动的经验、课堂上突然迸发出的灵感和火花等。这些有益的收获通过日积月累、持之以恒，并把它们归类整理、提升，形成一些带有规律性的东西，就能形成进一步教学的经验供以后教学时参考使用，并在此基础上不断改进、完善、推陈出新，这样对提高课堂教学能力、探索课堂教学改革的思路、形成自己独特的教学风格，会大有裨益。其次，要思所失，汲取教训，弥补不足。教学实践告诉我们，任何一节课都不可能十全十美。如对教材不当的处理、对教学中偶发事件估计不足、对某个问题阐述失之偏颇等都要进行回顾、梳理，并作出深刻的反思、探究，引以为戒，这样才能不断走向成功。另外，要思所疑，即学生的疑点和教师的疑点。每节课之后，把从学生方面反馈过来的疑点和自己对教材中理解不透彻的问题、难点突破情况及时记录下来，细加琢磨，会使今后教学更具针对性。教学只有在不断地扬长避短、精益求精中才能少走弯路，从而提高自身的教学能力和教研水平。

四、坚持关注教学问题

在漫长的人生道路上，我们常常会记得生活中的坑洼不平、荆棘丛生，往往会因一次次的失败而放弃自己原来追求的目标，默默懊悔自己没有成功的秘诀，却忽略了坚持其实才是成功的过程！

在教育教学工作中，更需要我们坚持做好那些平常的小事，坚持辅导后进生，坚持面批作业，坚持每天鼓励一名学生，坚持关注那些教学中的恒久问题。将这些最简单的事坚持下去，成功的大门就会悄然开启。比如解决"学生不会主动学习"的问题，需要先从观察自己的课堂开始，发现是教师的思维模式影响学生的学习状态。如果教师认为自己不教，学生就不可能学会，这就导致教师自己教得累，学生学得苦。学生也习惯了这种学法，形成了一种思维定式，结果不会主动学习，原本有的创造力也渐渐泯灭了。发现了问题，我们就应尝试着去解决，改变教学方式，激发学生的兴趣，提出研究的问题，促进学生学习方式的改变……

有了上面教学方式的改变，一堆新问题又摆在我面前：上课教师说的内容少了，学生的自主权大了，可感觉课堂失控了。在小组讨论这一环节，一说组内讨论，立即像捅了马蜂窝一样嗡嗡起来。而在讨论后汇报这一环节更让人担忧，学生感觉自己上台当小老师很是自豪，而台下的同学也异常兴奋，提出的问题五花八门。我要硬往主题上拽，一节课下来，学生讲的没讲明白，听的也没听明白，课堂效率很低。看到这种局面，甚是担心：这样的课堂怎样体现教学实效呢？但是我坚持继续前行，思索更深入的问题："如何把握教材？如何把握学生？如何设计课堂的每一个环节？"在这些磨砺中很辛苦，我鼓励自己坚持做。放手后，学生慢慢变了，前面遇到的问题也改善了很多，学生偶尔的精彩表现也会让我很吃惊。于是，信心大增的我又继续坚持下去……我想这就是"为了教学""在教学中"和"通过教学"的研究吧！

五、珍惜当前的工作

作为一位普通教师，从报恩、适应的角度看社会环境，便会觉得天高地阔，就会拥有良好的职业心态，也更容易获得幸福的职业体验，从而激发自我专业成长的动力。再平凡的岗位也是干事业的平台！把教育当作自己的生活方式，融入自己的生活之中。那么，一切的"酸甜苦辣"都是我们"自找"的，是我们心甘情愿的，我们也一定会在这些"酸甜苦辣"中体会到人生的乐趣。荀子说："君子之学也，以美其身。"工作不仅仅是我们赖以生存的手段，也是我们实现人生价值的途径。所以，尽自己所能出色地完成工作，品尝到成功的乐趣，这既是对自己的专业发展的一种负责，也是对学校发展的一种贡献。"岁月催人老，粉笔染白头。"岁月可使皮肤起皱，而失去责任与热情则会使灵魂起皱。所以，我会怀着对教师职业的这份虔诚敬畏之心，站好三尺讲台，坚守心灵净土，甘于寂寞，心无旁骛地珍惜现在的工作，一步一个脚印走下去，真正体验到与学生共处的快乐。相信当我们再次驻足回首时，伏案批阅、耐心说教、潜心教学、反思实践，包括给一年级的孩子强调吃早餐时要坐到座位上不要随意走动；下课要先上厕所，告知厕所应该怎么走，帮学生削铅笔，整理书包……这些点点滴滴都会成为你我教育之路上最为宝贵的财富，将伴着你我一路走来，一路吟唱。因此，我们有理由相信这份事业的神圣与伟大，有理由相信一棵树能摇动另一棵树，一片云能推动另一片云，一个灵魂能撞击另一个灵魂。

参考文献

［1］教育部师范教育司.教师专业化的理论与实践［M］.北京：人民教育出版社，2003.

［2］新课程实施过程中培训问题研究课题组.新课程与教师角色转变［M］.北京：教育科学出版社，2001.

［3］傅建明.教师专业发展：途径与方法［M］.上海：华东师范大学出版社，2007.

［4］刘芳.新教材将会给教师带来什么［M］.北京：北京大学出版社，2002.

用好教材"思考题" 促进思维提升

义务教育教科书（人教版）数学各年级教材中都适当安排了一些"你知道吗？"或带※号的思考题。对此，我在本校进行了相关调查。对于"你是怎样处理这些思考题的呢"一问，认为这部分内容是给学有余力的学生提供的，让感兴趣的学生课外自己去看看，基本不采取集体教学的占60%；认为思考题是结合单元教学内容设置的，在课堂上挤时间来讲解的占30%；认为由于课堂教学时间紧、任务重，往往不会组织讨论、交流，基本是把答案直接讲出来，认为没必要关注这部分内容的占10%。对"你愿意花时间钻研这部分内容（思考题）的特点和教学方法吗"一问，愿意花时间的占30%，不愿意花时间的占70%。从以上调查结果看，大部分教师还没有理解教材中编写思考题的意图，教学随意性大，缺乏正确的教学观念和有效的教学方法。

　　笔者通过学习课标，分析人教版小学数学教材的编排体系，认识到小学数学内容的安排依据小学生智力与身心发展规律，知识点按照由易到难、由低到高的逻辑顺序编排，体现了数学学科自身的理论性和系统性。其中的思考题，是教材内容的有机组成部分，与书中新知识有着必然联系。这些思考题和新知识教学相辅相成，是教学中必须利用的有效资源。通过先归类，再集中的教学方式进行思考题教学，既能启迪学生思维，激发学生学习兴趣，还能让思考题成为教学的有效载体。

一、理解教材编写意图，了解思考题体现的特点

（一）分层教学，发展学生个性

　　思考题作为拓展性的教学内容，有利于拓宽学生的知识面，增强学生的兴趣，培养学生的能力。通过归类能够发现思考题具有分层教学的特点。对于这些题目，教师应引导学生从不同的角度、用不同的方法来解答，沟通各部分知识间的联系，拓宽解题思路，激发不同思维水平的学生相互学习、相互启发，使不同层次的学生获得不同程度的发展。

　　例如人教版小学数学一年级下册义务教育教科书第68页有这样一道思考题：丽丽和红红都有集邮册，红红给丽丽3枚，两人的邮票数就一样多了。问原来红红的邮票比丽丽的多几枚？

　　课堂上，教师给予学生充分的思考与讨论空间，让学生在充分理解题意的同时对本题有自己独立的思考。随后，学生通过小组讨论得到了以下几种解决方案。

　　方法一：演示法

　　第一小组的学生借助自己手中的小奖票代替题目中的邮票。两名同学先随意拿出不同数量的奖票，之后奖票多的同学给奖票少的3张，再数一数现在两人的奖票是否一样。结果可想而知，前几次都无法与题目中描述的情况一样。两名同学开始思考，怎样调整自己手中的奖票才能使结果和题目中一样呢？经过反复读题与思考，两名同学决定先确保两人手中的奖票数量是相同的，再由一名同学给另一名同学三张奖票，这样逆序演绎本题的情境。很快，学生就能明确得到答案，两人手中的奖票数量相差6。

方法二：假设法

第二小组的同学是这样解决问题的，把两人变化后的邮票数假设成30。一名同学（假设是丽丽）还给另一名同学（假设是红红）3枚，这时用原来各自的邮票数相减（33-27），算出两人的邮票数量相差6。教师追问为什么是30呢？学生很明确地回答"这只是一个假设，可以是40或其他的数。"通过逆推得到答案。

方法三：列表法

学生自己设计表格来表达本题的题意。

	红红	丽丽
原来	？	0
现在	3	3

首先让学生标出人物与时间节点，再通过对邮票数的计算，能够得出原来红红的邮票数是6张。

通过这道思考题的教学，我们体会到学生在解决思考题中的思维含量不同，因此采用了不同的方法。比如用试一试的方法解决问题的这部分孩子，非常符合低年级学生的思维特点，能主动借助直观情境解决自己的问题。而从实物操作演示法和假设法再到表格法，抽象程度越来越高，体现了孩子的不同思维层次。教学中我们就要结合每个孩子的思维水平、接受知识的能力、语言表达能力进行分层教学，不局限于教学的统一规定，让学生量力而行，针对不同的学生提出不同的要求，允许学生根据自己的学习能力自行选择一种或多种方法解答，使不同学习能力的孩子都能在充分的审题、思考、讨论、试错等学习活动中逐步提升思维，使不同层次的学生都各有所获。

（二）承上启下，知识结构融通

教材中的有些思考题不仅富有趣味性、灵活性、综合性，还在教材中起着承上启下、学段融通的作用。我们要充分利用这些资源，服务数学学习，帮助学生建立合理的知识结构，促进学生进一步学习数学。例如人教版小学《数学·四年级·下册》第31页有这样一道思考题：

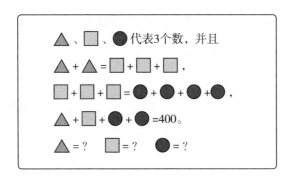

这道题既是对"运算定律"这一单元的拓展，又蕴含了方程的知识。引导学生解决这个问题，可以使学生明白知识的融会贯通。

（三）渗透数学思想，促进思维发展

很多思考题具有思考性，同时蕴含深刻的数学思想。教学中，我们应着眼于学生的发展，充分挖掘思考题的内涵，从而有效渗透数学思想方法。

例如人教版小学《数学·四年级·上册》义务教育教科书第51页有这样一道思考题：裁缝店准备用一块长24厘米、宽16厘米的长方形彩绸，如果不剩余，恰好能剪成几个方巾？至少能剪几个？对于像这样文字较多、题意难以弄清的题目，多数学生一看就会产生畏难情绪。这时，教师应借助实物、模型、图示等帮助学生弄清题意，并选择合适的时机渗透初步的数学思想方法。我在教学这道思考题时，首先让每名学生拿出一张长方形纸，标明长和宽分别是24厘米和16厘米，然后引导学生思考剪成正方形的边长是多少才能符合题意。学生通过思考和讨论得出两种解法：方法一是要求没有剩余，因此边长应是长与宽的最大公约数，用（24÷8）×（16÷8）=6（个）；也有学生想到了先求出每个正方形的面积，再求出长方形面积包含了几个这样正方形的面积，即（24×16）÷（8×8）=6（个）。

通过以上引导和学生的动手操作，理清了题意，发现了解题思路和解题方法。在这样的操作与说理过程中，学生的思维参与度比较高，不同层次的学生会有不同的收获。无论学生的收获停留在哪个层次，都是一种深刻思考的经历，其中渗透的函数思想、抽象思想等数学思想方法在学生思维上掀起的波澜，都将对学生过去的学习和未来的学习产生深刻的影响。

二、有效利用思考题，创造性使用教材

（一）围绕教学重点，沿着学生的思路去推

教学活动的开展要依据教材重点和每个单元的侧重点进行。思考题的使用也要按照课堂内容进行设计，围绕教学重点，沿着学生的思路去推，这样课堂上才能有效利用时间，并且不束缚学生思维的翅膀。

例如人教版小学《数学·四年级·下册》义务教育教科书第55页有这样一道思考题：

10*. 在 □ 里填上适当的数字。

（1）哪些小数的百分位"四舍"后成为3.6？ □.□□

（2）哪些小数的百分位"五入"后成为5.0？ □.□□

教学这一思考题时，我就是围绕"求小数的近似数的方法"展开教学的。百分位上是哪些数才可以"四舍"呢？学生自然想到"0~4"这些数。"这几个小数都被'装扮'成3.6了，你会把这几个小数还原吗？"让学生通过发现规律，用规律来解决问题，很轻松地写出了"3.60、3.61、3.62、3.63、3.64"这些小数。学生有了思考解决本题第（1）小题的经验，完成第（2）小题就水到渠成。再以后遇到类似的思考题，学生也能从容应对。

（二）利用多媒体手段，顺着学生的想法去做

教材中的思考题都是经过专家精心设计，符合小学生不同年龄段的特点。这些思考题构思精妙，其内容极易引起学生好奇探究的心理。教学中如果合理使用教学手段，顺着学生的想法去做，使学生经过思索、讨论交流最终得到解答，从而获得学习中的最大乐趣，学习数学的信心也会逐渐增强。小学生的逻辑思维能力相对较弱，借助实物或直观形象的课件能帮助学生进行抽象逻辑分析。例如有两桶油，大桶比小桶里的油多56kg，把小桶里的油倒出4kg后，大桶里的油的质量是小桶油质量的4倍。原来两桶油的质量各是多少千克？这类问题无法用教具实地演示，是小学数学解决问题中的重点和难点。利用线段图绘制出题目的含义，对问题进行有效的分析，找出其中的数量关系，帮助学生直观地反映出题目中各个因素间的比例、大小、数目等数量关系，准

确地梳理出解题思路。画线段图的过程就是顺着学生的想法去建构，也是学生内在思维的呈现过程，培养了学生的观察能力和类推能力，推动了学生思维能力的深入发展。

（三）遵循认知规律，按照学生的方式去想

思考题本身就具有很强的逻辑性，如果教师直接讲解，学生不仅听得枯燥无味，而且难以理解，注意力更不会集中。例如义务教育教科书人教版小学《数学·六年级·上册》有这样一道思考题：　一杯牛奶，明明第一次喝了半杯，第二次又喝了剩下的一半，就这样每次都喝了上一次剩下的一半。明明五次一共喝了多少牛奶？在教学这道思考题时，遵循小学中高年级学生的认知规律，引导学生理解题意的同时，画了这样一幅图：先画一个正方形，并假设它的面积为单位"1"，建立了数与形之间的关系。

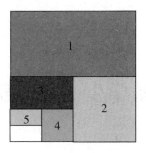

依图可知，求明明五次一共喝了多少牛奶？就是求 $\dfrac{1}{2}+\dfrac{1}{4}+\dfrac{1}{8}+\dfrac{1}{16}+\dfrac{1}{32}$

的和，可以用 $1-\dfrac{1}{32}$ 来简算。这里不仅向学生渗透了数形结合思想，还向学生渗透了类比的思想。按照学生的方式去想，鼓励了学生学习的积极性，逐渐使那些对学习数学没有兴趣和信心的同学也会渐渐行动起来，使那些善于自己探索、自己思考、发现规律、总结结论的同学更能体验到学习和创造的快乐，兴趣也会越来越浓厚。

（四）多角度多途径开发，站在学生的角度去看

训练学生思维、开发学生智力是学生自身成长的需要。教师要在教学中从多角度训练学生思维，开发学生智力。根据课程标准的要求，对习题进行一题多解训练，让学生懂得思维需要多向性，使学生的思维不局限于例题解法，要善于灵活运用解题思路，从而使思维得到开发训练。

总之，思考题在小学数学教学中有着开发智力、拓展思维空间的作用。教师在教学中，要全面深刻地理解思考题，根据自己的教学实际，充分发挥数学思考题的趣味性、灵活性、综合性等特点，激发学生学习数学的兴趣，让学生在学习数学的过程中知识和智力得到全面发展提升，从而用活、用足思考题这一教学资源。

参考文献

［1］仇程，陆佳佳.小学数学思考题教学策略［J］.基础教育研究，2018（2）：45-46.

［2］王海南.九义教材小学数学第一册思考题解析及其教学（续）［J］.小学教学参考资料，1994（1）：39-40.

深备学生　有效教学

《义务教育数学课程标准（2022年版）》指出："学生是学习和发展的主体。数学课程必须根据学生的身心发展和数学学习的特点，关注学生的个体差异和不同的学习需求，爱护学生的好奇心、求知欲，充分激发学生的主动意识和进取精神，提倡独立、合作、创新、探究的学习方法。"因此，"备学生"是教育教学的出发点。只有把学生放在心上，教学贴近学生实际，课堂中以学生为中心，才能把课堂还给学生，让学生自主、愉快且有成就感地学习，这样才能成就一种成功的教育。所以，在备课时，不仅要备教学内容，还要备学生，这样才能从儿童的视角来设计和实施教学。

一、"备"认知起点，让教学从儿童视角展开

数学特级教师吴正宪说："作为小学数学教师，有两件事很重要，一是理解儿童，二是理解数学。只有在理解儿童、理解数学的基础上，才能更好地理解儿童数学教育。"奥苏伯尔也说："影响学习的最重要因素是学生已经知

道了什么，我们应当根据学生的已有知识状况进行教学。"从这个角度看，"备课"时明确认知起点是成功教学的第一步。了解认知起点，首先要清楚学生原来学了什么？开学初要通读教材，了解学生前一年甚至是前三年的教科书及教学目标。尤其是碰到新接班或教科书版本更换时，教师更要翻阅学生已经学过的教科书，了解教科书难度不一致、内容分布不一样之处，以免知识储备不足、一头雾水，这样才不至于"揠苗助长"。例如在教学人教版三年级"乘法估算"这部分内容时，教师要清楚地知道，一年级就有"写出接近的整十、整百数"，二年级有"加减法的估算"。教师只有熟知教材编排，教学才能有的放矢。再比如，现在的一年级新生不再是一张"白纸"，早期家庭教育和幼儿园的启蒙教育已经给他们打上了"底色"，他们的数数、口算、拼摆等都有一定的基础。如果教师在新生入学后还在全班范围内实施"零起点"教育，就不能很好地激发学生的求知欲望，甚至会导致有的学生从小学一年级就开始厌学。

其次，要清楚学生实际掌握了什么。仅仅了解学生所学的东西是不够的，还需了解他们对实际情况的把握程度，因为这是他们"起飞"的基础。因此，教师必须根据正在实施的教学、家庭作业反馈、测试、访谈、观察等因素，正确估计学生的当前水平。假如教师没有找准这些孩子的最近发展区，他们很可能根本就不想摘你"树上的桃子"。这对学生来说是最大的浪费，也可能给教师带来信任危机。

另外，还要清楚为学生的后续学习需要预备什么，预备多少。有句话说：教在今天，想在明天。教师应该展望学生的未来，为他们的后续学习做准备。至少应该了解下一年甚至三年后学生的学习和发展目标。只有这样，我们才能确定学生必须学习什么、可以学习什么、不需要学习什么，以及如何引导他们进一步学习。而且，我们才能更好地"在其位谋其政"，而不会"种了别家的地，荒了自家的田"。如在教学"平行四边形面积"时，就应该为学生预备"转化"的数学思想方法，使学生在进一步学习平面图形的面积时，能够通过"剪""拼""移"的操作，由未知推出已知。

二、"备"学生困惑，让学习在认知冲突中真正发生

当学生原有的知识、以往的经验与新的概念发生冲突时，就会出现问题，

从而引发思考，进而激励学习。因此，教师在设计每节课的教学时，都要先想想学生学习这部分内容的生活经验是什么？数学知识基础是什么？困惑是什么？然后，从学生的经验出发，找到新旧知识的联系点，密切关注认知冲突，创造适当的问题情境，让学生面临实际问题，进而发现问题、分析问题和解决问题，让学习自然而然地发生。

在学习"小数除法"这部分内容时，有余除法是学习的基础，认知冲突是"平均分时，分不到整数怎么办？"所以我没有按照教材编写顺序逐例题教学，而是以这样的问题情境开启了"小数除法"的学习：周末，小A和三位同事聚餐，并商量好以AA制的方式付款。聚餐结束共计费用97元，每人应交多少元？出示问题后，有的学生直接脱口而出：每人24元，余1元。这时我故意加重语气将"每人应交多少元？"重复了一遍，一个学生说：是24元以上，不到25元啊！（就是比24元多一些，比25元少一些啊！）紧接着另一个学生说：应付多少元是让求准确数呢！"说得好！我们该付多少钱是本节课的一个新问题。同学们有办法解决吗？"学生开始独立思考……设计了这样的认知冲突，就有了任务驱动，便产生了真问题，思维在这里被激活了。

学生尝试用数学的眼光观察生活中的这一问题，开始独立思考，对于不同的解决方法，我组织了全班交流。

生1：可以计算1元=100分，100÷4=25分。每人再付25分。

生2：我是这样算的1元=10角，10÷4=2（角）……2角；2角=20分，20÷4=5（分）。每人再付2角5分。

生3：1元钱不够分了，就换成10角，继续分每人2角，还剩2角，又不够分了，继续把2角换成20分，再继续分，每人5分。结果是2角5分。

生4：我摆10根小棒表示1元，也就是10角，平均分成4份，每人2角，把剩下的2根再平均分成20份（表示20分），平均分给4人，结果每人也是2角5分。

"备学生"时抓住认知冲突，使问题情境变得感同身受，引发了真追问和真思考，学生理解算理、形成能力都变得顺理成章。

三、"备"学生思维，培养学生的提问探究能力

众所周知，只有在科学方法的指导下，人们才能取得更大的发展。因此，在学习新内容时，我们就可以适当猜测：学生对此内容或知识点的兴趣点在哪

里？理解的难点在哪里？盲点在哪里？教师通过这样的假想，把学生的思维通过一个问题引发另一个问题来引向深入。

接着以上"小数除法"来说，当得出每人需付"24元2角5分"的结论后，如何将学生的思维延续下去？我又提出了以下两个新问题："改来改去太麻烦了，有更简单的方法吗？""能不能用一个竖式把这个过程都体现出来呢？"这样的追问有效地解决了"商中小数点的自然出现和如何定位的问题"。随着学生勇敢的尝试，深刻体验到小数点在小数除法中不可替代的作用，小数除法的算理也能理解得更透彻。学生的思维从运算的"合理性"走向运算的"简洁性"，运算能力也就在对一个个问题的追问中、在一步一步解决问题的过程中得到了培育。正是由于学生对数学问题的执着思考和质疑，才获得了数学学习的动力。

四、"备"学生经验，让抽象的数学在熟悉的生活中"触手可及"

小学生的经验、思想和生活关注点各不相同。这就出现了教学中程度发展不同的学生和需要特殊关注的学生。如何在面向整体的基础上关注个体，使每个学生都能在最近发展区得到最大的发展，是教学的理想状态，也是我们的目标。也就是说，教学中只有依据学生经验，才能"教对""教好"。

首先，激发学生的生活体验，营造和谐的学习氛围。比如"认识面积"一课，我开门见山地问学生："你在哪里碰到过、使用过'面'？请举一个例子来说一说'面'是什么？"同时还要有智慧地剔除学生生活经验中一些非数学学科的"伪经验"，比如"吃的面"和"凹凸不平的脸面"等，不属于我们这节课研究的范畴。教师要在此环节，将学生的视线回归到像桌面、板面、床面、墙面、地面、封面等"平的面"上来。这样由表及里，由生活回归课堂，由现实问题回归数学学习。

其次，利用学生的生活经验，探讨概念的本质属性。如当学生找到这么多"面"时，通过把这些面画下来，将学生生活经验中的"面"抽象成数学学科中形式多样的封闭"平面图形"，找出像"凹凸不平的脸面"这样特殊的面，将学生经验中的面进一步缩小范围，聚焦到本节课教学目标上来。这时，进一步利用学生生活经验抽象出面积的概念："我们将两个面作比较时，是讲大小？还是长短、厚薄、轻重？为什么？"在学生的生活经验里，认为面是有轻重、厚薄、长短和大小的。我拿出两块面积相等但厚薄不同的木板，问学生哪块木板做成的桌面大？学生恍然大悟——是一样大！我进而小结：对于"面"，只讲大小，我们不研究它的长短、厚薄、轻重。"面"的大小，叫面积。由表及里，探究了"面"的本质属性，使教学目标经历从混沌到清晰的过程。

再次，迁移学生学习经验，促新知自主生成。知道了面积的含义后，如何描述面的大小或者比较两个面的大小呢？此时，引导学生进行学习经验的转移：让学生回忆一下我们是如何用线段长度来比较的？（用尺子量，在量之前规定了长度单位：厘米、分米、米等）；怎样比较两个物体的轻重？（用秤称，在称之前我们规定了重量单位：克、千克、吨等）；怎样比较两个人跑步速度快慢？（要使用计时器测量时间，应在测量前指定时间单位：秒、分钟、小时、天、月、年等）。那么，我们今天学习了面积，要比较两个面的大小，同样我们应该要做一件什么事情呢？规定面积单位。基于对旧知的整理，自然推导出"面积大小的描述和比较，也是用规定的面积单位来测量，再进行比较"。

教数学，根本上就是在教人思考。因此，好的课堂教学，就要在备课中注重研究学生，把握每个教学内容中蕴含的思维元素，将其明确地呈现于教学目标之中，并在课堂上全力去追求这个目标的实现，激活学生思维，真正做到因材施教，那才是最为本真、最有创意的数学课。

参考文献

［1］韦开芳.小学数学备课中应注意的问题［C］//教育部基础教育课程改革研究中心.2016年课堂教学改革专题研讨会论文集，2016.

［2］彭敏.问题引领，促进备课更深更实：谈小学数学教师备课新思路［J］.科学大众（科学教育），2015（12）：76.

［3］达朝军.浅谈小学数学备课环节存在的问题及相应对策［J］.学周刊，2017（8）：179-180.

［4］刘亚凤.小学数学备课策略思考［J］.学周刊，2015（8）：26.

［5］高玉梅.小学数学青年教师备课中存在的问题及对策［J］.课程教育研究，2013（2）：181.

和学生一起思考①

——以"分数的初步认识"教学设计为例

在教学人教版小学《数学·三年级·上册》"分数的初步认识"这节课时，我以"孙悟空和猪八戒分月饼"为素材创设了问题情境。要求学生根据课件展示的故事画面提出问题并解答。

生1：四人分4块月饼，平均每人分几块？

生2：两人分2块月饼，平均每人分几块？

生3：两人分1块月饼，平均每人分几块？

学生很快列出了算式并说出了答案。这时我追问：谁能说出 $1 \div 2 = \frac{1}{2}$ 的含义呢？一生说：就是把1块月饼平均分2份，每人分了1份，就是 $\frac{1}{2}$ 。我指着板书问：一块月饼的 $\frac{1}{2}$ ，就是我们常说的一块月饼的——学生齐声说：一半！

"谁还能找出生活中的 $\frac{1}{2}$ ？"我又问。生1：把一个苹果平均分2份，一份就是它的 $\frac{1}{2}$ ；生2：一本书我看了它的一半，就可以说看了 $\frac{1}{2}$ 。生3站起来羞涩地说：把老师戴的眼镜平均分成2份，一份就是它的 $\frac{1}{2}$ ……

"同学们，像 $\frac{1}{2}$ 这样的数就是分数！它和你们之前了解的'分数'一

---

① 本文系固原市"五个百"评选活动案例评选一等奖作品，编号：032。

样吗？"我问道。"不一样！"同学们齐刷刷地摇头说。"怎么个不一样呢？""不是考试得到的分数！""是的！还有很多很多像 $\frac{1}{2}$ 这样的分数，你愿不愿意自己来创造呢？请同学们拿出一个圆形纸片，折出新的分数吧！"

同学们很快动起手来，一会儿就把手举得高高的。他们为自己创造的新分数兴奋不已，个个都想上台展示。不一会儿，黑板上就写满了不同的分数。我指名让学生说 $\frac{1}{4}$、$\frac{3}{8}$、$\frac{5}{16}$ 的含义，孩子们理解得很好。

这时，我在黑板上写出了这样一道题：有12根小棒，要取出它的 $\frac{1}{4}$，应该取几根？写完后，教室里顿时安静下来。我想，这道题一定难住了他们，因为这节课只认识了几分之一，而"求一个数的几分之几是多少"的问题是分数应用题的类型，六年级才能学到。我用期待的目光环视了教室一周，这时我发现坐在前排的号称我班"机灵鬼"的小张同学正在本子上画。只见他画出了12根小棒，并将这些小棒平均分成4份，圈出了其中的1份，数了数，高兴地说："我知道了，我知道了，应该取出3根。"我还真没想到有同学会采用这么直观的方法，便激将式地说："小张同学真聪明，他用画图的方法把这个问题解决了，你们该怎么办？"同学们恍然大悟，纷纷在本子上画了起来。不一会儿，我便听到此起彼伏的回应声："3根，是3根……"小黄同学是班里的快嘴，他站起来说："老师，我知道了。12根小棒平均分成4份，1份是3根，2份是6根，3份就是9根……"

我兴奋地鼓起掌，笑着说："同学们太棒了！"这时我又故作神秘地说："老师还有一个问题，你们有兴趣吗？"同学们兴高采烈地说："有！"于是我又出示一道题：把一张正方形纸对折1次、2次、3次、4次、5次……平均分的份数分别是多少？这次同学们马上想到了动手试一试的好办法，纷纷拿出一张正方形的纸对折起来。一部分同学很快发现了对折1次，平均分的份数是2份；对折2次，平均分的份数是4份；对折3次，平均分的份数是8份。这时遇到了一个问题，由于对折的次数多，下面没位置可折了，可黑板上明明还问对折4次、5次平均分的份数是多少啊？这下同学们可犯愁了，他们皱着眉头看着我。我没有直接回应，教室里又一次安静下来，突然小何同学兴奋地喊道："老师，我知道了！对折4次、5次得到的平均份数是16份和32份！"同学们用惊奇的目光看着他，"32份？那么多，怎么折出来的？"有人表示怀疑。"当然不是折出来的，是找规律找出来的！""啊？找规律？""对！是找规律！平均分的份数是前一次份数的2倍！"同学们你一言我一语，解决了当时我认为的又一个难题。

我情不自禁地说："同学们，这节课你们表现得太棒了，你们不仅理解了分数的意义，还用以前学过的知识'找规律'恰到好处地将新旧知识连贯起来。老师相信你们在未来有更大的潜力去寻找疑难问题的答案，你们有信心吗？""有！"同学们洪亮而又坚定的声音回荡在教室里。

史宁中教授曾说："知识是什么？是思考的结果、经验的结果。结果的教育是不能教智慧的，智慧往往表现在过程中。有关过程的东西只有通过过程来教。过程的教育能够培养孩子们正确的思考方法，最终培养孩子数学的直观理解能力。因此我们要强调过程的教育，在过程中判断他的思维是不是对的。"通过本节课的教学，我深深体会到教师启发学生思考最好的办法就是"和学生一起思考"。和学生一起思考，不是带着，更不是牵着，而是跟随、协同，唤起学生思考的自觉性。

在课堂上如何让学生快乐地学习呢？如果教师直接讲解，学生不仅听得枯燥无味，而且难以理解，这样就会挫伤他们学习的积极性，逐渐丧失学习数学的信心。如果在课堂上充分利用各种素材，尽可能地让学生自己探索、自己思考、发现规律、总结结论，让学生体验学习和创造的过程，这样学生学习的兴趣才会越来越浓厚。正如爱因斯坦认为：教育应当使所有提供的东西让学生作为一种宝贵的礼物来领受，而不是一种艰苦的任务要他去负担！这里所说的礼物是指学生乐于接受、满足他们需求的东西。

在教学中我们要充分地了解学生，准确估计学生的知识基础、社会背景，分析孩子的理解程度、思维方式，关注学生的思考方式、思考样态、思维规律，把握学生学习路径上的轨迹。只有这样，才能更好地与学生融合，才能和学生一同经历、一同体验、一同思考、一同呼吸、一同创造……

和学生一起思考，课堂就是激情燃烧的动感地带，就是学生求知、创造、实现自我、体验成功的舞台。给学生多大的舞台，他就有多大的潜力，他就能跳出多美的舞蹈！

提高数学课堂教学效率的再认识与实践

　　课堂是学生获取知识最有效的途径。作为一名数学教师，上好每一节课，追求每一节课的教学效率是必须面对的现实。要使每一节课的教与学的效率达到最大值，教师要根据自身的特点、学生特点和教学内容的特点，认真上好每一节课，用最少的时间、最小的精力，取得好的教学效果，让每一个学生有收获、有提高、有进步，从而实现教学目标。

一、营造愉悦的课堂氛围，让学生平等交流

　　苏霍姆林斯基曾说过："不要把学习局限在教室的四堵墙壁里，教师要因时、因地、因学生、因教学内容的不同，灵巧地巧设课堂，想方设法为学生营造一个舒展的课堂。"在课堂上，教师要善于通过各种手段和方法创设一个互相尊重、理解、包容的课堂学习环境，使学生对教师产生亲近感，即情感上的安全感和心理上的轻松感。有时，教师形象生动且富于智慧的语言、一个含蓄的微笑、一句鼓励的话语、一个富有启发性和创造性的问题、一个激发学生学习动机的探索活动，这些都能创设一个良好的学习环境，使学生不仅学会了知识，形成了技能，也获得情感上丰富的体验。只有在这样的课堂上，学生的思维才不会压抑，不同的声音才会产生，不同的观点才得以自由绽放；只有这样的课堂，才是充满情感愉悦的课堂，让学生的情感得以舒展，个性得以张扬，生命的潜能才会不断开发，生活品质才能不断提升。

二、教师角色明确，让学生成为课堂的主人

　　若要学生担当起课堂主体的作用，那么作为课堂主导的教师就要想办法激发学生的学习兴趣。"兴趣是最好的老师，有兴趣就不是负担"这句话饱含深刻的道理。当学生对知识不感兴趣时，一个再小的任务对他来说也是负担，是不可逾越的"鸿沟"；反之，当学生对知识有浓厚兴趣时，就会产生不断前

进、渴望新知、欲求明白的强烈渴望，就会全身心地投入所感兴趣的学习中。教师的责任在于以丰富的教育经验、智慧的教育艺术培养和激发学生潜在的学习兴趣，使之处于"激活"状态，从而爆发出强烈的学习动机。教师之责任不在传授，而在于激励、唤醒和鼓舞。因此，在教学中教师要结合所教学科内容，激发起学生的学习兴趣。这样不仅课堂效果好，更主要的是学生身心投入于知识的掌握和能力的培养之中，是一堂课成功的关键。否则，就变"我要学"为"要我学"，课堂效率也不会太好。

三、明确教学目标，向课堂要质量

表现在两个方面：一是对学生而言，这堂课下来，对全班学生中的多少人是有效的，包括优秀生、中等生、后进生；二是效率的高低。如果没有效率或者只是对少数学生有效率，那么这节课都不能算是比较成功的课。苏霍姆林斯基说："每一个学生都是具体的，一个班的学生学习习惯、行为方式、思维品质和爱好都存在着不同，要求我们关注不同层次学生的发展。"所以，教师在课堂教学中要因材施教，根据不同学生的智力水平，设计提出不同的问题，这样不同的学生才会在各自原有的水平上有所发展、有所提高。一堂课下来，无论是学习好的，还是学习不好的，都能有收获，这样的一堂课才算是真正的有效。

四、上平常实在的课，让学生愿学习

课前的准备有利于学生的学习，课堂上有其独特价值，这个价值就在于它有自由的空间，这个空间要有思维的碰撞、相应的讨论，最后在这个过程中师生相互生成许多东西。因此，在朴素的课堂教学中，首先应尽量保持教育的原生态，以研究的眼光反思自己的课堂教学，尊重学生的需求，满足学生在课堂上的求知欲望和对问题的探究兴趣，整个课堂是真实而自然的。其次是让学生学有所乐，在知识教学中注重情感态度的培养。在课堂上，教师有责任使他们乐于学习、乐于思考。

五、规范课堂语言，让学生爱学习

准确性的语言是教学语言的灵魂，没有灵魂的教学语言是没有生命的，缺乏科学性的语言不论是用词如何考究、语句多么华丽，都会显得苍白无力。幽默风趣的语言是课堂教学的润滑剂。培养一定的幽默和教育机智，是调节师生情绪状态所不可缺少的有效方法。实践证明，富有幽默感和教育机智的教师，更容易实现对课堂教学的有效控制，更善于缓和工作中的压力，从而营造一种良好的教学气氛。优美的教学语言不仅能极大地增加教学内容的感染力，使学生学得轻松有趣，而且可以陶冶学生的心灵，有的甚至可以影响他们的一生。

六、注重教学艺术，让学生学会学习

我们常说：教是为了不教。陶行知先生也说："教师的责任不在教，而在于教学生学"。可见，学法指导是"授之以渔"，因为未来的文盲不再是不识字的人，而是那些不懂学习方法的人。苏霍姆林斯基明确主张"要教会儿童学习，能让一个人终身都靠它来掌握知识的那种工作、学习的方法"。达尔文也说过："最有价值的知识是方法的知识。"因此，教法中渗透学法，教会学生学习，是教育工作者义不容辞的责任。作为教师，不能总跟在学生的身后去指导学生，所以要教给学生一种方法，让学生终身都能受益。

总之，要实现课堂的有效性，必须实现课堂的真实，即要做到学生、教师的真实；同时要努力钻研业务，提高专业水平，这样我们的心胸才能变得博大起来，也才能真正享受到教学作为一个创造过程的全部欢乐和智慧体验。

深入理解概念　适时引导发现

——以"比的意义"为例

教师对数学概念的理解深度是教学设计的基础，同时直接影响着学生对数学知识的建构和素养的发展。课程标准中关于"比和比例"的学业要求是能在具体情境中判断两个量的比，会计算比值，理解比值相同的量，能解决按比例分配的简单问题。"比的意义"这节课是这部分内容的奠基，教学时不能局限于表面的定义和计算，而要引导学生深入探究比在实际生活中的意义和应用，从而使学生能够在真实情境中理解和运用比的概念。具有现实意义的学习内容不仅提高了学生的学习兴趣和参与度，也促进了孩子们对知识的深入理解和应用能力的提升。

一、借助具体情境理解"比"

课件出示太空画面、神舟五号的运行画面，引发学生学习兴趣，参与新知的学习。

课件出示航天员杨利伟在神舟五号飞船里向人们展示的中华人民共和国国旗。

师：这面国旗长15厘米，宽10厘米，怎样用算式表示国旗长和宽的关系？请把长与宽加一加、减一减、乘一乘、除一除，你有什么发现？

生1：长比宽多几厘米？列式：15-10=5（厘米）。

生2：宽比长少几厘米？列式：15-10=5（厘米）。

生3：长是宽的几分之几？列式：$15 \div 10 = \frac{15}{10} = \frac{3}{2}$。

生4：宽是长的几分之几？列式：$10 \div 15 = \frac{10}{15} = \frac{2}{3}$。

师：长和宽之间的关系还可以用比的形式来表示，你们猜一猜上面所说的几种关系中哪种可以用比来表示呢？

马上有学生回应说是第三、第四种。

师：15÷10究竟表达的是长方形的什么特征呢？

生：长是宽的 $\frac{3}{2}$。

提问：那宽和长的比是10∶15表示什么呢？

生：宽是长的 $\frac{2}{3}$。

师：如果长是15、宽是14的旗子和长是10、宽是1的旗子呢？对比一下，你觉得除法关系在反映长方形的什么特征？

生：长是15、宽是14的旗子更方一些，长是10、宽是1的旗子瘦长一些。

生：两个数相除的关系竟然能表示长方形的扁平程度！

师：我们就把这种相除的关系叫作比。这就是我们今天要学习的内容——比的意义。

板书课题：比的意义。

两个数相除又叫两个数的比。

二、利用已有认知水平感知"比"

数学教学中，学生已有的知识水平和生活经验是新知建构的基础。在预设教学时，若忽略学情或对学生熟知的情况喋喋不休，定会招致学生厌烦；若脱离学生实际随意拔高，也会事倍功半。六年级学生已经具备一定的认知水平与经验。通过第一个环节的学习，学生不再将"比"视为一个没有色彩的抽象数学概念，而是能够将其与生活中的实际问题相联系，理解其在描述和解释现象中的重要作用。接下来重点让学生能准确说出谁与谁的比是几比几，并且讲出比出的结果所表示的含义。这种全面的认知框架不仅有助于学生更好地掌握比的概念，也促进了学生逻辑思维和问题解决能力的发展。

课件出示：神舟五号进入运行轨道后，在距地350千米的高空做圆周运动，平均90分钟绕地球一周，大约运行42252千米。怎样用算式表示飞船进入轨道后平均每分钟飞行多少千米？

师：只列式不计算，但是要说说你列式的依据。

生：$42252 \div 90$。

提问：这个算式也可以用比来表示，你会吗？

生：$42252 : 90$。

提问：你能完整地说出谁和谁的比是$42252 : 90$呢？

生：飞船所行路程和时间的比是$42252 : 90$。

提问：$42252 : 90$比出的结果表示什么呢？

生：表示飞船飞行的速度。

提出新问题：老师买4根铅笔花了2元钱，一根铅笔多少钱？

$2 \div 4 = 0.5$（元）

这个算式也可以用比表示，请大家说说看，并说出比出的结果表示什么？

师：六（1）班有48人，其中男生22人，女生26人。你能根据这些信息说出哪些比呢？

请完整地说一说,并说说每个比所表示的含义。

三、积累数学活动经验运用"比"

只有学生亲身经历知识的形成过程,自主发现新知并总结归纳出结论,学生才会对此知识有比较深刻的认识与理解。对"比"概念的深入理解对于培养学生的数学素养和综合素养具有重要意义。在教学中,设计了多个题目让学生对"比"有了比较准确的定义,锻炼了学生的逻辑思维、批判性思维和创新能力,增强了学生的实践能力和应用能力,为他们未来的学习和工作打下坚实的基础。

"数学是思维的体操。"学生的数学学习就是基于他们的生活基础和数学现实而展开的"再创造"过程。这节课通过对"比"的概念进行深入探究,孩子们知道了水和糖的比反映的是水的甜味程度;人的头身比反映了这个人的身材特点;路程和时间的比表达了速度快慢;出勤人数和总人数的比反映了出勤情况,而这些都不能用一个量来表示,都涉及两个量。还有用三个量表示的情况,比如混凝土和颜色,蒸馒头的时候面粉、水、酵母、糖也是用比来表示,不同的比会做出不同的馒头……两个或多个量之间的除法关系,反映了某种特定属性或特征,如形状、浓度、速度、出勤情况、价格的高低等。深入理解概念,适时引导发现,开放的问题为学生们带来了精彩的思维空间。

巧解"烙饼"问题 培养"优化"思想

数学思想形成的萌芽阶段在小学,渗透数学思想应该从低年级就开始。"优化思想"是分册体现在小学数学教材中重要的数学思想方法之一。所谓"优化思想",就是在有限种或无限种可行方案(决策)中挑选最优方案(决策)的思想。如计算教学中的"算法优化"、解决问题教学中的"策略优化"以及统计教学中的"统计方法优化"等。除此之外,在"数学广角"的教学内容中,"优化思想"的渗透也占了绝大部分。研读各册教材可以看出"优化思想"在教材中是循序体现的。对于低年级教学，虽然没有将"优化思想"作为一节课的主要目标，却已经让学生对"优化思想"有了一些初步的体验。例如：人教版小学《数学·一年级·上册》内容"数的分与合"的教学中，排列方法的优化培养了学生有序的思维方式；一年级的计算教学中，加法的计算方法有点数法、接着数、数的组成等几种方法，在算法多样化中要优化出最好的方法。又如简单的排列，排列的方法有很多，但其中有序的排列可以做到不重复、不遗漏，学生初步体验到解决同一个问题有很多种方法，但诸多方法中存在优劣之分，一个好的方法可以帮助我们更有效地解决问题。到了中高年级，开始以"优化思想"作为一节课的主要目标展开教学，比如烙饼问题和找次品问题的教学。教学中，学生只有在问题情境中经历方法多样化和优化的过程，充分感受不同方法的优劣，体验到"优化"思想在解决问题中的应用价值，才能真正帮助学生感知"优化"思想在实际生活中的重要性，达到潜移默化的渗透效果。

"烙饼问题"是人教版小学《数学·四年级·上册》第七单元"数学广角"中的内容，是一节渗透运筹优化思想的数学课，旨在让学生理解优化的思想，形成从多种方案中寻找最优方案的意识。主要通过讨论烙饼时怎样合理安排操作最节省时间，让学生体会在解决问题中优化思想的运用。在教学中，以"烙饼"为主题，以数学思想方法的学习为主线，围绕"3张饼如何烙才能尽快让大家吃上饼"展开教学。

教师在进行教学中立足于培养学生的数学思维能力，从学生的实际经验和知识基础出发，逐步体会优化思想，具体从以下四个层次逐一落实。

一、创设问题情境，感悟"优化"思想

新课开始，用课件呈现问题情境，以动画故事的形式展示妈妈用最拿手的"烙饼子"招待客人。提出问题：在情境图中你能得到哪些数学信息呢？你想知道妈妈是怎样烙饼的吗？教师首先引导学生观察思考、理解情境图的内容。这一情境大部分学生比较熟悉，他们起初认为很简单，接着教师提问："那么怎样才能用最快的时间让客人吃到饼呢？"学生马上安静下来。这时让学生仔细阅读课本中的例1，完成自学导读的第一题：（1）妈妈烙一张饼需要（　　）分钟，先烙（　　），再烙（　　）；（2）一口平底锅内可以放两张饼，如果烙2

张饼最快需用（　　）分钟。在合作交流的基础上，完成填写表格内容并讨论：为什么烙1张饼与烙2张饼所用的时间一样多呢？引发学生头脑风暴，在对比中自然地得出烙饼的第一条经验：2张饼同时烙，用的次数少从而节省时间，为后续的探究学习奠定了基础，学生深深感受到合理安排带来的成就感。

二、组织探究活动，理解"优化"思想

多样化是优化的基础，没有多样化也就无所谓优化。"3张饼如何烙才能尽快让大家吃上饼"，围绕这个问题让学生借助学具操作，学生通过独立思考，借助学具摆一摆、烙一烙，然后与同伴交流3张饼的烙法。接着，由学生展示不同的烙法，并提出问题："同样是3张饼，第二种烙法为什么会少一次，究竟少在哪里呢？"通过对比分析，引发学生的思维碰撞，通过有效的交流，使学生深入思考为什么要交替烙，交替烙的效果等问题，使学生从中得出第二条经验：3张饼用交替烙饼法，烙的次数最少，用的时间也就越短，使学生的思维从关注烙的面数向烙的次数提升。由于烙3张饼的最佳方法是解决烙饼问题的关键，在此基础上，再次引领全体学生动手操作实践，用最佳方法烙3张饼。通过此次操作帮助学生在头脑中建立清晰深刻的印象，进一步强化学生对烙3张饼的最佳方法的认知，从而渗透最佳烙法：只要不空锅，保证每一次锅里都同时烙着两个饼的各一个面，就可以做到用时最少。通过学生观察、操作、比较、讨论、思考等活动，把抽象的运筹思想变为学生看得见、摸得着并能理解的内容。运筹思想可以帮助我们合理地安排事情，节省时间，提高效率，解决实际问题。

三、引导观察思考，应用"优化"思想

在完全理解烙2张饼、3张饼的烙法后，再从烙4张饼、5张饼入手。学生通过讨论交流，得出烙4张饼可采用烙2张饼的最优方法来烙，用时最短；烙5张饼可以结合烙2张饼和烙3张饼的最优方法烙。进而推进到6至10张饼的烙法，并逐步完善表格内容。从烙饼的方法上归纳得出第三条经验（1张饼情况除外）：当饼的张数是双数时，可以2张2张地烙；当饼的张数是单数时，先2张2张地烙，剩下的3张用3张饼的最佳方案烙，这样所用的时间最短。也就是说，不管烙几张饼都可以转化成烙2张饼、3张饼的问题。让学生不断体会最优方法，在解决

本节课的难点后，让学生再次从烙的次数和烙的时间来观察表格，分析得出烙饼次数与所用时间的关系，并把这种过程转化成数学模型，即烙饼的次数×烙一面的时间=烙饼的总时间的计算公式。从动手操作到掌握方法，从直观感知到抽象思维，进一步让学生感受到优化思想在实际生活中的应用价值。

四、设计梯度练习，内化"优化"思想

数学思想方法在新课教学中属于"渗透"阶段，在练习中则进入明确阶段，也是数学思想方法实现其应用价值的过程。这是一个从模糊到清晰的飞跃，而这样的飞跃必须依靠系统的学习和解决实际问题来实现。这时要通过课堂解题训练、检测，及时了解学生是否应用本节课所学的优化思想去解决生活中的实际问题的能力，在巩固练习中逐步内化和提升。例如训练题："一口锅一次能同时煎3条鱼，两面各需要煎5分钟，煎熟6条鱼最少需要多少时间？"解决这个实际问题，就是优化思想方法在生活中的具体应用。

通过以上四个教学层次的递进，使烙饼的策略思维逐渐丰富，使学生更具体地感受到其中所蕴含的运筹优化思想。总之，无论是突出重点还是突破难点，教师都要注意留给学生充分的自主探索的时间与空间，让学生在动手实践、自主探索、合作交流中找到解决问题的最佳方案，理解优化的思想，培养学生应用优化思想的意识。

数学思想方法的渗透需要一个长期的影响和沉淀过程。数学教学中不仅应重视知识的形成，还应努力挖掘数学知识背后所蕴藏的数学思想方法。在课堂上给学生充分的自主探索的时间和空间，让学生喜欢学、愿意想、有收获，会运用课堂上获得的数学思想方法去分析和解决生活实际中的问题，逐步落实数学核心素养。

第三章

研修积淀教育智慧

见贤思齐　择善而从

——参加宁夏固原市2023年名师工作室主持人（深圳）
高端研修班培训感想

2023年7月2日至8日，我参加了固原市教育体育局组织的2023年名师工作室主持人（深圳）高端研修班培训。在为期7天的培训中，我认真聆听了专家们倾囊相授的四场精彩专题讲座，分别是特级教师、深圳市督学工作室主持人禹明教授的《聚是一团火，散是满天星》；深圳市委党校谢煜教授的《从改革创新历程看深圳产业发展的蝶变》；深圳市名班主任工作室主持人郎丰颖教授的《名班主任工作室组建与发展》；深圳市龙岗区教育科学研究院培训部部长曾灵芝的《名师工作室创新运行的四个方向》。实地观摩了深圳市蛇口育才教育集团育才三小的特级教师刘占双名师工作室，并听取了刘教授《创新学习模式，营建幸福团队》的经验分享；又观摩了深圳市教育科研专家、深圳市教育科研专家工作室主持人、荔园外国语小学（狮岭）康黎校长名师工作室，听取了康校长《用行动的力量，开启教育的梦想》《数学与建筑融合，行动与能力共生》的案例分享；还观摩了正高级教师何泗忠名师工作室，听取了何教授激情四射的案例分享《众里寻他千百度——名师工作室建设和运行机制探索与实践》。此外，还走进了历史文化爱国主义教育基地——大鹏所城，汲取奋进力量……这样的安排针对性强、实用性高，培训形式丰富多彩，既有理论知识的引领，又有互动交流、亲身体验，从理论到实践全方位的学习，让我受益匪浅。同时，我也被名师们的人格魅力和治学精神深深地感动着，他们都有相同的气质：师德高尚、潜心育人、乐学善思、团队协作、执着坚韧。他们虽是平凡人，却做着不平凡的事，有着不平凡的人生。

"于高山之巅，方见大河奔涌；于群峰之上，更觉长风浩荡。"短暂而充实的培训学习，紧张而愉快，留给我永恒的记忆和思考！我们将不断汲取新思路、新技能、新营养，并不断消化、不断思索：名师工作室的成长之路，名师的成长之路。道阻且长，行则将至；行而不辍，未来可期。同时，固原市教育体育局领导对名师工作室主持人的殷殷期望，坚定了我们引领更多教师全面向优、向上的决心。

一、担使命——做有情怀之人

作为一名工作室主持人，我们是被组织信任、被团队支持的一批人，理应成为有责任与担当、助力振兴固原教育的中坚力量。在工作室的创建中，一定要有强烈的使命感和荣誉感，明确自己肩上的担子，强化心中的使命感。同时，也要有荣誉感，依托组织的重视和提供的培养资源，始终不断地提升自己，成就更好的自己。兢兢业业、追求卓越，不断树立更高的目标，在通往卓越的道路上砥砺前行。

作为名师，首先要坚定目标，明确职业使命——终身学习，提升专业素养。从省特级教师刘占双的经验分享中，我懂得了要从修知、修智、修志、修艺、修行五个方面来提升自己，只有"发展好我"，才能"发展好我们"。郎丰颖主任谈自己当班主任的成功经验，让我看到了专注一件事、做好一件事，成就卓越自己的励志诗篇。在她身上，我更看到了"腹有诗书气自华、胸藏文墨怀若谷"的气质以及"厚植教育情怀、涵养专业素养"的精神。于我而言，在专业发展规划与实践的路上，更需要这种自我激励和自我成长。

二、立当下——做有准备之事

实地观摩的三个名师工作室都通过具体课例、现场展示以及清晰的讲解，呈现了工作室"以研促教，众行致远；以情促学，教学相长"的工作模式。特别是禹明教授的讲解让我进一步明晰了名师工作室的内涵：引领是关键，发展是核心，研究是主旨。名师们的分享让我对工作室今后工作的开展以及个人成长找到了新方向、新思路。

我的名师工作室自成立以来，经验虽尚浅，但我们始终贯彻"开放、辐射、共赢"的理念，将工作室定义为名师成长的摇篮。根据学校工作需要，定位工作室功能——促进教师专业发展、指导教师教育改革和教学实践、开展教育教学研究以及营造良好的教育科研氛围。教研是可以随时随处以任何形式开展的，下一步，我要建立以工作室为本的教学教研制度，打造教师学习共同体。通过同课异构、现场观摩、感悟分享等形式，开展读书分享、区域评比、集中研讨、线上学习等活动，将教学实践和教育科研融为一体，不断提升成员的教学实践能力和专业发展水平。

三、谱新篇——做有未来之师

有这样一句话："你想成为什么样的人，你就接近什么样的人。"名师工作室是最优秀的团队，有群体的智慧，有暖心的故事。名师们在充实和成就自己的同时，也照亮了别人。

工作室要有明确的目标和阶段性的规划，全体成员在其指引下开展常态化主题研修活动，培育工作室文化，提炼教学主张，打造品牌亮点。只有脚踏实地，才能结出硕果，不断发展成长。

曾灵芝专家说，专业成长必须通过内化，而内化的主要途径就是有自己的输出——动手写出来。比如这次培训归来，我们要详细梳理笔记、撰写心得，同时及时开展工作室内的交流研讨，把学到的"好东西"反馈分享给其他成员。

能输出的前提是多读书，坚持学习。一个能将读书学习当作吃饭睡觉一样，成为必不可少的生活方式的团体，必将是有未来的。听专家们滔滔不绝地演讲，我心中十分叹服，叹服他们的口才、自信和渊博。他们的才气从何而来？那就是不断地读书学习，年年岁岁，日复一日，永无止境。即使成不了大师，我们也要从现在开始就行动起来，捧起书本，品味书香，提升自己。这样，工作室的每一次活动才能成为一种交流、一种学习、一种引领、一种智慧众筹。

心之所向，素履以往。理想在彼岸，我必风雨兼程，一往无前。"教"以潜心，"研"以致远。我们会在工作室的阵地中，在教育教学的道路上仰高笃行，知新致远。

网络赋能　智慧教学

——参加自治区"互联网+教育"信息化骨干培训班（高端教学类）培训体会

"互联网+教育"响应了国家号召，转变了乡村教师的教育观念，提升了教师信息化素养、激发了教师成长内驱力，为乡村教育赋能。它让乡村教师成为乡村教育的推动者、变革者，也为乡村学校解决优秀教师师资不足的问题提供了新的思路，逐步形成"下得去、留得住、教得好"的局面。"互联网+教育"的到来，一根网线、一台多媒体一体机、一个摄像头，就让孩子们与大山外面丰富多彩的教育生活连在一起。通过网络直播，孩子们可以上各种学科课程，给小小的学校带来了新的气息。"互联网+教育"打开了偏远山区孩子获取教育资源的大门，"互联网+课堂"也为孩子们的起步赢得"加速度"。我们相信，在这个无边界的网络学习空间里，乡村教育不再是孤立的个体，而是一个持续发展的共同体。乡村的孩子们也将获得与城市孩子携手同行的机会，让边远山区的孩子眼中有光、心中有梦想。

通过本人高端教学人才项目的实施，我深刻认识到"互联网+教育"对民族地区乡村小规模学校意义深远。我借助自己的名师工作室，通过互联网，将自己学校的优质教师资源共享到香水学区兄弟学校。我承担起学校的名师课堂工作，在一定程度上解决了缺师少教等课程问题。在工作中，我敢于尝试、勇于创新，不但为自己学校的学生和教师的全面发展不懈努力并取得成效，更热心将自己的经验分享给更多的兄弟学校，和大家一起为泾源教育高质量发展贡献智慧。

对于这个项目取得的一些教科研成果，我将积极组织推广工作。在今后的实践中，我要努力引领工作室成员开展基于互联网的校本教研活动，加强网络集体备课，提高课堂教学质量，调动教师参与课例研讨，保证活动中的教师能够充分受益。

"互联网+教育"助推乡村学校均衡发展。在泾源县也有先进的教育教学资源，没必要舍近求远，也许本土的才是最合适的！我们应该利用网络将这些优质资源进行分享、共享，改变农村学校师资配备不全、学科不均衡的现状。同时，可以让我们的教师不出门就能与名师交流对话，促进教师向全科方向发展。在学习中，名师名校长们的经验分享以及专家的建议指导，都让我眼前一亮，豁然开朗，我的眼前仿佛出现了一条学校今后发展的光明之路。"互联网+教育"助推农村学校优质均衡发展，把孩子们培养成德、智、体、美、劳全面发展的社会主义建设者和接班人。

让思维更远，让距离更近！通过充分利用网络，解决乡村学校教师专业不足的问题，让孩子们体会丰富多彩的教学活动，极大地提高学生的学习兴趣。通过双师教学，相互学习、相互借鉴，教师间相互促进、相互进步。有的小学校"由旧变新，由弱变强"，不仅仅是学校面貌的变化，更是教师、家长对教育理念的变新。由弱变强，是教师教学能力的变强，更是学生认知及心理上潜移默化的变强。一群拥有教育情怀和梦想的人聚集在一起，协力同行。

作为一名学校的管理者，我会在以后的工作中积极尝试和探索先进的信息化教学理念和技术，购置和维修信息教育设备，鼓励我校教师大胆参与、勇于创新，使课堂变得更加直观、有趣和高效，进一步解决专业教师紧缺的问题。当前，大多数学校已有电子白板、录播室等设施，在教育资源共享、教学模式创新、校际交流等方面，可以形成一批可复制、可推广的"互联网+教育"新模式。在今后的工作中，我将继续大胆尝试"互联网+教育"，从师能、校容、教风、学风等各方面抓起，通过国家教育网络云平台等信息资源，实现教育教学工作提质发展。

互联互通，砥砺前行！优质的教育资源为乡村学校打开了一扇窗。对于主教教师而言，由于要面对更多的学校和班级授课，所以在课前准备、知识储备等方面要更用心；对于种子教师，这是一个能快速提高专业成长的平台；对于助教教师，这是一个很好的学习提高平台；对于学生来说，能提高学习兴趣，激发学习动力，更多地享受足不出户的优质授课内容，这是一个更广阔、更优质的学习平台。愿我们能借着"互联网+教育"的东风，互通共享，砥砺前行！

守正创新，在数学教学中培育
中华民族共同体意识

——参加2023年全区教育系统铸牢中华民族
共同体意识教育专题培训心得

　　为期一周的全区教育系统铸牢中华民族共同体意识教育专题培训学习让我受益匪浅。培训课程安排丰富多样：田联刚司长作了《新时代党的民族工作主线——铸牢中华民族共同体意识》专题讲座，何德明主任作了《二十大对国家安全形势的判断与国家安全体系的构建》专题讲座，柴建国巡视员作了《铸牢中华民族共同体意识为强国建设提供有力支撑》专题讲座，马惠兰院长作了《深刻理解中华民族共同体意识，构建学校教育体系》专题讲座，张梧教授作了《中华文明与中华民族共同体》专题讲座，刘宝明主任作了《铸牢中华民族共同体意识需要讲清的若干基本问题》专题讲座，邓文韬教授作了《宁夏高校开展铸牢中华民族共同体意识教育的路径与举措——以宁夏大学中华民族共同体研究院为例》案例分享，马少军校长作了《铸牢中华民族共同体意识在学校文化建设中的思与行》案例分享，陈丽明讲师作了《为强国建设民族复兴凝聚磅礴力量——铸牢中华民族共同体意识融入学校教育研究》报告。此外，还分组"围绕铸牢中华民族共同体意识结合工作实际开展研讨""学校如何将铸牢中华民族共同体意识融入课程融入教学"的小专题，并前往北方民族大学和永泰小学进行了实地观摩学习。

　　通过学习，我进一步掌握了有关铸牢中华民族共同体意识的理论内涵，加深了对习近平总书记关于铸牢中华民族共同体意识重要论述的理解。同时明确了民族地区各项工作要以铸牢中华民族共同体意识为主线，以及推进新时代党的民族工作高质量发展的指导思想、战略目标、重点任务、政策举措，为做好民族地区各项工作指明了前进方向。

教育兴则国家兴，教育强则国家强。教育工作作为民族地区工作的重要内容，必须牢牢把握以铸造中华民族共同体意识为工作主线这一根本遵循。同时，我也认识到作为一位一线教师，要更加深刻体会铸牢中华民族共同体意识的重要性，并用政治理论武装头脑，深入理解课程标准，立足教材编写意图，深度挖掘数学教材中培育中华民族共同体意识的意蕴，在教学过程中培育中华民族共同体意识。

作为为党育人、为国育才的主阵地，学校在铸牢中华民族共同体意识教育方面起着为学生系好人生"第一粒扣子"的关键作用。在教育教学活动中，坚持各民族学生一律平等，让孩子们同学习、同劳动、同生活，将铸牢中华民族共同体意识渗透于"五育并举"中，打牢师生中华民族共同体思想基础，大力营造中华民族一家亲的校园文化氛围，使各民族师生交往交流交融，构建校园共同团结奋斗、共同繁荣发展的和谐氛围和文化体系。

数学作为小学阶段的主要学科之一，并不是纯粹以发现数学规律和学习数学知识为目标的学科，同样肩负着培养学生社会主义核心价值观、传承中华文明的使命。教学中要根据其独特的学科特点和学科优势，融合铸牢中华民族共同体意识教育内容，大力培养学生的理性思维、逻辑思维和科学思维，不断培育学生的美好情感、正确态度、核心价值观以及行为能力，在潜移默化中铸牢中华民族共同体意识。在今后的教学工作中，我将从以下几个方面努力：

一、不断学习，加强对中华民族共同体意识内涵的理解

中华民族共同体意识是人们在社会实践中对中华民族和中华民族共同体的态度、评价和认同结果，主要包括两方面内容：一是中华民族认同，二是共同体成员对中华民族利益的认识与维护。铸牢中华民族共同体意识事关国家统一和民族团结，事关国家改革发展稳定全局。习近平总书记在2014年中央民族工作会议上指出，处理好民族关系问题、做好民族工作，是关系祖国统一和边疆巩固的大事，是关系民族团结和社会稳定的大事，是关系国家长治久安和中华民族繁荣昌盛的大事。民族平等是中华人民共和国立国的根本原则之一。在2019年全国民族团结进步表彰大会上，习近平总书记强调，实现中华民族伟大复兴的中国梦，就要以铸牢中华民族共同体意识为主线，把民族团结进步事业

作为基础性事业抓紧抓好。中共中央办公厅、国务院办公厅印发的《关于全面深入持久开展民族团结进步创建工作铸牢中华民族共同体意识的意见》明确指出，中华民族共同体意识是国家统一之基、民族团结之本、精神力量之魂。

二、抓好课堂主阵地，有声有色地开展融合教育

学校教育要大力加强中华民族共同体意识教育。近代以后，在百年抗争中，各族人民血流到了一起、心聚在了一起，共同体意识空前增强，中华民族实现了从自在到自觉的伟大转变。中华民族共同体意识的形成，是一个由自在到自觉的发展过程，在这个过程中，教育发挥着重要作用。要不断丰富和发展中华民族共同体意识教育的内容与形式，建立完善中华民族共同体意识教育的体系和制度，将其纳入国民教育的各学段、各环节，纳入干部教育、社会教育的全过程，构建课堂教学、社会实践、主题教育多位一体的教育平台。要坚持不懈开展马克思主义祖国观、民族观、文化观、历史观教育，引导各族群众不断增强"五个认同"。要牢牢把握舆论主动权和主导权，充分利用现代信息技术和手段，积极推进"互联网+民族团结"行动，让互联网成为构筑各民族共有精神家园、铸牢中华民族共同体意识的最大增量。

三、打造校园文化，增强各民族师生对中华文化的认同

文化认同是最深层次的认同，是民族团结的根脉。要深刻认识到，中华文化是各民族文化交汇融合形成的，是各民族共同创造的宝贵精神财富。在各学科教学中，文化认同属于学科核心素养中的政治认同。学校师生的政治认同包括认同中华人民共和国、认同中华民族、认同中华文化，弘扬和践行社会主义核心价值观。中国特色社会主义是改革开放以来中国共产党的全部理论和实践的主题，是党和人民历尽千辛万苦、付出巨大代价取得的根本成就。社会主义核心价值观是当代中国精神的集中体现，凝结着全体人民共同的价值追求。认同中国特色社会主义和社会主义核心价值观，才能形成各族师生团结奋斗的共同思想基础，坚持中国道路，弘扬中国精神，凝聚中国力量，为实现中华民族伟大复兴的中国梦而奋斗。青少年的政治认同是他们创造幸福生活的精神支柱、价值追求和道德准则。发展政治认同素养，才能牢固树立中国特色社会主义理想信念，成为社会主义合格建设者和可靠接班人。

四、增强法治意识，全面正确贯彻党的民族政策和宗教政策

依法治校、依法施教，这是促进民族团结的必要条件。在教学工作中，要全面贯彻我国的民族政策和宗教政策，让学生形成正确认识，形成政治认同，并增强法治意识。我国公民的法治意识表现为尊法、学法、守法、用法，自觉参加社会主义法治国家建设。建设社会主义法治国家是推进国家治理体系和治理能力现代化的必然要求；全面依法治国，必须坚持党的领导、人民当家作主、依法治国的有机统一，坚持依法治国和以德治国相结合，实现科学立法、严格执法、公正司法、全民守法，在全社会树立法治意识。增强青少年法治意识，有助于他们在生活中依法行使权利，履行义务（维护国家统一和民族团结），严守道德底线，维护公平正义，做社会主义法治的忠实崇尚者、自觉遵守者、坚定捍卫者。

五、积极引导，以实际行动维护和发展社会主义民族关系

我校已经形成了平等、团结、互助、和谐的社会主义民族关系，这种新型的社会主义民族关系是各族师生在生活中都能切实感受到的。我们应该十分珍惜、不断巩固和发展这种师生、生生关系。生活在统一的多民族校园里，自觉维护校园和谐和民族团结是每一个师生的义务和责任，让不断增强的中华民族共同体意识，成为共同维护和发展社会主义民族关系的行动保障。

参考文献

[1] 习近平.高举中国特色社会主义伟大旗帜为全面建设社会主义现代化国家而团结奋斗——在中国共产党第二十次全国代表大会上的报告[M].北京：人民出版社，2022.

[2] 沈桂萍.培育中华民族共同体意识构建国家认同的文化纽带[J].西北民族大学学报（哲学社会科学版），2015（3）：1–6.

[3] 曹一鸣.中华优秀传统数学文化进中小学数学课程：从意义到实施[J].教育研究与评论，2022（6）：46–49.

[4] 孔凡哲，史宁中.《义务教育数学课程标准（2022年版）》教学活动标准解读[J].天津师范大学学报（基础教育版），2022（6）：60–65.

对小学生数学考试中"粗心"现象的思考

——参加2022年全县小升初数学阅卷工作后反思

　　每次单元监测或期末考试后，学校都会组织一次全面的质量监测分析。会上，科任教师把自己所做的卷面分析念给大家听，而大部分教师对同伴的交流却不屑一顾，因为大家找出的主要错因一致——"粗心造成"。我们也在讲评试卷时常常会用"某某同学你怎么又这么粗心"这样的话语来责问学生。

　　前儿天，我与亮亮家长聊起他的学习情况，他妈妈摇着头说："这个孩子我真是没办法了，啥时候能改掉这粗心大意的毛病啊？"……

　　亮亮妈妈的话像警钟一样不停地在我耳边响起。是啊！从课堂上看，像亮亮这样在课堂上学习状态良好，但作业效果差错率却很高的学生的确为数不少。我也经常在数学作业中用"请你改正粗心的毛病"这样的评语提醒学生，但学生粗心大意的毛病却屡见不鲜。

　　可是，真的有"粗心"这回事吗？粗心背后掩藏着什么问题，又该怎么解决呢？带着这样的疑问，我翻阅了上学期末我校一至六年级的数学试卷及任课教师的卷面分析（十二位数学教师在做卷面分析时都提到了"粗心"）。我发现当卷面中出现这样三种情况时，普遍认为是"粗心"：一是简单的、不该错的题目，考试却错了；二是原本会做的题目，考试做错了；三是审题错了，不是不会做。

　　从中可以看出，"粗心"这种不良的心理素质使人的注意力不能很好地集中，从而对学习、做事造成很严重的影响。有人认为，粗心是天生的，只与遗传有关；还有人甚至错误地认为，往往是那些粗心大意的学生聪明伶俐。这样的片面认识使得"粗心"现象在教育教学中并未引起足够的重视。所以，我们会经常听到这样的评价："这个孩子聪明是很聪明，只是太粗心了……"这样一来，我们常常简单地把觉得学生应该会的题目做错归结于粗心，这就掩盖了很多真相，也让学生轻易原谅自己，从而没有找到问题的实质，无法采取相应的弥补措施。

如何正确看待学生的粗心问题？从表象上看，小学生注意力集中性差，注意范围小。尤其是当一道题比较长时，如学生做题过于匆忙，就会影响视觉的准确性，看不清所有的数字和符号，所以难免出现看错或者看对写错的现象。通过梳理学生卷面中的失分情况，我发现在粗心的表象下掩藏着更深层次的原因，且表现在不同孩子身上时，这些原因所占的比例会有所不同。

首先是学生对知识掌握不牢固。知识掌握不牢固通常表现在两个方面：一是简单的概念没有完全理解；二是基本技能没有完全形成。比如在四年级的卷面中出现较多的错误有：$1200÷60=12÷6=2$。出现这一错误的原因是学生对"被除数和除数同时扩大或缩小相同倍数（0除外），商不变"这一性质感知粗糙，认识模糊，没有形成正确概念，对相似、相近的数据感知失真，从而造成错误。又如$（12+36÷6）×8=（48÷6）×8=8×8=64$，出现这一错误的原因是学生对四则混合运算法则不清，在其脑海中任何脱式计算顺序都是从左向右运算，无须考虑是否有括号，是不是同级运算，因此导致错误。还有六年级卷面中有道口算题$25×4÷25×4$，班上有一半学生把结果写成了1。分析错因，在追溯学生的思考过程中，我发现根源就是对概念没有理解，或者干脆是错误的理解。还有一些题目，学生们认为自己是会做的，因为平时做对过，只是考试错了。但很可能是他们只看过一两次，有一个模糊的概念，很多概念的细节到底是什么并未深究。在考试有时间限制和压力的情况下，学生本能地选择了自己大脑中最先搜索到的记忆存储，而这个记忆和认知很可能是错误和疏漏的，在思路上也是模糊和不完整的。为什么看似同样的题，有时候能做对，有时候就做不对？并不是"粗心"导致，而是其对知识的掌握程度本身就比较低。

其次是学生无良好的习惯。卷面中很多学生不认真书写、不检查、不喜欢打草稿、不肯写步骤等，这都是习惯问题。还有的学生做题喜欢跳步骤，不但容易错，还会导致按步得分时得不到前半部分应该能得到的分。学生出现把符号看混，如把"+"看成"÷"，把数字看混，如把"3"看成"8"，忘了写答案，抄错了题，抄漏了数，横式漏写结果，加法忘了进位，减法忘了退位，加法看成减法，小数点忘了点或点错等种种情况。这些失分点表现为：①情感不稳定，读题不仔细。对于学生来说，数学中的计算是特别枯燥、烦琐的，尤其是低年级学生，大部分学生对计算会产生排斥心理，表现得特别不耐烦，做题时不认真读题、没耐心审题，经常会产生厌烦的情绪导致错误。对于简单的题目，有些学生又太过于轻心，产生轻敌思想，结果还是会出现莫名其妙的错误。小学生恰恰不能持久，注意也不稳定，注意范围较小，比较容易被一些干扰因素吸引而"分心"，造成很多"遗忘式差错"。很多计算题不是学生不会，而是做题过程中数字、符号看错或抄错，这种由于注意品质差引起的错误往往学生自己很难发现。②训练不到位，没有养成良好的计算习惯。很多学生对计算缺乏足够的认识，没有掌握准确的计算方法，书写马虎，字迹潦草，还有在卷面上直接打草稿的。出现这样的失误，其实就是学生没有能很好地关注到自己的细节，也就是缺乏一种良好的、严谨的学习态度。如果把以上的失分原因用"粗心"带过，就是对学生习惯有问题的偏袒。③学生做题准确率不高。我们可以回想一下自己打字时，每个词是一次输入正确，还是不断删除修改？这也是准确率的问题。如果平时做事力求"一遍做对""每遍都有提升"，关键时刻才有可能一次做对。这需要用心投入，反复多次后才能成为本能。如果做错了，觉得"没关系"，常常会造成多次也无法做到比较好的状态。

那么，作为教师，应该怎样来帮助学生尽量减少由粗心造成的失误呢？

一、立足学情开展教学，培养学生良好的学习习惯

平时注重培养数学学习习惯。低年级学生的年龄特点决定了他们上课总是坐不住，喜欢做小动作，影响听课效率。所以需要整顿纪律，多表扬坐得好的学生，多设计一些游戏，以吸引学生注意力。课堂上要注意动静结合，让课堂的每一分钟都能吸引孩子的注意力，抓好一些数学常规训练，让学生会听、会看、会想、会思、会写。除了培养良好的听课习惯，还要培养学生良好的学习习惯，如规范学生的书写和草稿本的使用。很大一部分粗心是由于学生书写不规范，不使用或不规范地使用草稿本。因此，首先让学生明白不用草稿本是导致计算正确率低的重要原因之一，我们低年级的知识难度相对较低，但是有相当一部分题靠"心算"是无法保证正确性的，因此要提倡学生使用草稿本，草稿也应书写清楚，不乱涂乱画，以保证计算的准确性和检查时方便且明了。交作业时把草稿本一起交上来，批改作业也批改草稿本，用以督促学生达到巩固的效果。

　　在平时的学习中帮助学生养成检查自己作业的好习惯。很多教师都愿意为学生检查作业，以为这是对学生负责，殊不知这样学生就养成了不细心检查的习惯。要让学生改掉粗心的毛病，首先要从教师做起。在日常生活中，教师要用自己的细心去感染学生。

　　为学生准备一本错题集。当学生因粗心而做错作业时，不妨让学生在错题集中把错误记录下来，同他一起分析做错的原因，并找出规律。这种方法对于提高学生认识粗心大意的危害、提高改正粗心缺点的自觉性很有好处。

二、关注细节会检验，提升问题解决能力

　　学生如果能发现自己的错误，就能及时纠错。但是对于大多数学生来讲，特别是低年级学生，他们检查也只是从头到尾囫囵看一遍，即使有错也发现不了。最主要的就是学生不会检查。因此，在课堂教学过程中，教师要教会学生一些基本的检查方法。"圈一圈，读一读"是一种有效的方法。让学生在第一次读题时圈出问题中的关键词，再根据关键词带着问题再次读题目。经过这样的训练，一段时间后，我们发现有一部分学生不再像以前一样经常犯"一字之差"这类因粗心引起的错误了。平时对待练习题目和作业要重视，把它们当作考试题目看待。做题的时候先把无关的东西去掉，然后集中注意力快速完成，之后再去听音乐、休息。慢慢养成专心做题、专注做事的习惯，粗心自然就会远离。帮助学生安排好作息时间。合理安排作息时间，让学生学会"专时专用"，玩要玩得舒心畅快；做作业时要专心致志、决不分心。另外需要注意的是，不要给学生布置过多的课外作业，以免让学生对学习失去兴趣。

　　对题目的结果进行估测是一个检验错误的好方法。我们在批阅学生考卷时，常常会发现一些题目的结果明显是错误的，而学生却没有发现。如果学生能通过生活实际加以估测，就不难发现错误。通过估测，学生不仅可以发现错误，同时也学会了自查的方法，使数学的学习真正与生活结合在一起。指导学生联系生活实际理解题意，扫除思维障碍，利用直观教具或电教手段展示思考的过程、转化的过程，使学生把数学问题转化成数学式子。

　　对学生细节关注的培养不是一天两天就能完成的，这是一个长期的过程。然而，对于学生来说，多多少少总是会有惰性。因此，针对学生的惰性，我们可以适当采用一些手段进行反复训练。对于一些容易出错的题目，采用反复训

练的方式。第一次发现错误后及时纠正，过几天再把相同的题目拿出来做，如此反复训练。通过多次强化性练习的形式，争取把那种易错题型消灭。不要动不动就以"粗心"为理由批评学生。对于学生的粗心，尽量不要采取正面惩罚的方式，以避免对学生粗心的强化。而是可以运用正强化的方法，比如在学生粗心时不去批评他，但是在学生细心且很成功地完成一件事的时候，教师可以表扬学生，强化他的细心。这样学生就会慢慢接受这种心理暗示，越来越向着细心的方向发展。

粗心是一种坏习惯，每个人经过努力都能改掉这个坏习惯。需要的是自己树立信心、下定决心，同时坚持去改。慢慢地，就能把这个坏毛病用细心的好习惯替换掉。细心的习惯一旦养成，粗心将彻底远离。

下 篇

"教"出精彩，
"课"显匠心

第四章
扎根课堂的教学设计

有余数的除法（例1）[①]

一、教学内容

人教版《数学·二年级·下册》第六单元"有余数的除法（例1）"及"做一做"。

二、教学目标

1. 在分草莓的学习活动中，通过操作、观察、对比等活动，发现分物时存在不能平均分而有剩余的情况。

2. 结合具体情境，尝试用除法算式表示有余数的除法，使学生知道有余数的除法算式各部分的名称及表示的意义，进而理解余数及有余数除法的含义。

3. 在理解意义的过程中，帮助学生建立直观表征与数学抽象表征之间的联系，促进算理理解，发展学生的运算能力。

三、教学过程

（一）复习表内除法的含义

1. 按要求分一分：9个草莓，每3个摆一盘，能摆几盘？

---

① 本课例获2023年泾源县第二届中小学教学名师精品课比赛一等奖。

2. 根据分的过程列式：9÷3=3（盘）。

3. 根据列出的算式复习被除数、除数、商的概念。

（二）探究新知

1. 初步感知有余数除法的含义。

按要求分一分：10个草莓，每3个摆一盘，能摆几盘？

引导学生说分不完，还有剩余。

2. 学习余数的概念。

怎样把分的过程和分的结果表示出来？

自主学习提示：可以用小棒、圆片代替草莓分一分、摆一摆，或者在学习单上画一画、写一写，让别人能清晰地看出来你是怎么分的。

手机投屏：展示学生作品。

评价并引出课题，板书：有余数的除法。

3. 认识有余数的除法各部分的名称和读法。

（1）指着10÷3=3（盘）……1（个）让学生说除法算式中各部分的含义和名称。

（2）这几个算式你会读吗？

15÷4=3……3；26÷5=5……1；38÷9=4……2。

4. 进一步深化理解有余数的除法。

比较两次分草莓的相同点和不同点。说说你发现了什么？

物品	分的结果	算式表达
（　）个草莓	摆了（　）盘，正好用完。	9÷3=3（盘）
（　）个草莓	摆了（　）盘，还剩（　）个。	10÷3=3（盘）……1（个）

5. 引导学生总结：平均分时，分不完时有剩余，在列横式时要在商的后面把余数写出来。

（三）感受生活中有余数的除法的存在

选择下面的一种奖章，用你的班级优化大师积分兑换你喜欢的一种奖章。

（要求学生在学习任务单上自主学习，并完成下面问题）

奖章			
积分	2	3	4

1. 我的班优积分是（　　　）分，我想兑换（　　　）号奖章。

2. （　　　）积分换1枚，可以换（　　　）枚，还剩（　　　）积分。

可以用小圆片代替积分分一分、摆一摆，或者在学习单上画一画、写一写，让别人能清晰地看出来你是怎么分的。

3. 我列出的算式是：（　　　　　　　　　　　　　　　　）。

（四）巩固练习

1. 圈一圈，填一填。

（1）17个★，2个2个地圈。圈了（　　　）组，剩下（　　　）个。

★★★★★★★★★
★★★★★★★★　　　17÷2=□（组）……□（个）

（2）23个●，3个3个地圈。圈了（　　　）组，剩下（　　　）个。

●●●●●●●●●●●●
●●●●●●●●●●●　　　23÷3=□（组）……□（个）

2. （1）9支铅笔，每人分2支。可以分给几人？还剩几支？

∕∕∕∕∕∕∕∕∕　　　9÷2=□（人）……□（支）

（2）9支铅笔，平均分给4人。每人分几支？还剩几支？

∕∕∕∕∕∕∕∕∕　　　□○□=□（人）……□（支）

3. 数学活动（选数填空）。

在15÷7=2……1中，被除数是（　　　），除数是（　　　），商是（　　　），余数是（　　　）。

4. 数学活动（分类：有余数或没有余数）。

17÷6　　21÷5　　30÷4　　21÷7　　16÷4　　14÷3　　60÷8

5. 看图提数学问题。

6. 看算式讲数学故事。

19÷8＝2（　　　　）……3（　　　　）

（五）全课小结

这节课你学到了什么？谈谈你的收获。

四、板书设计

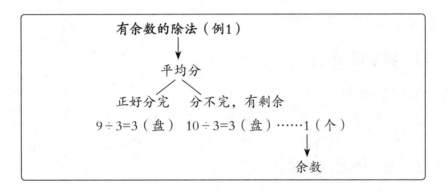

万以内的加法笔算（连续进位）①

一、教学内容

人教版《数学·三年级·上册》第38页例3及相关内容。

二、教学目标

1. 理解三位数加三位数的算理，掌握计算方法，能够正确笔算三位数加三

---

① 本课例获2023年宁夏回族自治区教育数字化创新应用大赛在线互动课堂教学课例一等奖。

位数连续进位的加法。

2. 能根据实际情况，选取合理的方法，正确、灵活地计算三位数加三位数。

3. 理解验算的意义，会正确进行三位数加法的验算，初步养成检查与验算的习惯。

4. 经历用万以内的加法解决问题的过程，体验数学与生活的密切联系。

三、教学重难点

教学重点：掌握三位数加三位数的连续进位加法的计算法则，会正确地进行笔算和验算。

教学难点：正确笔算三位数加三位数连续进位的加法，能结合实际选取合理的方法计算三位数加三位数。

四、教学过程

（一）复习旧知

笔算下面各题，让学生回忆笔算进位加法的方法。

71+52   54+782   271+291   525+125

（二）创设情境，导入新课

1. 谈话导入

师：在我们中国有很多著名的湿地，这里孕育了丰富多样的野生动植物。

出示信息：某湿地有野生植物445种，野生动物298种。

师：根据这两条信息，你能提出哪些问题呢？

2. 交流问题

学生交流，教师出示相应问题。

预设1：该湿地的野生植物和野生动物共有多少种？

预设2：该湿地的野生植物比野生动物多多少种？

预设3：该湿地的野生动物比野生植物少多少种？

师：今天这节课，我们先来研究第一个问题。

（三）探究新知

1. 探究计算方法。

（1）完整出示例3。

某湿地有野生植物445种，野生动物298种。该湿地的野生植物和野生动物共有多少种？

师：这道题同学们想用什么方法计算？板书算式：445+298。

（2）估算结果并交流。

师：这道题的结果大概是什么？同学们能估算吗？

预设1：445+298≈750（种）　　　　预设2：445+298≈700（种）

（3）尝试计算并交流。

师：这道题到底等于多少？同学们能自己想办法计算出来吗？请大家试一试。全班交流方法。

预设1：列竖式计算。

学生介绍计算过程。

相同数位对齐，从个位算起；个位上5+8=13。在个位上写3，并向十位进1；十位上4+9+1=14，在十位上写4，并向百位进1；百位上4+2+1=7，在百位上写7。

带领学生回顾计算过程，并重点提问。

问题1：你是从哪一位开始算起的？

问题2：十位上4+9=13，怎么会在十位上写4呢？

问题3：百位上的7是怎么来的？

预设2：简便运算的方法。

445+298　　　　（学生说一说自己的想法：298接近300，可以看作300

=445+300−2　　　口算，因为看作300多加了2，所以后面要再减2）

=745−2

=743

（4）与估算结果相比较。

问题1：为什么第一种估算方法得出的结果比精算结果大呢？

问题2：为什么第二种估算方法得出的结果比精算结果小呢？

2.探究验算方法。

（1）自主探索验算方法。

师：这道题算得对不对，同学们会验算吗？

（2）交流方法。

预设1：再重新用原来的竖式计算一遍，看看答案是否相同。

预设2：可以交换 445、298 的位置，再算一遍。

预设3：利用原来的竖式，把相同数位上的数从下往上再加一遍。

（3）归纳验算方法。

师：大家想出这么多的验算方法，你们真棒！今后大家可以选择自己喜欢的方法进行验算，可要养成及时验算的好习惯哦。

3. 练一练。

（1）笔算下面各题并验算。

165+78   409+364   476+268   806+574

（2）反馈交流。

4. 小结提炼笔算方法。

问题1：今天我们做的加法题有什么共同点？揭示课题：万以内的加法笔算（连续进位）。

问题2：我们是按怎样的方法算出得数的呢？

预设：相同数位对齐，从个位加起，哪一位上相加满十就要向前一位进1。

问题3：为了保证计算正确，你有什么要特别提醒大家注意的吗？

预设：相同数位要对整齐；从个位开始加起；进位的小数字不能漏写；做完以后要及时验算。

（四）巩固应用

1. 基本练习。

（1）任意选择两个数组成一道加法算式，列竖式并验算，看看谁的算式与众不同。

335   152   237   653   665

（2）下面的计算对吗？把错误的改过来。

2. 拓展练习。

（1）找朋友。（下面哪两个数相加得1000？连一连。）

| 536 | 127 | 208 | 792 | 351 |
| 915 | 464 | 649 | 85 | 873 |

学生独立完成后，请学生说一说，在寻找两个数相加得1000时，有什么好办法。

（2）只用数字8组成五个数，填入下面的方框里，使等式成立。

☐+☐+☐+☐+☐=1000

（3）下面7个☆都代表同一个数，想一想，☆代表的是哪个数？

```
   ☆ ☆ ☆ ☆
 +   9 ☆ 0        ☆=（      ）
 ─────────────
   9 ☆ 6 ☆
```

（五）总结回顾

1. 让学生回顾本节课的收获。

2. 回顾新课导入时学生提出的问题，出示还未解决的问题，如"该湿地的野生植物比野生动物多多少种"。请有兴趣的同学课后研究一下该如何解决，下节课继续学习。

五、板书设计

```
万以内的加法笔算（连续进位）

    4 4 5                  2 9 8
  + 2 9 8      验算：    + 4 4 5
    1 1                    1 1
  ─────────             ─────────
    7 4 3                  7 4 3

相同数位对齐，从个位加起，哪一位上相加满十就要向前一位进1。
```

面积和面积单位①

一、教学内容

人教版小学《数学·三年级·下册》第61~62页的例1、例2及相关内容。

二、教学目标

1. 结合实例使学生初步认识面积的含义，明确用正方形作面积单位最为合适，能用正方形作单位表征简单图形的面积。

2. 经历以不同图形作单位度量面积的过程，掌握确定面积单位的方法，培养初步的度量意识。

3. 使学生体会统一面积单位的必要性，感受用正方形作面积单位的便捷与合理。

三、教学重难点

教学重点：结合实例使学生初步认识面积的含义。

教学难点：度量意识的培养。

四、教学准备

圆形、正方形、三角形等学具；彩笔2支（一支红色的）；课件、预习卡。

五、教学过程

（一）引入新课

1. 师（课件呈现）：屏幕上依次出现一个点 → 一条线 → 一个面，请学生

_____

① 本课例获2022年宁夏回族自治区第一届中小学教学名师精品课比赛二等奖。

分别说说看到了什么？了解"面"的产生过程，引出课题并板书：认识面积。

2.提问：看到课题，你有哪些疑问？

生1：什么是面积？什么是面积单位？

生2：面积有大小吗？怎样测量面积？

……

对学生提出的疑问进行评价，并鼓励学生带着疑问开启本节课的探究之旅。

（二）结合实例，认识面积

1.初步认识面积。

（1）找一找：教室里哪些物体上有"面"？

生：课本封面、课桌面、黑板面、教室地面……

（2）摸一摸，认识面。请学生用手摸一摸数学书封面，再摸一摸课桌的桌面。

（3）比一比，知大小，积累比较面的大小的经验。请学生说一说：数学书封面和课桌的桌面比，哪一个面比较大？教室中黑板面和国旗表面、数学书与语文书的封面、自己的两个手掌、教师与学生的手掌等，分别是哪个面比较大。

（4）说一说，结合实例认识面积。

教师举例说明：黑板表面的大小就是黑板面的面积；国旗表面的大小就是……

请学生边摸边说，什么是数学书封面的面积，什么是课桌面的面积……

2.学生举例说明物体表面的面积。

（1）出示一个长方体盒子和一个圆柱体盒子，让学生分别摸一摸它们的面，教师用课件展示这两种立体图形的展开图。引导学生归纳：物体表面的大小就是它的面积。

（2）通过想象，结合生活中经常见到的物体，让学生边想象边说一说它们的面积。

3.通过涂一涂，在丰富的实例中，进一步完善对面积的认识。

说一说你能找到哪些图形的面积？封闭图形的大小就是它们的面积。

4.将数学书按不同位置摆放，说一说封面面积的大小是否有变化。

（三）探讨比较面积的方法，发展度量意识

1.提出问题，引发思考。

如何比较下面图形哪一个面积大？

若两个图形大小差别很明显，可直接观察比较面积大小；

若两个图形面积差别不是很大，可用重叠法。如果重叠后还是比不出面积大小，就将多余的部分剪下再重叠，直到比出结果为止。

2.提出下一步探究的问题，引发认知冲突。

生活中有些图形不便移动，也不能破坏，该如何比出两个图形面积的大小呢？

3.探讨度量单位，培养度量意识。

（1）激发度量意识。

请学生思考：你还能想到其他比较面积大小的方法吗？

① 当学生想到用量边的长短算周长比面积大小的方法时，利用微课帮助学生辨析思考，明晰"周长与面积"没有正相关性。

② 学生想到选用一种图形作单位来测量。请学生思考：如果选一种图形作单位，这个图形可以是什么形状呢？

（2）学生自主探究，体验度量的方法。

提出活动要求：①选好测量工具；②通过摆一摆、数一数比出两个长方形谁的面积更大；③活动用时3分钟。

（3）交流反馈，确定度量单位。

组织学生反馈，说说自己选择的是什么图形，是怎样摆的。

先让学生用手中的学具说明自己的想法，再通过电脑课件一起回顾各种不同的方法。

可以用圆形作单位，也可以用三角形作单位，还可以用正方形作单位。

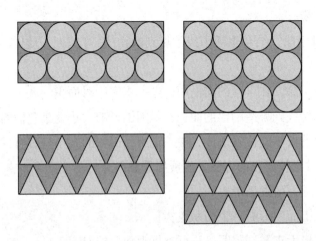

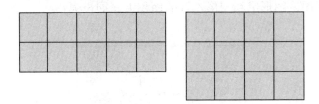

组织学生结合以上三组图形思考：

① 用这些图形作单位，能不能比较出这两个图形面积的大小？

② 如果要准确测量出某个图形面积的大小，用什么图形作单位最合适？为什么？

可以引导学生从以下两方面加以体会：一是正方形能铺满（密铺）所测图形；二是正方形四条边长度相等，在摆放时不受摆放位置和方向的限制。

（4）对学生操作活动进行评价。

教师介绍：国际上规定用正方形作面积的单位。

（四）巩固应用

1.应用面积单位表征面积，感受单位的价值。完成第62页"做一做"。

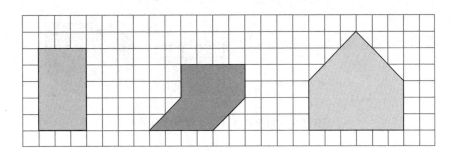

交流时，让学生不但说明自己所填的结果，还要说明自己是怎样想的？

2.在下面的方格中画3个不同的图形，面积都等于5个方格的面积。

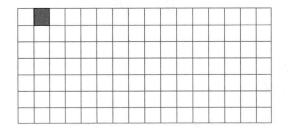

3.观察下图，图形甲和图形乙谁的面积大？周长呢？

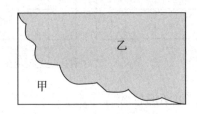

（五）回顾整理，展望新知

师：回顾一下我们的活动，通过今天的学习，你有什么收获吗？你还想知道关于面积的哪些知识呢？

六、板书设计

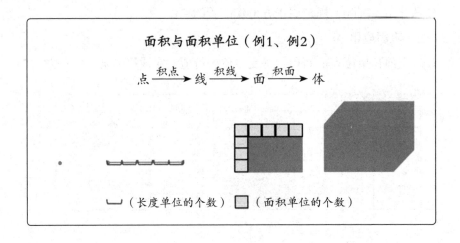

掷一掷

一、教学内容

人教版小学《数学·五年级·上册》第50~51页。

二、教学目标

1. 通过活动，使学生亲身经历观察、猜想、试验、验证的学习过程，综合运用所学知识来探讨事件发生的可能性大小。

2. 结合实际情境，培养提出问题、分析问题和解决问题的能力。

3. 通过应用和反思积累数学活动经验，让学生感受成功的体验，提高学习数学的兴趣。

4. 初步渗透比较、归纳、概率统计及有序思考等多种数学思想，感受偶然性背后的必然性。

三、教学重难点

教学重点：探索骰子掷出的和在5至9之间的可能性比较大的道理。

教学难点：综合运用所学知识解决问题。

四、教学准备

课件、骰子、活动记录单。

五、教学过程

（一）认识骰子，引出课题

教师出示一颗骰子，问：我手中这位新朋友你认识吗？谁能给大家介绍一下？

生1：骰子是正方体的，六个面上的点数分别是1、2、3、4、5、6。

生2：我们把骰子扔一扔、掷一掷，1~6中会有一个数朝上。

生3：因为正方体六个面一样大，所以每个数朝上的可能性都相等。

师：你们可别小看骰子，它里面还藏着一些数学知识与奥秘呢。

这节课，我们就来掷骰子玩一玩。

板书课题：掷一掷。

（二）提出问题，研究问题

1. 提出问题

如果同时掷两个骰子，会得到两个朝上的数。对于这两个数，同学们想研究些什么问题呢？

生1：这两个数的和可能是几呢？

生2：和最大是几？最小是几？

生3：掷出来的两个数的积可能是几？

2.研究学生提出的问题

（1）这两个数的和可能是几？最大是几？最小是几？请你把自己的想法写一写。

根据掷出来朝上的数只能是1、2、3、4、5、6这几个数进行计算，最小的和是2，最大的和是12。

（2）和为什么不可能是1或者13呢？

因为当两个骰子都掷出最小的数时，就是1加1等于2，和最小就是2；当两个骰子都掷出最大的数时，就是6加6等于12，和最大是12。所以，和不可能是1，也不可能是13或者大于13的数。

（3）和最小是2，最大是12，还有可能出现哪些和呢？

除了2和12，这两个数之间的整数3、4、5、6、7、8、9、10、11，一共11个和都是有可能出现的。

（三）动手操作，自主探究

1.通过操作活动，初步感知掷出来的两个数之和的情况。

（1）在游戏中初步感知。

师：现在我们来进行掷骰子比赛，游戏规则是这样的：掷一次，和为5、6、7、8、9，老师赢；和是2、3、4、10、11、12，学生赢。一次有偶然性，连续掷20次，赢的次数多的获胜。你们觉得谁会获胜？

请两名同学作为代表和老师比赛，掷出的两个数之和是几，就记录在下面的表格中。

	赢的次数	合计
老师（5、6、7、8、9）		
学生（2、3、4、10、11、12）		

比赛结束了，最后谁获胜了？

（　　）次比（　　）次，（　　）获胜了。

看到这个结果，你们有什么想说的吗？

生1：这个结果和我一开始的猜测有点不一样！

生2：老师有5个和，我们有6个和，明明老师的和数量少，我们的和数量多，怎么老师赢的次数反而多呢？

生3：如果继续掷，老师还会赢吗？

你们也有这样的疑惑吗？想不想自己动手来掷一掷骰子呢？

（2）动手操作，交流发现。

游戏规则：每4名同学为一组，掷两个骰子，和是几，就在图中相应数字的上面涂一格。涂满其中任意一列，游戏结束。

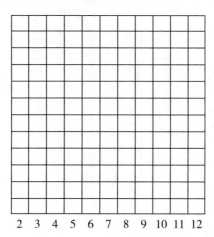

实验要求：每4名同学为一组，1号同学掷骰子，2号同学用画"正"字的方法记录A组赢还是B组赢，3号同学计算掷出的两个数之和是几，就在上图所示统计图中相应数字的上面涂一格，4号同学写出掷骰子过程中两个数相加的和的情况。请小组长分配一下任务，看看哪个组完成得又快又好，开始！（学生动手实验）教师下去巡视。

① 学生掷骰子。

② 展示汇报。

展示各组的统计图。会有什么发现吗？

生1：我发现我们第一组掷出两个数之和是7的次数最多，掷出的两个数之和是2的次数最少。

生2：我发现这5个组都是掷出的两个数之和靠近中间的位置次数多一些，而两边的次数比较少。

生3：我发现这几幅统计图虽然掷的次数不同，但是呈现的结果都是中间的条高，两边的条低。

生4：根据这些图，我进行了推测，这11个和出现的可能性不全相等。掷出的两个数之和在中间的可能性比较大，在两边的可能性比较小。

师：把大家掷的结果汇总在一幅图中，是不是更有说服力？教师用课件展示掷1000次和掷4000次的统计图。

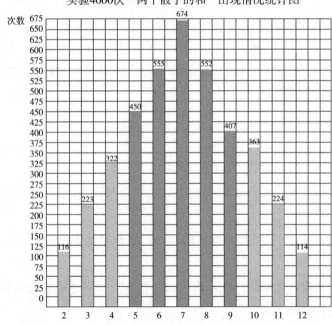

实验1000次"两个骰子的和"出现情况统计图

实验4000次"两个骰子的和"出现情况统计图

2. 探究揭秘。

（1）提出疑问。

这11个和中，和是中间的数可能性比较大，和是两边的数可能性比较小，为什么会出现这种情况呢？

（2）怎样研究？

生1：我想把所有可能出现的和的情况都找出来，然后再去分析比较。

生2：我想提示一下大家，在找这些和的时候要按一定的顺序。

那下面就请大家列一列、算一算吧。

（3）汇报交流。

①列表格。

	1	2	3	4	5	6
1	2	3	4	5	6	7
2	3	4	5	6	7	8
3	4	5	6	7	8	9
4	5	6	7	8	9	10
5	6	7	8	9	10	11
6	7	8	9	10	11	12

师：从这个表中你们发现刚才游戏中老师获胜的奥秘了吗？

生1：每行有6个和，有6行，所以和一共有36种可能性。斜着看可以看出每个和出现的可能性不全相等。和是7出现的次数最多，2和12出现的次数最少。所以和是7的可能性最大，和是2和12的可能性最小。

生2：中间的和是5、6、7、8、9出现的次数共有24次，而两边的和是2、3、4、10、11、12出现的次数只有12次，所以刚才的游戏中老师获胜的可能性比我们大。

师：你们特别会学习！上面这个表格清楚直观地让大家明白了背后的规律和道理。

② 画图，列出所有和的情况。

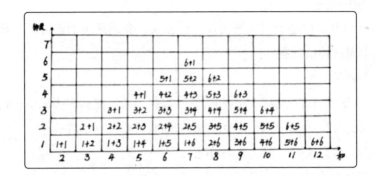

生1：在上面这个图中能明显看出每个和分别有几种情况，而且从条形的高低也能直接看出和是7的可能性最大，因为组成和是7的情况最多；和是2和12的可能性最小，因为组成2和12的情况最少。

生2：和是3，有可能是1＋2，2＋1。但是1＋2和2＋1是　种情况还是两种情况呢？

生3：如果用两个颜色不同的骰子，就可以很清楚地知道是两种情况，比如红色骰子1，蓝色骰子2，是一种情况；红色骰子2，蓝色骰子1，又是一种情况。解释得真清楚！说明了1+2和2+1是两种情况。

生4：越靠近中间的和，组合的情况越多。所以越靠近中间的和被掷出的可能性越大。

师：同学们真会学习！不仅动手实践了，还进行了非常严谨的数学分析思考，综合运用我们学过的知识解释背后的道理。

（四）实践运用，解决问题

师：前不久某超市举行了一次抽奖活动。

规则如下：

凡在本店购物满200元者即可参加一次抽奖，一次同时掷出两个骰子，将两面朝上的点数相加，根据点数和可以得到相应的奖品：

特等奖：一套价值50元的茶具（点数和为1）

一等奖：一提价值30元的面巾纸（点数和为2或12）

二等奖：一支价值10元的牙膏（点数和为3或11）

三等奖：一条价值5元的毛巾（点数和为4或10）

鼓励奖：一瓶价值1元的矿泉水（点数和为5或9）

王阿姨为了参加抽奖，买了些无用的东西，凑足了200元，你有什么想对王阿姨说的吗？

（五）总结提升

回顾刚才的研究过程，我们是如何研究的？

生：我们在玩游戏的过程中，对掷两个骰子得到的两个数的和提出了问题，然后通过试验、分析等方式解决问题。在研究的过程中又发现新的问题，再想办法解决。

师：我们经历了提出问题、分析问题、解决问题，进而又提出新的问题，继续分析问题、解决问题的过程。经历了这样的研究过程，我们对掷骰子中隐藏的可能性知识的认识逐渐清晰了。希望以后你们继续用这样的方法学习！

（六）课后练习

在这节课的开始，有的同学还提出两个数的积是几？同学们还有其他想研究的问题吗？

生1：我还想知道哪些积出现的可能性比较大？

生2：我想研究掷三个骰子得到的三个数的和有什么特点？

生3：同时掷两个骰子，探究朝上两个面的点数之差（大数减去小数）有哪些？有什么规律？

看来，通过这节课的学习，同学们想研究的问题更加深入了。请同学们从以上提出的问题中选择一个自己感兴趣的，或者自己想一个有关掷骰子的问题，用这节课所学到的研究方法进行研究。

六、板书设计

掷一掷

两个数的和可能是：2、3、4、5、6、7、8、9、10、11、12。

组合数越多掷出的可能性越大。

"简易方程"整理和复习

一、教学内容

人教版小学《数学·五年级·上册》第八单元总复习2"'简易方程'整理与复习"第1题及练习十八第1、2题。

二、教材分析

通过本节课的复习，使学生进一步明确用字母表示数的意义，加深对方程、方程的解以及解方程等概念的理解，能熟练且正确地解方程，掌握列方程解决问题的方法，进一步明确列方程和用算术方法解应用题的区别，能够熟练分析应用题中数量关系的特点并适当选择解题方法。复习课并非只是把知识重现一次，最主要的是要让学生通过复习查漏补缺，实现自身能力的提升。五年级的学生已经养成了自主学习的习惯，所以课前可以先让学生自主整理本学期所学的知识，初步形成知识网。在复习时再引导学生联系相关数学知识，使知识系统化，以便于学生理解和记忆。着重培养学生灵活运用两种解题方法解应用题的能力。

三、教学目标

1. 加深理解简易方程的意义和作用，会解简易方程。
2. 引导学生独立思考、自主探究、合作交流，加深对列方程解题的认识。
3. 培养学生的数感和符号感。

四、教学重难点

教学重点：理解方程的意义，会解简易方程。

教学难点：归纳整理知识，形成知识体系。

五、教学方法

合作交流，学练结合。

六、教学准备

课件、学习单等。

七、教学过程

（一）揭示课题

师：这节课我们将对"简易方程"这一单元进行整理和复习。首先我想问同学们第一个问题：你知道什么是方程吗？请举个例子。第二个问题：学习完这一单元，你喜欢方程吗？为什么这么说？

（二）复习用字母表示数

师：在简易方程里，字母算得上是主角了。这节课我们就跟着"x"一起去旅行。在数学中我们可以用字母x表示什么呢？你们想到了哪些数？

1. 当4和x碰到一起，它们会变成不一样的数吗？

$x+4$ $x-4$ $4x$ $2x+4$ $x\div2-4$

2. 用含有字母的式子表示：（1）路程与时间、速度的数量关系。（2）乘法交换律。（3）正方形的面积计算公式。

（三）复习解简易方程

师：你们找的这些式子是方程吗？它们分别表示着另一个数，如果另一个数都是30，那么这些式子就都等于30，你们同意吗？

1. 复习方程的概念

（1）等式的意义：表示等号两边两个式子相等关系的式子叫作等式。

如：$3+6.5=9.5$，$7-4.2=2.8$，$3.6\times0.5=1.8$，$3.5+x=9.5$等都是等式。

（2）方程的意义：含有未知数的等式叫作方程。

判断一个式子是不是方程，首先要看这个式子是不是等式，接着再看这个式子中是否还含有未知数。如$3.2x=8$，$11x=363$，$x+7.6=11.4$等都是方程。

（3）方程与等式的关系：等式的范围比方程的范围大。方程都是等式，但等式不一定是方程。如：$35\div7=5$，$2x=0$，$3.5x=4$，$11.2-x=11.14$等都是等式，但$35\div7=5$不是方程。

2．复习解方程

（1）方程的解：使方程左右两边相等的未知数的值，叫作方程的解。如：$x=32$是方程$x-32=0$的解。

（2）解方程：求方程的解的过程，叫作解方程。如：$4x=6$，解：$x=6\div4$，$x=1.5$。提问：解题的依据是什么？怎样进行验算？

解方程的依据：①四则运算之间各部分的关系。一个加数=和－另一个加数；一个因数=积÷另一个因数；被减数=差+减数；减数=被减数－差；被除数=商×除数；除数=被除数÷商。

②等式的性质。方程两边同时加上（或减去）同一个数，左右两边仍然相等；方程两边同时乘或除以一个（不为0）的数，左右两边仍然相等。

（3）解方程时应注意：书写时要先写"解"字；上、下行的等号要对齐；不能连等。

（四）复习用方程解决问题

1. 相同模型

师：用方程解决问题时有哪些步骤？哪一步是最关键的？请同学们思考下面三道题，能找到等量关系并列出方程吗？

（1）一个正方形的周长是60厘米，它的边长是多少？

解：设它的边长为x厘米。列方程：＿＿＿＿＿＿＿

（2）李叔叔骑自行车4小时行了60千米，平均每小时行多少千米？

解：设平均每小时行x千米。列方程：＿＿＿＿＿＿＿

③甲筐有苹果60千克，是乙筐的4倍，乙筐有苹果多少千克？

解：设乙筐有苹果x千克。列方程：＿＿＿＿＿＿＿

师：$4x=60$还可以解决怎样的问题？

2. 不同模型

师：找等量关系时，可以从公式、数量关系或像这样的关键句中去找，那怎样的句子是关键句呢？带着这个问题我们一起来看这两个方程，分别是从下面两个问题中列出的，你能补上相应的条件吗？

甲筐有苹果60千克，＿＿＿＿＿＿＿，乙筐有苹果多少千克？

解：设乙筐有苹果x千克。

$2x+4=60$

甲筐有苹果60千克，＿＿＿＿＿＿＿，乙筐有苹果多少千克？

解：设乙筐有苹果x千克。

$x \div 2 - 4 = 60$

师小结：你们补上的条件其实就是关键句，为什么说它们是关键句呢？

3. 建构模型

出示问题：海老师为学校买了8个篮球，10个足球，共用去760元。其中篮球每个30元，足球每个多少元？

师：选一选，下面哪个方程不成立？

解：设足球每个x元。

A. $30 \times 8 + 10x = 760$ B. $760 - 10x = 30 \times 8$

C. $30 \times 10 + 8x = 760$ D. $(760 - 10x) \div 8 = 30$

师小结：其实根据不同的等量关系列出的方程都是可以的。只是有些方程解起来会比较麻烦。下面的等量关系式能帮我们很快列出方程解决问题。

部分数＋部分数=总数

甲路程＋乙路程=总路程

甲的工作总量＋乙的工作总量=工作总量

鸡的脚数＋兔的脚数=脚的总数

……

（五）课堂小结

师：这节课你有什么收获？请学生说说自己的收获。

八、板书设计

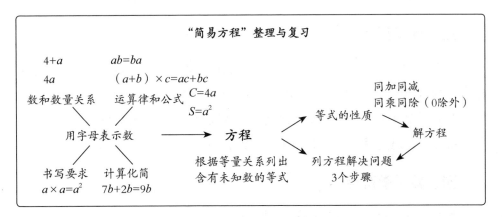

"分数的意义和性质" 整理和复习

一、教学内容

人教版小学《数学·五年级·下册》"分数的意义和性质"第80页及练习二十。

二、教材分析

本单元涵盖分数的意义、分数与除法的关系、真分数与假分数、分数的基本性质、最大公因数与约分、最小公倍数与通分、分数与小数的互化等七个方面的内容。作为一节复习课，既要考虑知识点的覆盖是否全面，又要体现出复习课的特点。通过复习，让学生明晰数学知识的要点和脉络，在头脑中构建合理的知识体系。学生在三年级已学习认识几分之一、几分之几，在此基础上继续理解单位"1"，将以前求最大公因数和最小公倍数的内容穿插在约分和通分这两个内容当中，在复习过程中需对这部分知识进行合理沟通。教材上先是呈现了本单元学习了哪些知识以及两道典型题目，这只是为我们复习提供了一个引子和思路，接着呈现的是练习二十的10道综合练习题，通过练习让学生对所学知识进行整体回顾与复习。

三、教学目标

1. 通过复习，帮助学生梳理本单元的知识要点及知识间的联系，进一步理解和掌握分数的意义、性质等内容，以及它们之间的联系和区别。

2. 培养学生归纳、整理知识的能力，掌握整理和复习知识的方法，发展逻辑思维能力，提高解决简单实际问题的能力。

四、教学重难点

教学重点：归纳、整理本单元的知识点。

教学难点：提升学生综合运用本单元知识的能力。

五、教学过程

（一）直接导入

分数在日常生活中的运用极为普遍，学好本单元知识至关重要。现在我们就来复习整理本单元内容。

板书课题：分数的意义和性质。

首先，我们要明确分数是如何得来的。在日常生活中经常会分物体，在分物体的过程中如果得不到整数结果，这时就出现了分数。比如：

课件出示：

有一张饼平均分给4个小朋友，每个小朋友分到（$\frac{1}{4}$）张饼。

课件依次出示：

8个方块是12个方块的（$\frac{2}{3}$）。

看图写分数：（$\frac{16}{8}$）、（$1\frac{2}{3}$）。

16分=（$\frac{8}{30}$）时，375立方分米=（$\frac{3}{4}$）立方米。

学校电子琴小组有男生9人，女生13人，女生人数是男生的（$\frac{13}{9}$）。

一个星期中，工作日是一星期的（$\frac{5}{7}$）。

有一根长4米的彩带，要做成15个大小相同的手环，平均每个手环用（$\frac{4}{15}$）米彩带。

（二）整理知识

1. 整理复习"分数的意义"

刚才我们得到的这些分数都是把单位"1"平均分成若干份，取出其中的一份或者取这样的几份，得出的数就是分数。

板书：单位"1"平均分

说到平均分，我们学过的哪种运算就是平均分？

板书：$a \div b = \dfrac{a}{b}$（b不等于0）

分数与除法有密切的关系，如果是两个整数相除，用分数表示商就非常简便。

2. 真分数和假分数

大家再来观察刚才我们得到的这些分数。

$$\dfrac{3}{8} \qquad \dfrac{18}{6} \qquad \dfrac{13}{9} \qquad \dfrac{4}{15} \qquad \dfrac{5}{7} \qquad 1\dfrac{2}{3} \qquad \dfrac{4}{10} \qquad \dfrac{2}{3}$$

如果将这些分数分类，可以分为几类？怎样分？

说说你对真分数的认识。

（真分数的分子比分母小；真分数小于1；真分数都比假分数小。）

说说你对假分数的认识。（假分数可以化成带分数或整数）

（假分数的分子比分母大或者和分母相同；假分数大于或等于1；假分数都比真分数大。）

你知道这些分数的分数单位吗？这些分数的分数单位属于什么分数？

$$\dfrac{1}{8} \qquad \dfrac{1}{6} \qquad \dfrac{1}{9} \qquad \dfrac{1}{15} \qquad \dfrac{1}{7} \qquad \dfrac{1}{3} \qquad \dfrac{1}{10} \qquad \dfrac{1}{4}$$

请将这些分数单位从小到大排列。

你有什么发现？

得出：分子相同，分母小的分数大（分母大的分数小）。

分母越大，分数单位越小；分母越小，分数单位越大。

3. 整理复习"分数的基本性质"

比较 $\dfrac{4}{10}$ 和 $\dfrac{2}{3}$ 的大小，说说自己的比较方法。

先约分，分子相同再比较。

先通分，分母相同再比较。

说说约分与通分有什么联系。

（约分和通分都依据的是分数的基本性质）

说说约分和通分有什么区别？

约分针对的是一个分数，通分要至少针对两个分数。

约分是给分子、分母同时除以一个不为0的数，而通分是给分子、分母同时乘一个不为0的数。

约分的结果是最简分数，通分的结果是同分母分数。

（三）综合运用

把下面分数从大到小排列。

$$\frac{3}{8} \qquad \frac{18}{6} \qquad \frac{13}{9} \qquad \frac{4}{15} \qquad \frac{5}{7} \qquad 1\frac{2}{3} \qquad \frac{4}{10} \qquad \frac{2}{3}$$

小组先交流，然后将排列结果写出来。

指名学生汇报排列过程。

排列真分数时，将分子化相同，然后比较。

排列真分数时，把分数化成小数，然后比较。

板书：分数化小数

说说分数怎样化小数？

板书：小数化分数

小数化分数时，关键要看什么？

如：把0.5、0.25、0.23、0.005化成分数，说说要注意什么。

（四）小结

到现在，我们把这一单元的内容都整理完了。在往后的学习中遇到相关知识时，同学们有信心做得更好吗？

六、板书设计

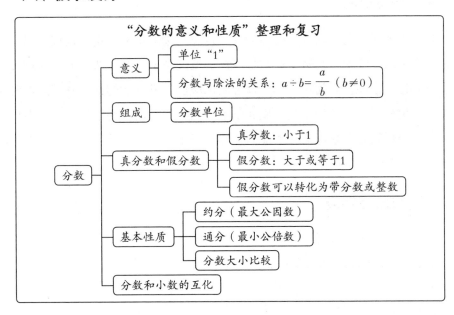

同分母分数加减法

一、教学内容

人教版小学《数学·五年级·下册》第六单元第89~92页的部分内容。

二、教材分析

"同分母分数加减法"是义务教育教科书《数学》第十册第六单元的内容。教材选取学生熟悉的生活情境为素材，引入分数加、减法学习。这样的选材体现了分数加减法的计算是因解决问题的需要而产生的。另外，这部分内容是在学生学习了整数、小数加减法的计算方法以及分数的意义和性质的基础上进行教学的。学生已经有了一定的生活经验和学习经验，具备一定的分析问题和解决问题的能力。相信本节课学生的学习会轻松愉快且收获颇丰，同时也为后续学习异分母分数加减法做好铺垫。

三、学情分析

相对整数加减运算而言，分数的加减运算对于大多数学生来说较为困难。不过，学生已经学习了整数、小数加减法的意义及其计算方法，分数的意义和性质，并且在之前接触简单的同分母分数加减法，有一定的知识基础。正因为如此，学生积累了一定的生活经验和学习经验，通过前面的学习活动，也具备了一定的分析问题和解决问题的能力。相信在本节课上，学生能够有条理地表达自己的所思所想。

四、教法与学法

教法：师生共同探究。

学法：自主探究、合作学习法。

五、教学目标

1. 通过教学，使学生初步理解分数加减法的含义以及同分母分数加减法的算理，掌握同分母分数加减的计算法则，并能正确进行计算。

2. 通过小组合作学习，运用知识迁移，理解同分母分数加减法的意义，并能运用分数加减法解决数学中简单的实际问题。

3. 体验生活中的数学乐趣，感受生活中的数学，培养学生的推理、归纳、概括和表达能力。

六、教学重难点

教学重点：通过教学，掌握同分母分数加减法的计算方法，并能正确进行计算。

教学难点：理解同分母分数加减法的算理，并做到计算结果能约分的要约成最简分数。

七、教具与学具

多媒体课件、口算卡片。

八、教学过程

（一）复习铺垫，引出新知

1. 首先教师口头提问什么叫分数？什么叫分数单位？然后再指名说出 $\frac{3}{4}$ 表示什么意思。

2. 课件出示：

（1）$\frac{7}{8}$ 的分数单位是（　　　），它有（　　　）个这样的分数单位。

（2）$\frac{5}{9}$ 里面有（　　　）个 $\frac{1}{9}$。

（3）$\frac{4}{7}$ 里面有（　　　）个 $\frac{1}{7}$。

（4）3个 $\dfrac{1}{5}$ 的和是（　　　）。

师：你们对前些日子所学的分数知识掌握得还不错。那么，如何用所学的这些分数知识来解决生活中的一些实际问题呢？这就是我们今天这节课所要探讨的问题。

（温故而知新，让学生将分数的意义在头脑中得到加深，为新课内容打下基础。）

（二）探究新知，总结规律

1.学习例题1

师：小红的妈妈是一位非常勤劳的女士，她一大清早就起床做了一张香甜可口的大饼，之后又把这张饼平均分成八份。请看大屏幕：

（1）课件出示例1，请同学们认真观察画面，从图中你能获得哪些数学信息？

（把一张饼平均分成8份，爸爸吃了 $\dfrac{3}{8}$ 张饼，妈妈吃了 $\dfrac{1}{8}$ 张饼，求爸爸和妈妈共同吃了多少饼。）

（2）根据以上数学信息，你能提出哪些数学问题呢？要求爸爸和妈妈共吃了多少饼，怎样列式？为什么？

学生思考并口答：$\dfrac{3}{8}+\dfrac{1}{8}$，表示把两个分数合并起来，所以用加法计算。

（3）让学生回顾整数加法的意义之后，把分数加法与整数加法结合起来，促进学生对整数加法的意义与分数加法的意义一致性的理解：把两个数合并成一个数的运算就是加法。揭示并板书课题：同分母分数的加法。

（4）学生尝试计算。

提问：你能猜想出计算结果吗？并说说怎么想的。

那么如何来验证你们的猜想是否正确呢？同学们，同桌之间互相合作，可以用图示法、线段法或者其他方法。

（5）投影进行方法展示

学生通过展示，说出自己的想法。

有的说：我把一个苹果平均分成八份，第一次吃了其中的一份，第二次吃了其中的三份，两次一共吃了八分之四。

有的说：我把一段路看作单位"1"，平均分成8份，第一次取了其中的1份，第二次取了其中的3份，两次一共取了八分之四。

还有的说：$\frac{1}{8}$ 是1个 $\frac{1}{8}$，$\frac{3}{8}$ 是3个 $\frac{1}{8}$，合起来也就是 $\frac{4}{8}$。

还可以思考：$\frac{1}{8} + \frac{3}{8}$ 的和是 $\frac{4}{8}$，因为分母没变，也就是它们的分数单位相同，所以可以直接用两个分子相加，分母不变。

（6）教师引导学生从多个方法中提取最优的解决方案（用数分数单位的方法比较简便、省时），并强调书写过程。

（7）即时练习。教师出示计算卡片（指名回答）。

2. 出示例1（2）（同分母分数减法）

（1）师：学完分数加法之后你们一定想了解分数减法如何计算吧？现在请大家从一开始的早餐情境图中提取一个用减法来做的数学问题。指名回答，"爸爸比妈妈多吃了多少饼？"之后教师继续提问：应该如何列式与解答呢？

（2）请学生汇报计算过程：$\frac{3}{8} - \frac{1}{8} = \frac{2}{8} = \frac{1}{4}$。

（3）提问：为什么用减法计算？分数减法的含义与整数减法相同吗？

（4）提问：计算过程中，为什么分母不变？你能说一说同分母分数减法的计算方法吗？

此时完善课题并加以板书。

（5）即时训练。教师出示减法计算卡片（指名回答）。

（6）课件出示：观察例1的（1）和（2）有什么共同点？同分母分数加减法怎样计算？

同桌讨论，共同归纳概括。（同分母分数相加减，分母不变，只把分子相加减。）

师：刚才大家表现非常棒！老师想带你们运用所学的知识去智慧岛闯关，你们有信心吗？

（三）巩固练习、拓展延伸

课件出示：智慧岛

第一关：看图列出算式并解答。

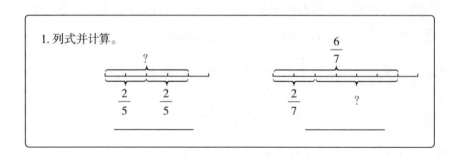

1. 列式并计算。

说说你为什么用加法？为什么用减法？你能根据线段图口头编出不同的文字题吗？试试看。

小结：同学们的表现很好，能够运用加减法各部分之间的关系来解决分数的计算问题，很不错。

第二关：看谁算得又对又快？（打开书练习，之后投影展示学生的练习情况）

$$\frac{7}{10} - \frac{3}{10} = \qquad \frac{7}{9} - \frac{2}{9} = \qquad \frac{5}{6} - \frac{1}{6} = \qquad 1 - \frac{11}{30} =$$

第三关：判断题。

$$\frac{3}{7} + \frac{4}{7} = \frac{7}{14} = \frac{1}{2} \quad (\qquad) \qquad \frac{7}{9} - \frac{2}{9} = \frac{9}{9} = 1 \quad (\qquad)$$

小结：在计算同分母分数加减法时，分母不变，只把分子相加减，同时还要注意看清运算符号。

第四关：用同分母分数组成算式并算出结果。

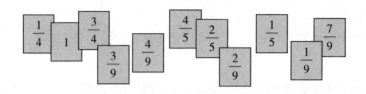

第五关：解决问题。

1. 一本故事书，小强第一天看了 $\frac{2}{15}$，第二天看了 $\frac{4}{15}$，根据这两条数学信息，你能提出哪些数学问题呢？提出问题后再解答。

2.小东和小明都喜欢看课外书，小东一天看了《伊索寓言》的 $\frac{1}{2}$ ，小明一天看了《卖火柴的小女孩》的 $\frac{1}{2}$ ，两个人一天一共看 $\frac{1}{2}+\frac{1}{2}=1$（本），你认为对吗？为什么？

（四）回顾总结

师：今天学习了什么知识？能谈谈这节课自己最大的收获吗？

（五）布置作业

课本第91页第二题。

九、板书设计

同分母分数加减法

同分母分数相加减，分母不变，分子相加减。

最简分数：分子和分母只有公因数1的分数。

"因数与倍数"整理和复习

一、教学内容

人教版《数学·五年级·下册》116页第1题及第118页练习二十八第1～4题。

二、课标解读

"因数与倍数"这一单元属于数论的基础性内容。根据新课标的理念和要求，本单元的核心素养表现确定为数感和推理意识。数感主要是指对于数与数量的直观感悟，能够在真实情境中理解数的意义，能初步体会并表达事物蕴含的简单数量规律。它是形成抽象能力的经验基础，建立数感有助于理解数的意义和数量关系，初步感受数学表达的简洁与精确，增强好奇心，培养学习数学的兴趣。本单元中的推理意识主要是指对逻辑推理过程及其意义的初步感悟，能够通过简单的归纳或类比，猜想或发现一些初步的结论，有助于养成讲道理、有条理的思维习惯，增强交流能力，是形成推理能力的经验基础。

三、教学目标

1. 通过整理复习，理解和掌握因数与倍数的有关概念，明确概念之间的联系与区别。

2. 经历"数的整除"的有关知识的整理和复习过程，初步学会分类整理的方法，感受事物是相互联系的，体会从整体上认识数学的思想。

3. 培养学生分析、判断、推理、概括的能力，养成合作学习和勇于探索的良好品质。

四、教学重难点

教学重点：明确概念之间的区别和联系。

教学难点：

1. 在整理中构建"因数与倍数"的单元知识网络。

2. 灵活运用所学知识解决实际问题。

五、教学过程

（一）引入课题

同学们，这一单元我们学习了关于因数与倍数的哪些内容？你了解哪些整理和复习单元内容的方法？我们来看看同学们自己提前整理"因数与倍数"这一单元内容的情况。（打开教学助手展示学生预习作业情况）这节课我们来复习有关因数与倍数的知识，板书课题——因数与倍数整理和复习。

（二）指导复习

1. 提供材料，回忆概念。

教师（板书2、3、5、6、10这几个数）：这几个是什么数？看到这几个数，你能想到这学期学过的哪些方面的知识？

2. 梳理基本概念。

（1）学生说出这几个数是整数或自然数，在白板上随机出示。

（2）学生说出因数与倍数。

教师：能举例具体说一说什么是因数与倍数吗？

学生说出（　　　）是（　　　）和（　　　）的倍数；（　　　）和（　　　）是（　　　）的因数。教师板书：（6）÷（2）＝（3）

（3）教师：怎样求一个数的因数？

根据学生的回答，板书：6的因数有1、2、3、6。指名说出2、3、5、10各数的因数。

小结：一个数的因数的个数是（有限的），最小的是（1），最大的是（它本身）。

（4）教师：一个数的因数的个数是有限的，分为几种情况？

学生说出分三种（只有1和它本身、除了1和它本身还有别的因数、只有1这一个因数）。

教师对应出示质数、合数、既不是质数也不是合数。

（5）教师指着6的因数说：6的4个因数中2、3是质数，因此把2和3叫6的质因数，每个合数都能写成几个质数相乘的形式，就叫分解质因数。如6=2×3；10=（　）×（　）；8=（　）×（　）等。

（6）教师指着上面板书中6的因数和10的因数问：6和10公有的因数有哪些？什么是公因数？什么是最大公因数？

学生：几个数公有的因数叫它们的公因数，其中最大的一个叫最大公因数。

（7）怎样求几个数的最大公因数？

学生：公因数只有1的两个数叫互质数。两个互质数的最大公因数是1；两个具有倍数关系的数的最大公因数是较小的数。一般的两个数的最大公因数可以用短除法或分解质因数的方法来求。如16和18，16=（2）×（2）×（2）×（2），18=（2）×（3）×（3），16和18的最大公因数是2。

（8）教师：怎样求一个数的倍数？

根据学生的回答，板书：2的倍数有2、4、6、8、10……指名说出3、5的几个倍数。

小结：一个数的倍数的个数是（无限的），最小的是（它本身），（没有）最大的倍数。

（9）教师指着2的倍数问：是2的倍数的数有什么特征？在此基础上复习奇数与偶数的概念。

学生口答出2的倍数的特征并举例。说出奇数与偶数的概念。

（10）教师：5的倍数有什么特征？3的倍数有什么特征？

学生：5的倍数的特征：个位上是0或5的数是5的倍数。3的倍数的特征：一个数各数位上数的和是3的倍数，这个数就是3的倍数。

（11）教师指着上面板书中2的倍数和5的倍数问：2和5公有的倍数有哪些？什么是公倍数？什么是最小公倍数？

学生：几个数公有的倍数叫它们的公倍数，其中最小的一个叫最小公倍数。

（12）怎样求几个数的最小公倍数？

学生：两个互质数的最小公倍数是两个数的乘积；两个具有倍数关系的数的最小公倍数是较大的数。一般的两个数的最小公倍数可以用短除法或分解质因数的方法来求。如16和18，$16=2×2×2×2$，$18=2×3×3$，16和18的最小公倍数是：$2×2×2×2×3×3=144$。

（三）沟通联系，形成网络

1.引导整理。

教师：在我们刚才梳理的这些概念中，你认为最基本的概念是什么？请说明理由。

学生：最基本的概念是因数和倍数，因为其他概念都是以因数和倍数为基础的。

2. 教师：你能从"因数和倍数"这一基本概念出发，将"因数和倍数"的相关概念整理成一幅图吗？请将图画在课本第116页第1题的方框中。

3.学生分小组进行讨论学习，课件呈现活动要求。

（1）可以用集合图、连线、大括号、树形图、表格等形式进行整理，或者用自己喜欢的其他方式进行整理。

（2）整理应有条理，能够体现知识间的联系和区别。

（3）说出这样整理的理由。

学生分组活动时，教师巡视，了解学生整理情况并及时给予指导。

4.汇报交流。

教师：哪一个小组的同学愿意来介绍整理的情况？（利用教学助手中的移动讲台功能将小组作品拍照上传）

被请到的小组同学上台展示汇报知识整理图，说明这样整理的理由，其他小组的同学进行质疑并提出改进意见。

教师：通过刚才的交流，同学们对这幅知识整理图有了进一步的改进和完善。下面请各小组的同学检查自己小组整理的知识图是否有需要改进的地方。请通过改进，使你们组的知识图更加完善。

各小组对本组的知识整理图进行反思和修改。教师指导汇报。

5.解析疑难点。

师：这部分内容概念众多，在对概念的理解上，你还有哪些疑难问题？

让学生畅所欲言，教师针对学生提出的疑难问题进行解答。

（四）综合应用，提高能力

1.及时巩固。

指导学生完成教材第118页"练习二十八"第1~4题。

第1题：下面的数，哪些是2的倍数？哪些是3的倍数？哪些是5的倍数？哪些是质数？哪些是合数？哪些是奇数？哪些是偶数？说一说你是怎样判断的。

56 79 87 195 204 630 22 31 57 65 78 83

先让学生按题意要求与同伴说一说，再组织全班交流。交流时，教师要让学生说一说是如何判断的。

第2题：在学生经过独立思考作出判断后，教师还可以让学生说一说对或错的理由，以加深认识。

下面的说法正确吗？正确的画"√"，错误的画"×"。

（1）所有的偶数都是合数。

（2）两个不同质数的公因数只有1。

（3）一个数的因数一定比它的倍数小。

（4）两个数的乘积一定是它们的公倍数。

（5）最小的质数是1。

第3题：找出下面每组数的最大公因数和最小公倍数，以其中一组为例，说一说你是怎样找的。

4和5　16和6　15和20　10和8　3和9

先让学生独立完成，再组织交流。交流时，让学生以其中一组为例说一说是如何找的。

学生说完后，教师强调以下两点：

（1）如果两个数为互质数，它们的最大公因数是1，最小公倍数是它们的乘积。（2）两个数如果成倍数关系，较小的数是这两个数的最大公因数，较大的数是这两个数的最小公倍数。

下面各题的四个答案中，只有一个是正确的，请将表示正确答案的字母填在括号中。

（1）下面各组数中，（　　　）的第一个数是第二个数的倍数。

A. 16和6　　　　　　　　　B. 36和0.6

C. 6和36　　　　　　　　　D. 36和12

（2）已知$a \div b = c$（a，b，c都是大于0的自然数），那么下面各种说法，正确的是（　　　）

A. a是倍数　　　B. b是因数　　　C. c是因数　　　D. b、c都是a的因数

（3）下面各种说法，有（　　　）句是正确的。

① 一个数的最小倍数是它本身。

② 一个数有无数个倍数。

③ 一个数的倍数大于它的因数。

④ 一个数至少有两个因数。

A. 1　　　　　　B. 2　　　　　　C. 3　　　　　　D. 4

（4）$a + 3$的和是奇数，a一定是（　　　）。

A. 质数　　　　B. 合数　　　　C. 奇数　　　　D. 偶数

第4题：本题是两个数的公倍数的实际应用。练习时，先让学生独立解决，再组织交流。

2. 游戏拓展。

师：现在我们来做一个游戏——猜猜我是谁。请每位同学用自己的学号，根据今天复习的内容编一个猜数字谜语，让大家猜。看谁编得好，看谁猜得对。例如，我的学号是2的倍数，也是3的倍数，而且是一个一位数，猜猜我的学号是几？

师：大家明白要求了吗？开始编吧。

学生独立编猜数字谜语，全班交流。教师进行指导，师生共同评价。

（五）课堂小结，回顾反思

师：回顾本节课，我们复习了哪些知识？

师：还记得我们是怎样复习的吗？给你印象最深刻的是什么？

六、板书设计

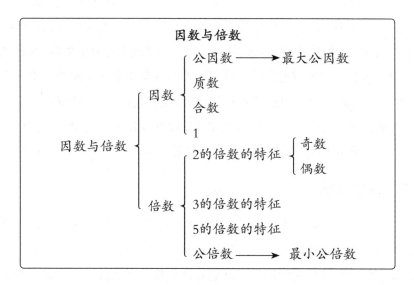

确定起跑线①

一、教学内容

人教版小学《数学·六年级·上册》第80～81页相关内容。

二、教学背景分析

1. 理论依据：数学课程标准指出，学生应当有足够的时间和空间经历观

---

① 本课例获固原市第四届"杏坛杯"教师教育教学成果评选活动教学设计二等奖。

察、实验、猜测、计算、推理、验证等活动过程。教师要引导学生独立思考、主动探索、合作交流，使学生理解和掌握基本的数学知识和技能，体会和运用数学思想与方法，获得基本的数学活动经验。因此，在这节课上，我让学生经历有目的、有设计、有步骤、有合作的实践活动。通过应用和反思，了解所学知识之间的联系，获得数学活动经验。

2. 教材分析："确定起跑线"是人教版小学《数学·六年级·上册》"圆"这一单元中的内容，属于综合与实践活动。其目的在于发展学生综合运用数学知识和方法解决简单实际问题的能力，感受数学在日常生活中的作用。

3. 学情分析："确定起跑线"课程内容是在学生掌握了圆的认识、圆的周长与面积等知识的基础上进行学习的。内容涉及组合图形、数据计算、方法推导等知识和技能。对于已经拥有以上知识基础且具备了一定分析、推理和计算能力的六年级学生来说，引导学生发现问题是关键。

三、教学目标

1. 以操场中的实际问题为载体，让学生经历发现问题、提出问题的过程，沟通数学与体育领域的联系，培养学生用数学的眼光观察生活的意识。

2. 让学生经历从操场中的实际问题转化为数学问题的过程，进一步通过设计、测量等手段分析问题，了解椭圆形跑道的结构，掌握确定起跑线的方法。

3. 在解决问题的过程中渗透转化、比较、归纳推理等数学思想方法，提升学生综合运用数学知识解决问题的能力，发展应用意识，体会数学与生活的联系。

四、教学重难点

教学重点：了解200米跑道的结构，用现有的知识解决数学问题。

教学难点：理解并推导200米跑道前伸线的计算过程，掌握确定起跑线的方法。

五、教学方式与手段说明

由于是综合实践内容的教学，在课堂上我采用以谈话法发现问题、以讨论法提出问题、以实验法解决问题的方式。合理利用多媒体课件和书面练习呈现内容，学生以合作探究的方式，通过认真观察、动手实践，完成任务以获得知识、形成技能。

六、教学准备

1. 教师准备：拍摄照片、测量数据、制作多媒体课件。

2. 学生准备：确保学生已经掌握圆的认识、圆的周长、圆的面积、组合图形等相关知识。因为解题步骤多且计算烦琐，要求学生能熟练使用计算器。

七、教学过程

（一）创设情境，引出课题

1. 口答圆的周长计算公式和圆的面积计算公式。

2. 计算下图的周长。

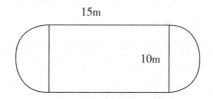

3. 谈话：出示课间操跑步时的图片，提问：为什么低年级在跑道内侧跑，而我们在跑道靠外部跑？

课件出示：运动会上100米和200米起跑的图片，观察图片引出课题并板书课题：确定起跑线。

（二）初探跑道结构，分析组合图形

1. 想象在跑道上跑一圈的路线，绘制一个简单的示意图。

2. 课件出示示意图，对照了解椭圆形跑道（200米跑道）的结构。

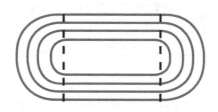

预设问题：跑道由（两条直道）和（两个半圆形弯道）组成；左右两个半圆形的弯道合起来是（一个圆）；现在每一圈跑道的长度可以看成这个组合图形的周长（即两个直道的长度加上一个圆的周长）。

（三）发现并提出跑道上的数学问题

1. 师：那你们知道绕着咱们操场的跑道跑一圈是多少米吗？（听体育老师说是200米）我不相信，请同学们根据我测量的数据算一算，直道长46.8米，圆的直径33.4米。为了计算快一点，同学们可以使用计算器。

2. 学生独立完成计算本校跑道长度的任务。

3. 指名说出计算方法：一个圆的周长加上2条直道长46.8米。

4. 师：同学们在计算中发现了什么问题？周长不是200米，问题出在哪里呢？（不能踩着内圈边线跑，圆的半径不能是16.7米）

请同学们打开自己的练习纸，在图中标出①②③跑道。我们发现如果在①跑道内跑，会影响哪些数据呢？（直道长度不变，影响半径的大小）

5. ①跑道一圈的长度怎样算？明确方法后，学生用计算器算：（16.7+0.3）×2×3.1416+46.8×2≈200（米）

师：确定①号跑道长度约为200米，如果要进行200米跑比赛，就可以开始比赛了吗？

生：不能，②跑道要向前伸，否则就不公平了！

师：说得很好！任何竞赛都应该建立在公平的基础上。那③、④……跑道要不要前伸呢？分别应该前伸多少米呢？这就是我们接下来要研究的更重要的问题。

（四）分组合作解决问题

1. 观察下图，每一条跑道的长度相等吗？相邻两个跑道的差别在哪里？（每一条跑道的长度不相等，差别在于相邻两个跑道的圆的直径不同）

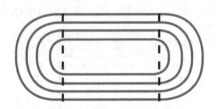

2. 如何计算相邻两跑道的长度相差多少米？（外跑道的圆周长减去相邻跑道的圆周长）

3. 相邻两跑道的长度差与相邻两个跑道的起跑线的差距有什么关系？（相邻两跑道的长度差也就是相邻两个跑道的起跑线的差距）

（五）列表对比，总结方法

1. 看到这幅图，你想到了什么？（相邻两个跑道的直道的长度相等，圆的周长不同）

2. 能不能通过转化让计算变得更简单些？

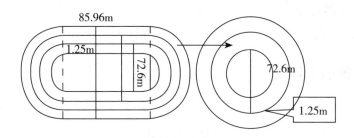

3. 列表计算，对比提炼方法。

（1）让学生自己用计算器计算出①②两个跑道的起跑线的差距，即②跑道的前伸数。用同样的方法算出③跑道的前伸数。引导学生观察对比表中数据，总结出求跑道前伸数的方法（相邻跑道起跑线的差距）=跑道宽×2×3.14。

（2）要求学生利用总结出的方法快速填出下表。

跑道	①	②	③	④	⑤	⑥	⑦	⑧
直径（m）	72.6	75.1	77.6	80.1	82.6	85.1	87.6	90.1
周长（m）	228.08	235.93	243.79	251.64	259.50	267.35	275.20	283.06
全长（m）	400	407.85	415.7	423.55	431.4	439.25	447.1	454.95
相差（m）	—	7.85	7.85	7.85	7.85	7.85	7.85	7.85

（六）拓展应用

1. 小狗和小兔分别从 A、B 处出发，沿半圆走到 C、D。他们两人走过的路程一样长吗？

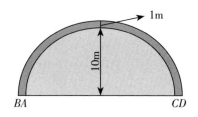

2. 我校要在如上图所示的操场召开运动会，你该如何设计400米的起跑点？

3. 学校打算给这个操场中间铺草坪，铺草坪的面积是多少平方米？

4. 如果要在4条跑道上铺设塑胶，铺塑胶的面积是多少平方米？每平方米塑胶的价格是170元，一共需要多少钱？

（七）总结全课

通过本节课的学习，你们学会了什么？你认为你和小组的表现怎么样？

八、板书设计

确定起跑线

每一条跑道的长度=两个直道的长度+圆的周长

相邻跑道起跑线的差距（跑道前伸数）=跑道宽×2×π

第五章

为教学赋能的说课

分类与整理

一、教材分析

（一）课程标准要求

"统计与概率"是义务教育阶段数学学习的重要领域之一。在小学阶段包括"数据分类""数据的收集、整理与表达""随机现象发生的可能性"三个主题。"数据分类"的本质是根据信息对事物进行分类。学生经历从事物分类到数据分类的过程，感悟如何根据事物的不同属性确定标准，依据标准区分事物，形成不同的类。

（二）教学内容及作用

分类思想是一种基本的数学思想。它是根据一定的标准，对事物进行有序划分和组织的过程。心理学和教育学的研究成果表明，儿童对数的概念的形成起始于对物体集合的感知，他们对物体数目的理解是建立在对物体的分类、排序和比较多少的基础上的。新课标（2022年版）将"分类"置于"统计与概率"领域，突出了分类与统计的密切关系，凸显了分类作为整理数据的知识基础。也就是说，分类既是学生学习数学的知识基础，又是发展儿童思维能力的重要途径。

本节课是本套教材首次出现统计的内容。教材中的例1主要是让学生理解分类的含义，掌握分类计数的方法，并能表达分类计数的结果。例2主要是让学生学会自主分类，并能用简单的统计表现分类计数的结果。教材将分类与统计紧密结合在一起编排，强调在分类的基础上收集、整理并呈现分类结果（收集到的数据），突出分类是收集、整理、描述数据的基础，同时这也将是统计工作中最基础、最重要的一点。

（三）学情分析

一年级学生的抽象概括能力较弱，让他们一下子按物体的用途、性质进行分类较难，他们更容易接受按物体的颜色、形状、大小等明显的外部特征对物体进行分类。由于学生已有的知识经验不同，他们对问题的理解和看法也各不相同。在对物体进行分类时，往往会有很多标准。学生选择的标准不同，分类的结果也不同。教师应充分肯定学生的想法，保护学生的积极性。同时也要注意不应过多引导学生找事物之间的不同，否则将失去分类教学的意义。

（四）教学目标

1. 引导学生根据给定的标准进行分类，掌握分类的方法，初步感知分类的意义。

2. 通过操作学会分类的方法，能选择一定的标准对物体进行分类，并对分好的物体进行简单的统计。基于此，培养学生的操作、观察、判断和语言表达能力，初步养成有条理地思考问题，整理物品的习惯。

3. 经历简单的数据收集和整理过程，尝试运用自己的方式记录整理数据的结果。体会到生活中处处有数学，能用学到的知识解决生活中的实际问题。

（五）教学重难点

教学重点：引导学生从生活中发现一些分类的方法，让学生思考得出一些分类规律。

教学难点：体验分类标准的多样化，能自定标准对物体进行分类。

二、教法设计

1. 从解决问题的角度出发，设计学生熟悉且现实的学习活动，让学生体会统计的完整过程。由于统计过程本身就是一个解决问题的过程，教材注重体现这一点，我在设计各个环节时也是以问题串贯穿教学活动始终。

2. 为学生的探索留出空间，尊重学生的个性发展。例1采用自主学习与合作交流的方法，重视学生的经验和体验，紧密结合学生的生活设计学习素材，让学生在具体情境中体会分类在生活的需要。例2尝试先学后教的方法，学生自行选择标准进行分类计数，为学生留出探索空间，并且能够引发学生对于分类的深层次思考。

3. 从易到难，坡度合适。

本节课我非常注意由易到难的教学进程，从引入到学习新知都是深入领会编者意图，从给定标准到自己选择标准、从单一标准到不同标准、从形象地表达分类结果到利用统计表表达；练习中从简单的基本训练到复杂的综合训练、从只记录结果到在记录的基础上进行数据分析和提出问题等，难度逐渐加大。由于难度的提升都是在前面的基础之上进行的，因此难易坡度都很合适。对于学生不同的分法，可以肯定但要有引导，突出分类的实际意义。让学生感受分类在生活中的作用，适时穿插进行思想教育。

让学生在分类活动中感受分类整理使我们的生活变得整洁、方便，启发学生养成良好的生活习惯，建立分类的思想。课后布置实践作业，让学生整理书包、整理自己的房间等。

三、学法指导

1. 指导学生体会用统计解决问题的完整过程。

2. 在教学中，我首先选择学生感兴趣、色彩艳丽的礼物作为引入，突出分类的实际需要：这里有几个礼物？你是如何知道的？再借助例1，通过解决简单而又熟悉的实际问题"有这么多气球，可以怎样分类呢"，给学生提供学具，让学生有充分"分"的机会，充分体验分类的过程，培养动手操作的能力和合作学习的意识，进而得出具体的解决问题的方法。基于此，让学生体会到分类的含义、方法及目的，突出了分类的实际意义，又完整地体验到统计的全过程。

3. 为学生提供"做"的机会，让学生通过亲手操作进一步体验分类。通过分一分，使学生进一步体验分类的作用，充分体现对学生个性发展的尊重。

4. 教学中我还结合具体情境指导学生根据具体情境选择分类的标准，强调分类结果正确的重要性，让学生将分类结果的呈现方式由实物图逐步过渡到图和表。

四、教学流程

（一）创设情境，激趣导入

师：今天老师给同学们带来了一些礼物（课件出示礼物图片）。这些礼物有几件？你是怎么知道的？

生活中还有哪些分类的例子？引导学生说出：商场（超市）、图书馆、家中的储物柜等。

（二）引导探究，探究分类

1.课件出示例1主题图

师：小朋友们到游乐园玩，手里拿着这么多气球，可以怎样分类呢？

学习记录分类结果，小组展示。

（1）按形状分

用摆一摆的方式摆出用"图"表示的结果：A：集合型，学生展示；B：统计图，展示横着摆和竖着摆两种结果。

提问：哪种气球最多？哪种气球最少？

辨一辨：教师在学生整理的象形统计图的基础上，在白板上用"擦除"功能呈现一颗五角星的气球和一个绿色桃形的气球，让学生移动到合适的位置。

（2）按颜色分

让学生到白板前操作，引导学生用"写一写"的方式记录统计的结果。

对比学生的方法，引导学生了解用"图"或"表"的形式能更清楚地看出谁最多、谁最少。

师：出示按形状分和按颜色分后的象形统计图，对比你发现了什么？

小结：分类有标准，标准不同，分类的计数结果也不同，但总数不变。

选用不同的分类标准，所得的结果也会不一样。

2.出示例2主题图

（1）教师：分两组做游戏，他们可以怎样分组？

（2）让学生充分发表自己的见解。

（3）学生拿出教师给每个同学准备的学习卡，根据自己的想法填写。

（4）展示学生的分类整理结果。

出示学具图，各种学具杂乱摆放，你能帮老师整理整理吗？

学生自由汇报。小棒放一起，圆片放一起，三角形放一起等。

小结：你们说得都很对。分类的标准不同，结果也不同。所以我们只要统一标准就可以给物体分好类。

（三）动手操作，巩固分类

同学们真的非常棒，不仅把这些卡片按形状和颜色进行了分类，还将它们整理成图或者数据的形式，并发现了选用不同的分类标准，结果也会不一样。

1. 闯关游戏

第一关：出示水果卡片图。说出你是按什么标准分的?

生1：按形状分：三角形4个，圆形7个，正方形5个。

生2：按水果种类分：桃子6个，梨子5个，苹果4个。

第二关：把每行中不同类的东西圈出来。

2. 巩固练习

分一分并整理自己的学具袋。

（四）总结课堂，走进生活

说一说：你准备对身边的哪些东西进行分类与整理。

五、板书设计

为突出本节课的重点、难点，进行以下板书：

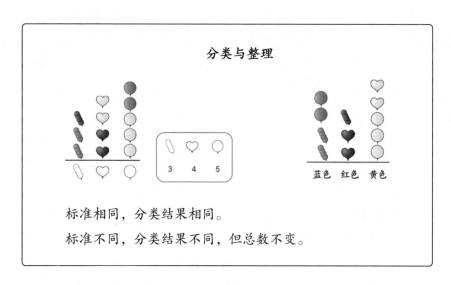

标准相同，分类结果相同。

标准不同，分类结果不同，但总数不变。

认识时间

一、教材分析

（一）课程标准要求

核心素养的本质是要把教育落实到人，而落实核心素养的主渠道是课堂教学。《义务教育数学课程标准（2022年版）》明确指出："有效的数学学习活动不能单纯地依赖模仿与记忆，动手实践、自主探索和合作交流是学生学习数学的重要方式。"本节课需精心设计丰富的实践活动，将抽象的知识通过操作等活动变得形象具体，为学生的思维活动搭建真正有效的支架。让学生在掌握知识技能的同时，感悟数学内容的本质，在积累数学活动经验的同时形成思维能力，发展数学核心素养。

本节课是人教版小学《数学·二年级·上册》第七单元"认识时间"中的例1与例2。它是在一年级上册认识钟面和整时的基础上，让学生借助钟面进一步认识时间单位"分"，并能正确读出几时几分和几时半，了解时间单位"时"与"分"的关系，同时为三年级上册学习秒的认识及相关计算奠定基础。本单元内容分为三个层次：例1教学认识分，例2教学认识几时几分，例3教学解决问题。

新知教学必须建立在学生已有的知识经验基础和认知发展水平之上。二年级学生对于"时间"的理解并不陌生，在一年级时已学习了有关时间的知识，积累了一些日常生活经验，头脑中有"时间"这一抽象概念的存在。但是每个学生所掌握的程度不尽相同，对钟表上刻度线形成的大格、小格缺乏更加细致的观察，快到几时整和超过几时是学生学习的难点所在。

（二）教学目标

1. 借助钟面认识时间单位"分"，知道分针走1小格是1分，初步认识几时几分，会读写几时几分和几时半，知道1时=60分。

2. 通过直观操作与演示，使学生经历观察、操作、归纳的过程，积累数学活动经验，感悟数学思想。

3.结合具体情境，初步培养学生珍惜时间的观念以及渗透德育教育。

二、设计理念

1.基于生活情境，实现数学与德育的有效融合。党的十八大明确提出，把立德树人作为教育的根本任务，培养德智体美劳全面发展的社会主义建设者和接班人。因此，在数学课堂中，在培养学生数学思维能力的同时，也要在教学中潜移默化地渗透德育教育。本节课将知识与消防员的日常工作紧密相连，在由浅到深学习知识的过程中，使学生深入了解消防员是如何开展救援工作的，在工作中又会遇到哪些危险，如何应对突发情况等，从而将消防意识深深植入到每个孩子的心中。同时，在最后的环节又借助四位代表人物，使孩子们了解到在我们身边有太多默默付出、值得我们感谢的人，教会孩子们要心怀感恩、与爱同行。通过这样的教学设计，真正实现教育与德育的双重教育目的。

2.重视操作活动，实现动手、动口与动脑的多感官结合。儿童的思维特点是从具体的形象思维向抽象逻辑思维过渡。要突破数学概念教学中的难点，最好的办法是让学生动手操作，把感知与实践有机地结合起来，促成形象思维向抽象思维的转化。本节课中一共设计了三次动手操作的活动，帮助学生重点辨析几时差几分的情况。首先，在探究新知时操作——获取经验，让学生观察后拨出山顶救援中的第三个时刻9：45，让学生说一说此时时针的位置；在通过观察总结发现后，让学生从9：45这个时刻继续拨到9：55，请学生说一说是如何拨的（时针更加接近10），使学生在观察、操作中发现当分针在钟面左右两个半侧时时针位置的不同。其次，在突破难点时操作——提炼经验。动手拨出游乐场救援中三个连续变化的时刻，使学生在操作中进一步深化学生认读时间的方法，帮助他们突破学习中的难点。最后，在拓展应用时操作。最后一个环节设计了两个层次，第一层是根据要求贴出分针；第二层是任意贴。在这个环节中，给予孩子们较大的自由去发挥、去创造，从而将抽象的时间概念转化为学生可理解、可触摸、可应用的知识。

三、教法、学法选择

1.创设自主学习情境，引发学生探究欲望。时间是一个抽象的概念，而非物质性的存在，用普通方法无法对时间做一个明确的定义。对于二年级的学生来说，认识时间有一定难度。此次教学创设了一个围绕消防员日常工作的情境，随着消防员各种救援工作的展开，引导学生自主学习、主动探究，这样更有利于学生自主构建知识体系，激发孩子对新知的好奇心，从而积极主动地参与探究，最大限度地发挥学生的主体性。

2. 注重实际操作。学生通过一年级的学习以及在生活中积累的经验，对时间的知识具备了一定的认知。但是，如何认读几时几分，尤其是快到整时的时刻，对于学生来说还是比较困难的。因此，在直观策略中，仅有观察是不够的，还必须引导学生经历大量动手拨钟表的活动，调动学生的多种感官，让学生在看、动、思、试的过程中逐步理解掌握本节课的知识内容。

四、教学过程

（一）课前谈话，引入新课

借助11月9日中国消防宣传日这个上课时间点，引入消防员的一天，创设消防员日常工作的主题化情境，激发学生强烈的学习兴趣，引导学生关注生活，了解消防员的职责，感悟时间的宝贵。

（二）活动探究，学习新知

1. 复习旧知。回顾钟面，认读整时。

2. 认识分，进一步了解钟面，从钟面读出具体的分钟数。

3. 认识时。

4. 时与分的关系。借助直观演示认识1时=60分。

以上环节，以消防员的一天为主题情境，通过出示报警电话打来的时刻，引起学生的认知冲突，以此调动学生的求知欲。接着通过对钟面的进一步了解以及多媒体课件的直观演示，将抽象的知识具体化，引导学生分层认识时、分以及时分之间的关系，渗透类比思想，为正确认读几时几分做好铺垫。随着山顶救援的深入，通过展开故事画面，使学生具体了解消防员是如何开展救援工作的。

5. 认识几时几分，由浅入深地认识几时几分。借助动手操作，突破难点。

（1）呈现三个连续变化时间中的三个时刻，让学生由易到难地认识时间。在教学第三个时刻9：45时，注意结合动手操作，强化自主体验，帮助学生更好地认识"几时差几分"。

（2）请学生观察三个时刻的时针、分针的位置，并借助具体的问题引发学生的思考，使学生通过观察发现当分针从钟面左侧转动到右侧的过程中，时针也会相应地从刚过9转动到快到10，并结合以上发现总结出认读时间的方法。

（3）通过拨出连续的3个时刻，使学生进一步明确分针在钟面左右两个半侧时时针位置的不同，以此帮助学生突破学习中的难点。

（三）巩固练习，拓展提高

这一环节分为巩固和提升两个层次。第一层，出示消防员的日常工作场景图，请学生写出钟面时间。通过此练习，帮助学生巩固所学知识，并引导学生用一些日常用语如上午、下午、晚上等准确说出时间。第二层，引出"在我们的身边，还有很多值得感谢的人"的话题，适时引出邮递员、公交司机、送奶阿姨、交警叔叔等四位值得感谢的代表人物，并请学生根据他们的工作时间贴出相应的表针。在这个过程中，通过生生之间、师生之间的交流反馈，更进一步地帮助学生突破难点，并实现知识在生活中的应用。

（四）回顾总结，提升认识

在全课回顾总结阶段，注重请学生从知识与情感两个方面畅谈收获，使学生在习得新知的同时，渗透思想教育。练习情境不仅巩固了今天所学的知识，而且将现实生活中不同职业工作时间的典型素材作为练习内容，使学生充分感受到时间在生活中的重要作用。更重要的是，通过了解这些叔叔阿姨们的辛苦工作，知道在我们身边有太多辛勤工作、默默奉献，值得我们去尊重与感谢的平凡劳动者，明白在生活中我们应当心怀一颗感恩的心去对待身边的每一个人，教会孩子们要心怀感恩、与爱同行，实现德智融合。最后，出示日记本的最后一页，引发"过去一天的9时还能回来吗？"的思考。通过这样的问题使学生明确时间是不可重复的，过去的时间再也回不来了，树立珍惜时间的观念。

五、板书设计

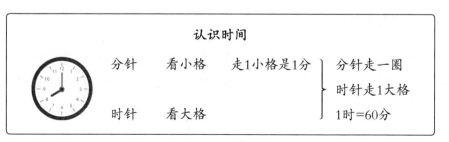

用2~6的乘法口诀求商

本节课作为我参与信息技术运用能力提升的一节汇报课，我主要从突出重点和突破难点方面说说对课件和电子白板的运用情况。

一、说教材

（一）教学内容

"用2~6的乘法口诀求商"是人教版小学《数学·二年级·下册》第二单元第二节的内容。它是在学生已经掌握2-6的乘法口诀和初步认识除法含义的基础上进行教学的，也是学生首次接触到的除法的求商方法。本节课是学习除法计算的开始，也是进一步学习表内除法以及今后学习多位数除法的基础。教学这部分内容，不仅是进一步学习除法计算的需要，也是不断提高学生解决简单实际问题能力的需要，必须让学生学好。

（二）教学目标

1.经历探索除法计算方法的过程，初步学会用2~6的乘法口诀求商的方法。

2.通过观察、分析、比较，培养学生从多种方法中择优的能力。

3.培养学生语言表达、分析概括能力。

（三）教学重难点

让学生经历自主探索、合作交流，理解用乘法口诀求商的道理，掌握除法算式求商的方法；了解用乘法口诀求商的思路，掌握用乘法口诀求商的方法。

二、学情分析

学生已经有了连加、连减和乘法做基础，有了对除法的认识做铺垫以及平均分物体的实践经验。因此，在教学时应着重使学生经历探究的过程，让学生能自主探究求商的方法。

三、教法和学法

新课标明确指出：数学教学活动必须建立在学生的认知发展水平和已有的知识经验基础之上，使不同的人在数学上得到不同的发展。所以本课时主要体现以下教学理念：知识来源于生活，在生活经验基础上学习知识，并将知识运用于生活实践之中，坚持以学生为主体、教师为主导，利用合作学习、自主探究，让学生自主生成新知。

1. 正确运用知识迁移规律，注意以旧引新，抓准新旧知识的连接点，体现温故知新的教学思想。出示猴妈妈分桃情境，让学生获取数学信息，引发思考，自主探究交流求商的方法。

2. 运用直观的教学手段，适时让学生动手操作，注意调动学生学习的积极性，使学生各种感官协同活动，做到在观察中思维，在思维中操作。

3. 创设思维的环境，按照教材的编排顺序，引导学生有序地思考，注意鼓励学生用准确的语言连贯地表述思维过程。教师在演示、看图列式的基础上，及时抽象方法，再比较对照，从中进一步强化所学的新知识。在教学中，用连加、连减求商的方法后，对照3×（　）=12，引导学生讨论。算式中的3、12分别表示什么？它们所表示的意义以及它们在除法算式中的位置，将乘除法算式联系起来，理解3和几相乘得12，然后依据3的乘法口诀去想。允许学生用多样化的方法求商，在今后的学习中逐步优化。

4. 例题教学结合学生比较熟悉的平均分的实际问题，在前一节课认识平均分和除法的含义的前提下，引导学生列出除法算式，接着要求学生利用已学的知识来自主探索12除以3的得数，并进行交流。充分体现新课标的教学理念，在汇报过程中，有同学用小棒去摆，利用除法的意义去分一分；也有同学想乘法的意义，即几个3是12，由此引出乘法和除法的紧密联系，说明"可以直接用乘法口诀求商"，并教会学生如何联系算式具体介绍应该用哪句口诀和怎样去想，使学生初步掌握用口诀求商的方法。

5. 在难点突破方面，按照教材编写意图，没有直接告诉学生可以用乘法口诀求商，而是引导学生借助直观情境，应用已有的知识和经验去探究结果，促使学生逐步形成通过主动探索解决新问题的意识和能力，然后交流解决问题的不同方法，说明"可以直接用乘法口诀求商"，并帮助学生逐步理解和掌握用口诀求商的思维方法。这里通过让学生用小棒摆一摆得到12÷3=4，再通过同桌交流，得出利用乘法口诀解决求商问题，引导学生对两种方法进行比较，最终得到共识：即采用乘法口诀求商的办法最简便。

四、说教学过程

（一）创设情境，在活动中自主探索

1.呈现猴妈妈正在给小猴分桃的场景。

出示例1：12个桃，每只小猴分3个，可以分给几只小猴？让学生自主探索如何分，并列出算式。

板书：12÷3=□

2.引导观察，建立表象。指1名学生在黑板上圈一圈。

3.明确探究要求，鼓励自主探究。

学生通过动手分一分学具，得出12÷3的商是4。

以12÷3=□为例，让学生自己想一想、试一试，将得到4的过程用算式表示出来。

学生自主探索，教师巡视，寻找典型案例进行分析。

4.展示交流，体现算法的多样化。

生1：第一只分3个，12-3=9；第二只分3个，9-3=6；第三只分3个，6-3=3；第四只分3个，正好分完。

生2：可以直接用乘法口诀计算。想：3和几相乘得12？三（四）十二，商是4。

通过引导，让学生理解猴妈妈分桃的过程，呈现多样化的方法，并作出评价。在学生自己操作经验和看图的基础上，明确探索问题，探索12÷3的计算方法，使学生进一步理解除法算式的含义，初步体会计算方法的多样化。

5.利用直观模型，沟通乘除法之间的关系。

（二）尝试练习，明确方法

为了帮助学生更好地掌握用乘法口诀求商的方法，设计闯关游戏，帮助学生更好地巩固复习已学知识。

1.完成"做一做"第1题：用自己喜欢的方法计算。

12÷6=　　8÷2=　　6÷2=　　9÷3=　　12÷4=　　10÷5=

2. 看图填一填。

 6÷3=

3. 连一连。

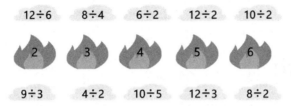

（三）全课总结

本节课我们学习了用连减和乘法口诀求商的方法，还了解了乘除法之间的关系。通过对比，同学们认为乘法口诀求商更简便。除了乘数相同的乘法口诀外，一句乘法口诀能够计算两个除法算式。

五、说板书设计

用2~6的乘法口诀求商

12个桃，每只小猴分3个，可以分给几只小猴？

12÷3= 4

1. 第一只分3个，12-3=9；

   第二只分3个，9-3=6；

   第三只分3个，6-3=3；

   第四只分3个，3-3=0；正好分完。

2. 想：3和几相乘得12？

   三（四）十二，商是4。

   3×（4）=12   12÷3=4

有余数的除法解决问题（例6）

一、说教材

"有余数的除法解决问题（例6）"是人教版小学《数学·二年级·下册》第六单元"有余数的除法"中的内容。本单元是在表内除法的基础上进行教学的，是表内除法知识的延伸和扩展。本节课是本单元用有余数的除法解决问题中的最后一个例题，教学内容涉及第68页例6及相关内容。它是在学生掌握了有余数的除法的含义及竖式计算的基础上进行教学的。教材注重联系学生已有的知识和经验，结合具体情境，选择学生熟悉的摆小旗作为例题的学习素材。一方面是对学习解决此类问题的方法多样性的要求；另一方面是能够加深学生对有余数的除法的认识，理解"余数"在不同问题情境中的不同意义。让学生理解用有余数的除法解决生活中的实际问题具有现实意义，其中渗透的对应思想和模型思想都是学生进一步学习的基础。

二、说目标

让学生感觉到"生活中处处有数学，数学是为生活服务的"非常重要，只有现实的、有趣的和有用的知识才能被学生所喜欢。本节课我依据这样的理念来确定教学目标和设计教学活动。

（一）教学目标

1. 通过观察、操作，使学生理解并掌握解决按规律排列的问题中的思路和方法，初步培养学生在具体的生活情境中收集信息、提出问题并解决问题的能力。

2. 经历应用有余数的除法知识解决实际问题的全过程，进一步体会解决问题的策略与方法的多样化，发展应用意识。

3. 体会数学知识之间的联系，感受知识的现实性，积累解决问题的基本经验。

4.培养学生初步的应用意识和热爱数学的良好情感。

（二）教学重难点

教学重点：理解并掌握用有余数的除法解决实际问题的思路和方法。

教学难点：理解余数在解决与按规律排列有关的问题中的作用与含义，并解决问题。

三、说教法设计

本节课采用激趣引入—自主探究—展示交流—质疑辨析—巩固应用的思路进行教学。基于此，注重培养学生的观察能力、口头表达能力和解决问题的能力，同时有效渗透对应和模型等数学思想方法。

四、说学法指导

课前通过两组动作游戏，让学生初步感受本节课要学习的内容在日常生活中很普遍，并让学生感受到所做的动作是有规律的，从而设置悬念，调动学生踊跃参与，激发学生的好奇心和求知欲。

创设开放性的情境，引导学生通过复述、标注等策略理解题意。培养学生学会观察，感知生活中蕴藏的数学信息的能力，指导学生理解题意。

大胆放手让学生独立尝试解题，归纳解题方法。老师提出"你是怎样想的"的问题，使学生不仅能锻炼自己的口述能力，而且让全班学生都能理解解题的思路和方法。让多名学生口述自己的想法，学生口述不完整时，让别的学生再说或是教师引导完整口述，从而激发学生的学习兴趣。这不但培养了学生的口头语言表达能力，也培养了学生的分析、观察、收集信息、提出问题等能力。

有意识地培养学生的求异思维和求同思维。首先，主动调动学生的生活经验，启发学生积极思考，给学生提供一定的自主活动时间，让他们将自己思维的结果写出来，展示给同伴们。其次，让学生在合作交流中比较数数、画图、计算、列举等方法的优劣，从而取长补短。另外，在展示交流中注重听、说的培养。说，一直是数学课堂教学的薄弱之处，也是学生学习的弱点，而语言与思维紧密相连，说的水平提升了，学生的思维也会更开阔，解决问题的能力自然就提高了。在教学中，不断让学生复述同学的话，思考同学提出的数学问题，评价伙伴的方法，使学生多种感官共同发展。

五、说教学流程

（一）回顾规律，揭示课题

课前互动：（师）请你跟我这样做。（生）我就跟你这样做。（师）拍拍手，点点头，伸伸臂，扭扭腰。（生）拍拍手，点点头，伸伸臂，扭扭腰……

（二）创设情境，引出新课

师：同学们，丽丽设计了这样一组花边，你能找出其中的规律接着画吗？

△★△★△★△★　　　_____

（三）自主探究，学习新知

1. 出示例6：按照下面的规律摆小旗。这样摆下去，第16面小旗应该是什么颜色的？

▷▷▷▷▷▷▷▷▷▷▷▷ ……

2. 理解题意，自主尝试。

让学生说说知道了什么。小旗摆放的规律是（ ），要解决的问题是（ ）。

3. 交流方法，初步感受。

方法一：接着数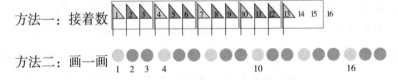

方法二：画一画 ●●●●●●●●●●●●●●●●
　　　　　　 1 2 3 4　　　　10　　　　16

方法三：列举法 （黄 红 红） （黄 红 红）……

方法四：计算法16÷3=5（组）……1（面）

口答：第16面小旗应该是黄色的。

4. 回顾过程，梳理方法。

（四）变化练习，强化方法

1. 基本练习，增强认识。

按照例6的规律接着往下摆，第27面小旗应该是什么颜色的？

2. 总结方法，提升认识。

总数÷每组的个数=组数……余数

（五）巩固应用，积累经验

1. 课件呈现练习十五的第4题。按照下面的规律穿一串珠子，第24个珠子应该是什么颜色的？

2. 课件呈现练习十五的第5题。

（1）按照上图中的规律摆花，第32盆花应该摆什么颜色的？

（2）你还能提出其他数学问题并解答吗？

六、全课总结

本节课我们学习了什么内容？你能说说这类问题如何解决吗？

七、板书设计

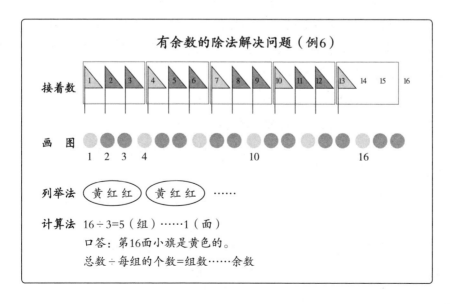

万以内数的认识

今天我说课的内容是人教版小学《数学·二年级·下册》第七单元"万以内数的读写"中例7、例8有关四、五位数的读写。我将严格按照新课标要求，秉持以教师为主导、以学生为主体的思想，从"教什么、怎么教、为什么这样教"的思路开始说课。

一、说教材

（一）说教学内容

"万以内数的认识"单元内容包括数数、读数、写数、数的组成、数位的含义、数的顺序和大小比较、近似数以及整百和整千数的加减法。本节课内容主要是学会读写万以内的数（中间、末尾有零），知道数的组成，掌握数位顺序表。

数的概念是学生学习数学的基础，学生已经在一年级上学期学习了"20以内数的认识"，在一年级下册学习了"100以内数的认识"，本学期本单元学习了"1000以内数的认识"，这是认数教学的第三阶段。在此阶段，认数的范围扩展到万以内。学生将认识更大的自然数，它不仅是大数计算的基础，而且在日常生活中有着广泛的应用。同时，这部分内容还是培养学生数感的非常重要的素材，必须让学生切实学好。

（二）说教学目标

根据教材内容，制定本节课的教学目标如下：

1. 认识新的计数单位"万"，进一步理解相邻的两个计数单位之间的十进制关系。

2. 学会读写万以内的数（中间、末尾没有零），知道数的组成，掌握数位顺序表。

3. 通过具体的实例让学生感受到万以内的数在生活中的应用，形成形象的感性认识，发展学生的数感，了解大数的价值。

4. 让学生进一步学会用具体的数描述生活中的事物，并与他人交流，培养学生学习数学的兴趣和自信心，逐步发展学生的数感。

（三）说教学重难点

会读写万以内的数（中间、末尾没有零）。

（四）说教学准备

课件、计数器。

二、说教法、学法

基于本节课的具体特点，采用以下教学方法：

1. 引导探究、从已知到未知的方法。教师为学生创设有效的问题情境，强调从学生身边的事物出发认识数。学生在生活中积累了许多万以内数的知识，这是学习本课内容的重要资源和必备基础。在此基础上，教师引导学生结合生活经验进行学习，使学生进一步感受数的意义，体会数与生活的密切联系。

2. 数学活动自主参与法。教师要把学习的主动权真正让给学生，激发学生的学习兴趣和求知欲望，为学生组织多种多样的学习活动，如说一说、拨一拨、想一想、写一写、比一比等，使学生通过大量的感性认识形成数的表象，进一步体会数的意义。同时让学生在轻松愉快的游戏和紧张有趣的活动中，经历概念形成的过程，经历将具体问题"数学化"的过程，激发学生强烈的求知欲，提高学生的数学素养。

3. 培养能力、发展数感。学生数感的形成是一个潜移默化的过程，需要较长时间逐步培养。教师要重视学生数感的形成与发展，引导学生提升观察、探究、发现、表述以及应用的能力，激发创新精神，培养学生能力，逐渐形成良好的数感。

三、说教学过程

（一）问题情境

1. 师：同学们，还记得数位顺序表吗？把你们知道的告诉大家。

生：从右边起，数位顺序表中的数位依次是个位、十位、百位、千位、万位。

2. 师：千以内的数我们是怎样读、写的？

生1：我们在读、写千以内的数时，都是按照从高位到低位的顺序进行的。

生2：百位上是几就读几百，十位上是几就读几十……

3.下面各数中的"5"分别表示什么？（略）

（二）自主探究

1.教学例7。

师：先说出计数器上的数各是由几个千、几个百、几个十和几个一组成的，再读出来。（课件出示：教材第85页例7）

生1：3745读作：三千七百四十五，是由3个千、7个百、4个十和5个一组成的。

生2：2080读作：二千零八十，是由2个千和8个十组成的。

生3：6009读作：六千零九，是由6个千和9个一组成的。

师：你发现万以内的数是怎样读的呢?

生1：从高位读起，千位上是几就读几千，百位上是几就读几百……

生2：中间有一个0或两个0，都只读一个"零"。

师：万以内的数的读法是，从高位读起，中间有一个0或两个0，都只读一个"零"；末尾不管有几个0都不读。

师：现在请同学们看仔细，老师指定同学读出下面的数，并说说它是由几个千、几个百、几个十和几个一组成的。（课件出示：教材第85页"做一做"第1题）

教师指定学生回答，其他学生作出适当评价。

学生读数，教师要适时给予评价，以鼓励为主。

2.教学例8。

师：拿出计数器，在计数器上拨出下面的数，再写出来。（课件出示：教材第86页例8）

学生自己拨数，并写数，教师巡视了解情况。

组织交流，重点说清想法。

师：你知道万以内的数应该怎么写吗?

生1：从高位写起，几千就在千位上写几，几百就在百位上写几……

生2：中间或末尾哪一位上一个计数单位也没有，就在那一位上写"0"占位。

（三）知识应用

1.读出下面各数。

师：现在请同学们按照这样的规则试一试：读出下面各数，再说说它们分别是由几个千、几个百、几个十和几个一组成的。（课件出示：教材第83页"做一做"第1题）

7438　　3604　　　4900　　　5002　　　1050

2. 写出下面各数。

（课件出示：教材第85页练习十七第2题）看图说一说下面的数有（　　　）个千、（　　　）个百、（　　　）个十和（　　　）个一。说一说它们组成的数是多少。

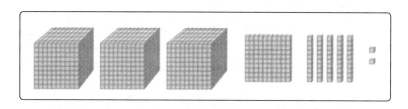

学生尝试独立写数，教师巡视了解情况后，组织交流汇报。

3. 写一写，读一读。

（1）用肉眼能看到的星星大约有七千颗。

（2）某图书馆有一千二百五十种杂志。

（3）"蛟龙"号载人潜水器最大下潜深度达七千零六十二米。

4. 连一连。

六千零三　　六千零三十　　六千三百　　六千三百零三　　六千零三十三

　6300　　　　　6003　　　　6033　　　　　6303　　　　　6030

（四）拓展应用

用0、3、2、5四张卡片，可以摆出多少个不同的四位数？先摆一摆，再从小到大排一排。

（五）总结提升

师：这节课你有什么收获？

同学们，本节课我们学的是万以内数的读写方法。大家要记住不管是读数还是写数都要从高位往低位进行。写数时一定要看清这个"零"代表的是哪几个计数单位上的0，也就是要弄清前后两个数字所在的数位。

（六）作业布置

1. 完成第86页"做一做"的第2题。

2. 完成第88页练习十七的第5题、第7题、第9题。

四、板书设计

万以内数的读写

读数：

从高位起，千位上是几，就读几千……

中间有一个0或两个0，都只读一个"零"；

末尾不管有几个0，都不读。

写数：

从高位起，几千就在千位上写几……

中间或末尾哪一位上没有计数单位就在那一位上用0来占位。

秒的认识

一、说教材

"秒的认识"是人教版小学《数学·三年级·上册》第五单元的教学内容。在此之前，学生已对时、分有一定的感性认识，并能正确认读几时几分。本课教材注重结合学生的生活经验，力求让他们在实际情境中感知秒的意义，探索分与秒的进率关系，体验1分、1秒的长短，从而初步建立时间观念。

二、说教学理念、教学目标、重点、难点

（一）教学理念

《义务教育数学课程标准（2022年版）》指出：数学教学要紧密联系学生

的生活实际，从学生的生活经验和已有的知识出发，创设生动有趣的情境，引导学生开展观察、操作、交流等活动，使学生通过数学活动掌握基本的数学知识和技能。基于此，我把"加强生活体验"确定为本节课的教学理念。

（二）教学目标

1. 学生能认识时间单位"秒"，知道1分=60秒。

2. 学生能在开放的活动中发挥自己的观察能力和想象力，通过看一看、说一说、做一做，逐步培养初步的数学思维能力。

3. 初步建立1分、1秒的时间观念，体验数学与生活的联系，教育学生珍惜时间。

（三）教学重点

学生能认识时间单位"秒"，掌握分与秒的进率。

（四）教学难点

初步建立"秒"的具体概念。

（五）学具准备

根据教学目标的要求，我准备了以下的教具：活动的钟面模型。

三、说教法、学法

学生在日常生活中只是听说过秒，但很少用到秒，学生从时、分到秒的过度，需要一个体验的过程。

本节课我以新课标为指导，从学生的实际情况出发，主要采用创设情境、观察探索、合作交流、体验感悟等方法，努力为学生营造一个主动的、生动活泼的学习氛围。让学生通过听一听、看一看、说一说、做一做等活动，感知秒，体验秒，从而培养学生珍惜时间的良好习惯。

四、说教学过程设计

整个教学过程，我以"在活动中学习"和"在实践中探究"为主要方式，整节课分为五个环节。

（一）情境导入

爱因斯坦说"兴趣是最好的老师"，为了激发学生的学习兴趣，我采用游戏的方式导入，指名四位学生上讲台进行系红领巾的比赛。游戏规则是这样的：谁能用最短的时间系好红领巾，谁就获胜。在比赛的过程中，我与其他同学一起按秒针行走的速度数数。游戏结束后，我进行简单评价。然后小结：刚才我们数数时就用到了比分更小的时间单位——秒，从而巧妙地引出课题：秒的认识。（板书）

这样的导入，唤起了学生已有的生活体验，系红领巾是最平常不过的事情，把它和数学知识联系起来，让学生感受到数学并不是想象中那么神秘，从而激起学生的学习动机，明确学习目标。

（二）引导探究，认识秒

在学生初步感知秒的基础上，先让学生说一说在生活中哪些地方会用到时间单位秒？接着，我让学生以小组为单位，在自带的活动钟面上认真观察钟面上哪根针是秒针？学生通过观察与交流，发现钟面上最长、最细且走得最快的是秒针。学生认识秒针之后，我提出这样一个问题："你还知道哪些有关秒的知识？"这是一个开放性的问题，学生的答案肯定会多种多样。根据学生的回答，我用钟面模型演示：秒针走一小格表示一秒。（板书）

在学生认识秒的基础上，我又让学生分组在活动钟面上拨动、观察、讨论。"秒针从数字12绕一圈，再走回到数字12，经过了多长时间呢？"通过动手操作和交流，学生很快发现：秒针走一圈，就是走了60小格，而分针刚好走了一小格。根据他们讨论的结果，我引导学生说出结论：1分=60秒。（板书）

这样做，把"想"的时间留给学生，把"说"的机会让给学生，把"学"的权力还给学生，让学生在原有的生活体验和知识基础上，自然探索有关秒的知识。这样一来，教学重难点的解决也水到渠成。

（三）感知秒，体验秒

为了加深学生对秒的认识，我设计了三个活动：

活动一：用动作表示1秒。

先让学生闭上眼睛，听一听时钟"嘀嗒"的响声，并明确时钟"嘀嗒"一声所经过的时间就是一秒，也许有学生会说："一秒太短了，根本不能做什么动作。"这时，我引导学生创造一些关于一秒的动作，如拍手、眨眼、数数等。这样把看不见也摸不着的时间，变成具体的动作。学生不但感知了1秒的长短，还初步体会到"一秒"的价值。

活动二：深呼吸一次大约几秒？

这个活动我要求同桌互测，并且把测试结果进行交流。

这样做，学生在体验中既巩固了新知，又培养了合作探究意识。

活动三：一分钟能干什么？

先让学生自由发言，估计一下自己在一分钟内能干些什么，然后让学生在写生字、组词、做计算题、画画、跳绳、拍球这几项任务中任选一项来做，看看1分钟内能完成多少任务，然后汇报。通过活动对学生进行惜时教育，教会他们积累一分一秒，珍惜一分一秒，并让他们说说有关珍惜时间的名言。

这样，学生在愉快的活动中感知，在感知中提升，进一步加深对秒的认识。

（四）联系实际，巩固练习

为了进一步巩固和深化学生对所学新知识的掌握，我设计了以下练习：

练习一：在规定的时间内数数；

练习二：填写合适的时间单位。

小红每天大约睡8（　　　　）；

小亮系红领巾大约需要20（　　　　）；

爸爸做一顿饭大约需要35（　　　　）。

练习中，我选用了一些贴近学生生活实际的素材。通过这些素材，让学生加深对秒的认识，使学生体会到数学就在身边，进而对数学产生亲近感。

（五）全课总结

巩固练习之后，课已接近尾声。我让同学们自己计时，整理桌面上的文具，看需要多长时间。对整理得又快又整齐的，及时给予表扬；对整理较慢的学生，及时给予鼓励。这样做，既回顾了所学的新知识，又培养了学生珍惜时间的良好习惯，还能规范学生的日常行为，让学生学会自己整理自己的东西。

总而言之，在这节课中，我力求让学生通过活动感受知识来源于生活且应用于生活，让学生在合作交流中获取知识。

五、板书设计

秒的认识

秒针走1小格表示1秒；

秒针走1圈，分针走1小格。

1分=60秒

认识几分之一

一、教材分析

"分数的初步认识"是人教版小学《数学·三年级·上册》第七单元第一课时的内容。这部分内容是学生在掌握了万以内整数知识的基础上进行学习的。从整数到分数，是数概念的一次重要扩展。无论在意义上，还是在读写方法及计算上，分数和整数都有很大的差异。因此，教材将分数的知识分段教学，本学段为分数的初步认识，本节课是"认识几分之一"。新课标对这一部分知识的要求是：初步认识几分之一，会读、写简单分数，初步理解几分之一的含义。

认识几分之一是认识几分之几的基础，是本单元教学内容的"核心"，也是整个单元的起始课。这部分知识的掌握，不仅能够使学生简单理解分数的含义，建立分数的初步概念，也可以为今后进一步学习分数和小数奠定初步基础。

二、学情分析

小学生从认识整数到认识分数是关于数概念的一次质的飞跃。学生在生活中可能接触过二分之一、三分之一等分数，但并不理解其含义。分数的产生是从等分某个不可分的单位开始的，儿童生活中已有这样的经验，但不会用分数来表述。所以在教学中要注意引导学生从实际生活经验出发，在丰富的操作活动中主动获取分数的相关知识。

三、教学目标

每一节成功的数学课都必须确立一个明确的目标，并紧紧围绕这个目标展开教学活动，才可能取得最佳的教学效果。根据新课标的要求、教材特点和学生实际，我从以下三方面来确定本节课的教学目标。

1. 使学生初步认识几分之一，会读写几分之一，能比较分子是"1"的分数的大小。

2. 让学生经历从日常生活中抽象出分数的过程，通过直观演示、操作、观察以及小组合作一系列学习活动，感受几分之一的形成过程。

3. 在动手操作和观察比较中培养学生勇于探索和自主学习的精神，体会分数在生活中的价值，使学生获得运用知识解决问题的成功体验。

四、教学重难点

教学重点：初步理解分数的含义，正确读写几分之一。

教学难点：初步建构分数概念和理解每个分数所表示的实际含义。

五、教法与学法

俗话说：教学有法，教无定法，贵在得法。结合这节课的具体情况，我主要采用以下教学方法：

1. 根据直观性原则，运用演示法，使学生初步感知几分之一。

2. 贯彻启发性原则，运用讲授法，在课堂上，既发挥教师的主导作用，又尊重学生学习的主动性。

3. 依据循序渐进的原则，按照"讲—扶—放"的形式，逐步完成例题的教学。

学法指导：

著名教育家苏霍姆林斯基说过："人的心灵深处总有一种把自己当作发现者、研究者、探索者的固有需要。"

我认为，有效的数学学习，应该是学生经历和体验知识形成的一个过程，这个过程需要充分发挥学生的主体作用，引导学生积极参与教学活动。这节课我主要采用自主探索、动手实践、观察发现、合作交流等方式引领学生展开学习，使学生真正成为学习的主人。

六、教学过程

新课标明确指出："动手实践、自主探索、合作交流是学生学习数学的重要方式。"基于此，我从以下几个环节进行教学：

（一）创设情境，设疑导入

1. 把4个苹果、2个梨平均分给懒羊羊和美羊羊，每人分得多少？请学生回答。

结合学生的回答，揭示：每份分得同样多，数学上叫作"平均分"。（引出平均分的概念，因为这是分数产生的一个必要条件。）

2. 把一个西瓜分给他们两个，每人分得多少？

学生交流，自然引出"一半"。

"一半"能用我们学过的数来表示吗？

把这样的问题抛给学生。

学生无法找到合适的数字来表示半个，教师引出新课：今天我们认识一个新朋友。板书：认识几分之一。这个环节利用学生喜爱的动画形象引入，在学生理解平均分的基础上，结合学生的生活经验引出"一半"。通过质疑，学生发现"一半"不能用自己学过的数字来表示，自然产生了对新知识探索的欲望。

3. 动手实践，自主探究。

（二）认识二分之一

1. 直观感知，初步认识。

（1）老师用一个圆代表西瓜。展示对折的方法：对齐，保证是平均分。剪开拿出其中的一份是一半，进行展示。

（这里要让学生直观地感知"一半"和"一个"的不同）

"一半"可以用二分之一来表示。

板书：二分之一。学生读一读。

（2）这一份是西瓜的二分之一，那一份呢？

小结：把一个西瓜平均分成2份，每份是它的二分之一。

请学生和同桌互相说一说二分之一是怎么产生的？（这个环节用演示的方法让学生直观感知二分之一产生的过程。通过读一读、说一说，能够对二分之一的概念进行完整的表述，并明确一个单位"1"内有两个二分之一。）

2. 动手操作，深化认识。

学生动手折自己的纸片，并给其中的二分之一涂上颜色。学生交流各种不同的折法。

（这个环节本着以学生为主体的思想，鼓励学生在操作过程中体验创造的快乐。同时，在实践中发现新的问题：即折法不同，涂色部分的形状也不同，为什么涂色部分都能用二分之一来表示呢？）

"学源于思，思源于疑"，新的疑问引发新的思考，我让学生结合自己折的纸说一说。使学生明白不同单位"1"的二分之一也是不同的。

3. 联系生活，加深理解。

在用纸创造二分之一后提问：生活中你有没有遇到过二分之一？

请学生说一说，如：一个蛋糕平均分成2份，每份是这个蛋糕的二分之一等。

激活学生的生活经验，让学生认识到这个新知识广泛存在于我们的生活之中，感知数学与生活的联系。

4. 观察判断，拓展认识。

下列图形中（图略），哪些图形的涂色部分可以用二分之一表示？

学生交流，并说明判断理由。

（这个环节主要是想让学生通过比较判断，加深对二分之一的理解：只有把一个物体或一个图形平均分成两份，每份才是它的二分之一。）

出示三分之一图，能用二分之一表示吗？

不能。

你觉得可以怎样表示？学生说一说。

交流三分之一的形成，分别说一说。教师板书。

（让学生交流三分之一的形成，再次巩固分数产生的意义，触发学生灵活思维。）

（三）认识四分之一

1. 联想：你还想认识几分之一？

学生说，教师板书。像二分之一、三分之一、四分之一、六分之一……这样的数就是分数。分数的大家庭有好多成员，今天我们认识的是几分之一。板书课题。

2. 动手操作：请大家折一折四分之一。

学生自主动手折纸、涂色，表示出图形的四分之一。

3. 展示交流：小组成员交流各自不同的折法，并互相说一说各自四分之一的意义。

4. 拓展延伸：想一想，怎样才能得到一个圆的五分之一呢？那六分之一、八分之一呢？请学生分别来说一说。

小结：把一个物体平均分成几份，其中的一份就是这个物体的几分之一。

（这个环节先动手折出四分之一，然后让学生想象五分之一、六分之一的产生，是想让学生把对分数的理解从直观感知过渡到形象思维上来，能以此类推，理解分数产生的意义。）

（四）巩固应用，内化提高

1.判断涂色部分能用分数表示吗？如果能，是几分之一？（图略）

2.看课本主题图，你能从中找到几分之一？

3.说一说生活中的几分之一。

4.折一根绳子，反复折，从而产生不同的分数。

这四道练习题紧紧围绕本课的重点，有效地巩固所学知识。在师生互动、生生互动中调节了课堂气氛，调动了学生的兴趣。同时，练习注重层次性、开放性、发展性，以满足不同层次学生的需要，既体现了人人学有用的数学，又使不同的人在数学上得到不同的发展，既照顾了全体，也有效促进了学生个性的发展。

（五）知识梳理，总结评价

今天我们认识了一个新朋友——分数，你觉得你有什么收获？

这样做，是对整堂课教学内容进行梳理和概括，对重点知识画龙点睛，有利于学生将新知识纳入自己的知识体系中，从而有效提高自身的语言概括能力和整体思维能力。

（六）趣味探究，拓展探索

通过今天的学习，我们知道了一个西瓜平均分给两个人，每人得到二分之一，可是懒羊羊不干了，他说："不行，我肚子大，我要多吃点，我要吃这个西瓜的四分之一。"同学们：你们觉得懒羊羊真的能吃到更多的西瓜吗？请用你们自己的方法去验证一下吧！

呼应本节课的导入，留下一个很有趣味性又极富挑战性的问题，让学生去解决，学生会有极大的兴趣去进行积极的探索。这种探索就是对这节课所学知识的一个巩固，同时，也是对下节课比较分数的大小进行的有效的预习。

七、板书设计

板书是课堂教学的重要环节，好的板书能突出教学的重难点，为学生理解知识和记忆知识提供直观的参考和有力的帮助。这节课我的板书设计条理清晰，简洁明了，重难点一目了然，起到了画龙点睛的作用。

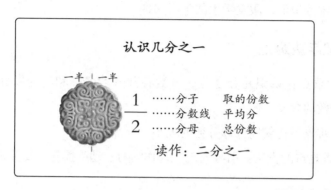

认识几分之几

一、教材分析

本节课是人教版小学《数学·三年级·上册》第七单元第一节第二课时。"分数的初步认识"是学生从整数到分数，数的概念的一次扩展，也是学生认识数的概念的一次质的飞跃。无论在意义上，还是在读写方法上，分数和整数都有很大的差异。而本课时内容是"分数的初步认识"的第二课时，是在认识了几分之一的基础上进行的教学。本课时通过认识几分之几、十分之几以及同分母分数大小的比较，有利于学生进一步理解分数的含义，并建立初步的分数概念，为今后学习分数和小数奠定初步的基础。

二、教学目标

1. 在理解几分之一的基础上理解几分之几，会读写几分之几、十分之几，认识分数各部分的名称，会比较同分母分数的大小。基于此，培养学生的观察能力、语言表达能力和迁移类推能力。

2. 通过操作、比较、推理、交流等活动，经历几分之几、十分之几的认识过程，体会几分之几的含义，认识分数各部分的名称。

3. 在动手操作、观察比较中，培养学生勇于探索和自主学习的精神，体会分数在生活中的价值，激发学生的学习兴趣。

三、教学重难点

1. 教学重点：认识几分之几、分数各部分的名称和同分母分数大小的比较，理解分数的含义。

2. 教学难点：比较同分母分数的大小。

（突破重难点的方法：引导发现、合作学习、动手操作、交流汇报。）

四、教法运用

分数在日常生活中经常出现，但学生对它的认识却各不相同。课程标准将学习视为"做"的过程、获取"经验"的过程，凸显学生学习的实践性特点。因此，本节课的设计力求在教法上体现"在玩中学、在做中学、在合作交流中学"的思想。本节课以引导发现法为主，综合运用多种教法，创设有利于学生参与探索活动的学习环境，帮助学生学习分数的有关知识，实现促进学生能力发展的教育目标。

五、学法指导

在学法上则突出"自主学习，实践感知"的特点，加强数学实践活动，让学生主动建构数学知识。学生对数学知识的学习，不是被动接受，而是主动建构，且动手操作对学生的主动建构有着积极的促进作用。让学生在动手、动脑、动口的过程中实现知识的迁移类推，主动建构数学知识。

六、教具学具准备

教师准备长1米的纸条一条、正方形纸一张、大小完全一样的长方形纸两张。学生准备正方形纸一张、长方形纸一张（统一大小）。

七、教学过程

（一）复习导入

1. 什么是几分之一？

强调把物体或图形平均分成几份，表示其中的一份就是几分之一。

（强调"平均分"，为知识的迁移类推做准备。）

2. 我们已经认识了分数中的几分之一，大家还想再认识其他的分数吗？

揭示课题，板书：几分之几。

（二）探究新知

1. 教学例4

（1）学生小组合作，每个学生将一张正方形纸平均分成4份，根据自己的意愿涂出几份，写出涂色部分是正方形的几分之几，再在小组内交流。

（让学生在动手的过程中认识到分数源于把一个整体"平均分"成几份。）

（2）全班交流。

让学生说出把一个正方形平均分成4份，每份是它的 $\frac{1}{4}$ ，2份是它的 $\frac{2}{4}$ ，3份是它的 $\frac{3}{4}$ ，4份是它的 $\frac{4}{4}$ 。（迁移类推）

（3）引导学生讨论交流，理解：四分之几是由几个四分之一组成的，它与四分之一比，只是取的份数不同。（为今后理解分数单位奠定基础）

2. 教学例5

（1）让学生把1分米长的彩纸平均分成10份。

（2）把1条彩纸平均分成10份，每份是它的几分之几？

板书： $\frac{1}{10}$

把1条彩纸平均分成10分，2份是它的几分之几？

板书： $\frac{2}{10}$

3份是它的几分之几？……

让学生类推出十分之几就是几个十分之一。

（1）小结：像 $\dfrac{2}{4}$、$\dfrac{3}{4}$、$\dfrac{2}{10}$、$\dfrac{7}{10}$ ……这样的数，也是分数。

（2）让学生再说出一些其他分数。

（3）认识分数各部分的名称。

（4）完成教科书第94页的"做一做"第1题。

3.教学例6

（1）出示例6第一组图 $\dfrac{2}{5}$ 和 $\dfrac{3}{5}$。

①猜想：哪个分数大一些？

②让学生同桌一组，分别在长方形纸上涂色表示出 $\dfrac{2}{5}$ 和 $\dfrac{3}{5}$，再把它们放在一起进行比较。

合作动手步骤：第一步，比一比两个同学的两张纸是不是完全一样大；第二步，用同样的方式都平均分成5份；第三步，一个同学把其中2份涂上颜色，另一个同学把其中3份涂上颜色。

③演示 $\dfrac{2}{5}$ 和 $\dfrac{3}{5}$ 比较重叠过程，让学生直观感受。

（2）出示例6第二组图。

让学生独立探究、完成 $\dfrac{6}{6}$ 和 $\dfrac{5}{6}$ 的比较，再跟小组的同学说一说是怎样比较的？

（3）小组讨论，通过上面两组分数的比较，你发现了什么？师生共同总结同分母分数比较大小的基本方法。

（4）完成教科书第95页"做一做"第2题。

（三）巩固反馈

1.完成教科书第97页第4、5、6题。

2.集体评定，反馈情况。

（四）师生共同小结

1.几分之几与几分之一的不同之处就是取的份数不同。

2.分数就是把物体或图形平均分成几份，表示其中的几份的数。其中，"平均分成的份数"是分母，"其中的几份"是分子。

3.同分母分数大小的比较：分子大的那个分数大。

两位数乘两位数的笔算乘法

一、说教材

（一）教材的地位和作用

"笔算乘法"是人教版小学《数学·三年级·下册》第四单元的内容。在此之前，学生已经学习了多位数乘一位数的笔算和两位数乘整十、整百数的口算。所以，本节课是在学生学习了这些知识的基础上进行教学的。学好本节课将为今后学习两位数乘两位数的进位笔算以及三位数乘两位数奠定基础。因此，本节知识点不仅是本单元的重点，也是全册的重点，在全册中起到了承上启下的作用。

（二）教学目标

1.掌握两位数乘两位数的笔算方法和书写格式，并能正确地进行计算。

2.通过小组合作交流，让学生理解每一步笔算的算理。

3.在探索交流中，让学生体会解决问题思路方法的多样性，培养学生的合作意识。

（三）教学重难点

教学重点：掌握两位数乘两位数的（不进位）笔算方法和书写格式。

教学难点：理解两位数乘两位数（不进位）每一步笔算的算理。

（四）教学用具

教学课件（PPT）、每个小组一张点子图。

二、说教法

教师通过创设情境与引导学习相结合的方式进行课堂教学。

三、说学法

学生通过小组自主探究与合作学习相结合的方式进行课堂学习。

四、说教学过程

（一）复习引入，明确目标

通过和学生谈话，以带学生闯关的方式导入新课，结合课件练习题，以复习旧知识来导入新课。

设计意图：以学生喜闻乐见的谈话方式引入，既调动了学生的积极性，使学生很快进入学习状态，也能缓解学生紧张的心态。同时，复习我们以前学过且本节课要用的知识点（多位数乘一位数的笔算以及两位数乘整十、整百数的口算），加深学生的记忆。

（二）自主探究，合作交流

1.通过学生观察主题图，提出学生能获取哪些数学信息并列出算式。

$14 \times 12 =$

由于没有学过两位数乘两位数的计算方法，因此引入用点子图。要求学生以小组为单位，利用以前学过的知识，合作讨论算出小圆点的个数，也就是书的本数。

设计意图：把求积转化成小圆点的个数，以更加形象直观的方式展现出来，便于学生理解。通过小组的合作交流，让学生体会解决问题思路的多样性，培养学生的合作意识。

2.通过学生列出的算式。

$$\begin{cases} 14 \times 2 = 28 \\ 14 \times 10 = 140 \\ 28 + 140 = 168 \end{cases}$$

尝试让学生写出两个乘法算式的竖式，并把两个乘法竖式合并成一个乘法竖式。

教师解说两位数乘两位数的书写格式以及笔算算理。

3. 总结算理：先用第二个因数的个位去乘第一个因数，得数末位与第一个因数的个位对齐；再用第二个因数的十位去乘第一个因数，得数末位与第一个因数的十位对齐；最后把两次乘得的积加起来。

设计意图：通过把两个竖式合并成一个竖式，首先让学生知道两位数乘两位数就是将其分解成两位数乘一位数和整十数进行计算，让学生理解其书写格式以及笔算算理，突破本节课的重难点。

（三）精讲多练，点拨矫正

设计意图：巩固新知识，加深学生对笔算算理的理解。

（四）拓展生成，达标反馈

设计意图：练习循序渐进，学生独立解决后交流，进一步加深了学生对乘法计算法则的理解。

（五）课堂小结

这节课你学到了什么？

掷一掷

一、教材分析

本节课是人教版小学《数学·五年级·上册》第50~51页内容。它属于"统计与概率"这一数学领域，是在可能性知识的基础上，以游戏形式让学生在经历猜想、实验、验证的过程中，巩固运用组合、统计、找规律等有关知识，探讨事件发生的可能性大小。教材以连环画的形式展示活动的过程，通过教师提出游戏规则，学生对游戏结果进行猜想、示范游戏，在小组内开展游戏，进一步验证得出结论：越靠近两边次数越少，也就是掷出的和在中间的可能性比较大。最后引导学生借助组合的知识，进一步探究出现这种规律的奥秘。"综合与实践"是实现"积累数学活动经验、培养学生应用意识和创新意识"的重要且有效的手段。教材在呈现教学内容和过程时，不但体现知识的形成过程，而且给学生充分自主探索和交流的空间，并不直接给出结论，为学生富有个性的思考和创造性地解决问题提供可能。本节课是促进学生思维发展、扎实其统计与概率知识学习的重要环节。

二、说学情

生活化是新课标的显著特点之一，"骰子"在我们实际生活中随处可见。对于五年级学生来说，他们对可能性事件已有了初步的认识，能够判断简单事件发生的可能性大小。学生对于猜一猜、试一试等活动非常感兴趣，但对于活动背后的数学问题及数学方法的关注、思考较少。针对学生的这一特点，设计能激活他们兴趣、思维的游戏，让学生在活动操作中获得体验，提升能力，是设计本课的主要出发点。经过教师有效引导，让学生经历猜想、试验、验证的过程，运用"组合"的有关知识探讨事件发生的可能性大小。

三、说教学目标

1. 通过活动，使学生经历猜想、实验、验证的过程，进一步深化对事件发生可能性大小的认识。

2. 在活动过程中进一步巩固简单组合的有关知识。

3. 通过游戏活动进一步提高学生的动手实践能力，培养学生学习数学的兴趣。

四、说教学重难点

教学重点：让学生探究同时掷两个骰子得到的两个数之和为什么是5~9的可能性大。

教学难点：了解可能性大小与事件发生不确定性的关系。

五、说教法学法

新课标指出，"学生是学习的主人，教师是教学的组织者、引导者、合作者"。五年级孩子特别喜欢在游戏活动中学习，根据本节课教学内容的特点，为了突出重点、突破难点，达到教学目标，我主要采用了以下方法：

1. 情境体验法。以故事导入，设置情境，以境启思，激发学生对数学问题的探索。

2. 活动实践法。以活动为纽带，以学生为主体，在活动中发现并解决问题。

3. 合作探究法。学生通过观察、猜测、验证、自主合作交流等方式，体验感悟偶然性背后的必然性。

六、说教学流程

整堂课教学我秉持"诱思"为基础，"体验"为方法，"明理"为目的，设计了三大教学环节：

（一）巧设情境，激趣诱思

数学是思维的体操，兴趣是学习的最大动力。新课伊始，我让同学们自己介绍骰子并提出想探究的问题，从而引出课题：掷一掷。本环节通过情趣化的引入和悬念的巧妙设置，让枯燥的数学知识趣味化，调动了学生学习数学的兴趣，激发了学生探究的欲望。

（二）融入活动，体验感悟

本环节作为整个教学的重点，分三个层次进行：

1. 大胆猜测，自主交流。

认知冲突是学生思维培养的必经之选。在"谁胜的可能性大些呢"这一悬念的引发下，学生踊跃交流，大胆猜测，认知上的冲突调动了他们主动探究的积极性。

2. 动手实验，观察发现。

听过易忘，看过易记，做过才会。在学生强烈的求知欲望下，我顺势引导学生走进活动，出示活动要求（出示课件：活动要求及其表格。活动要求：同时掷两枚骰子20次，每4人为一小组，1号负责掷骰子、2号负责计算两个点数之和、3号负责记录谁赢、4号负责在统计图上涂色，3号同学用画"正"字的方法统计，每次掷出的和是几，就在谁的后面画一笔，4号同学看他们掷出的和在哪一列就在那一列画一画），让学生在小组合作中动手验证自己的猜测。各小组在完成任务单的基础上，观察发现：用画"正"字的方法统计出的次数可以看出老师赢的可能性大一些。在完成表格的基础上发现得出和在中间的部分出现的次数较多，越到两边，次数越少，由此化解了学生最初认知上的冲突，问题的答案也得以揭晓。

3.理论验证，揭示奥秘。

心理学家皮亚杰指出："活动是认知的基础，智慧从动作开始。"为了进一步引发学生对数学问题的思考，提高学生思维的宽度与深度，我让学生进一步探究和为5、6、7、8、9的可能性大的原因，出示任务单，让学生计算出两枚骰子每次掷出的点数之和，并与同桌之间交流各自的发现。学生不仅发现和是7出现的次数最多，而且还探究出和是5、6、7、8、9出现的次数要比和是2、3、4、10、11、12出现的次数多，可能性也就大。教学的重难点在学生的活动体验、发现、感悟中得以突破。

本环节让学生在活动体验中唱主角，在玩中乐、乐中学，学有所悟，学有所得，享受数学学习的乐趣。

（三）回顾总结，深化明理

为培养学生运用数学的能力，在本课结束之际，我让学生在畅谈学习收获后，提供生活中的陷阱实例——王阿姨参与抽奖，让学生应用所学知识思考、判断该游戏的可能性，进一步深化学生对可能性大小的认识，从而达到学以致用的目的。引导学生从纷繁芜杂的现实素材中找出最本质的数学模型，让学生经历将生活问题"数学化"的过程，有助于提高学生的逻辑思维能力。

七、说教学反思

"以疑激趣""以趣诱思""以动促学"，是本节课设计中所努力追求的目标。孩子们到底需要怎样的数学实践活动？通过教学，我深深地体会到以下几点：

首先，数学实践活动要体现生本性。教师出示两个骰子，提出问题，师生互动，探疑揭秘，凸显了以学生为主体、面向全体学生，尊重学生的个性体验，为满足学生的需求而教。

其次，数学实践活动要体现趣味性。出示游戏规则，师生合作，学生大胆猜测，由于猜测结果与实际结果不同而引发认知冲突，进而激发学生的求知欲，为后面的教学埋下伏笔，从而很自然地过渡到下一个环节。在这一过程中，以激励性的评价唤醒孩子们的学习热情，以自身的智慧点化孩子们的学习方法，以生动的情境激发学习的欲望。

另外，数学实践活动要体现生活性。统计实验、汇报结果、分析实验数据、预测分析释疑，让学生小组合作，从而揭示了"掷骰子"中的秘案，对"可能性"的理解达到了一个更高水平，有效地突出了本节课教学重难点，实现了课的升华。这样联系学生的生活经验来设置活动，让活动来源于生活，并回归于生活。

最后，数学实践活动要体现思维性。通过拓展练习再一次组织学生进行实践验证，让理论与实践有机结合，使学生在关注活动本身的同时，更关注活动背后的数学问题的思考。

丰富孩子们的学习经验，启迪孩子们的学习智慧。让学生享受"好玩"又"有营养"的数学，是我们在开展综合实践活动课时应努力追求与坚守的目标。且行且思且悟且进——让我们行走在教学改进的路上！

通 分

一、说教材

本节课的教学内容是人教版小学《数学·五年级·下册》第四单元"分数的意义和性质"中的第5节内容。通分是分数基本性质的一种实际应用，是在学生已经掌握了分数的基本性质、求几个数的最小公倍数，并且会比较简单的同分母或同分子分数大小的基础上进行教学的。教材通过让学生利用分数的基本性质将两个异分母分数改写成分母相同而大小不变的分数，从而理解通分的概念，进而说明什么是公分母。在学生观察、思考的基础上，体会通分时一般用原来两个分数分母的最小公倍数作公分母比较简便。同时，通分又是分数四则运算的重要基础，是比较异分母分数大小和计算异分母分数加减法的重要步骤。因此，必须让学生切实掌握好这部分内容。

二、说教学目标

根据本节课的教学内容，我确定了以下教学目标：

1. 理解通分的意义，初步掌握通分的方法，会比较分子和分母都不相同的分数的大小。

2. 在比较分数大小的过程中体会转化的思想方法，沟通新旧知识间的联系，培养类推迁移的能力。

3. 培养学生应用数学知识解决现实生活中的问题的意识和细致认真的学习习惯。

三、说教学重难点

为了使学生能比较顺利地达到教学目标，我确定了本节课的教学重点和难点。

教学重点：掌握通分的方法，能够正确地进行通分。

教学难点：理解通分的算理以及通分的关键，即找准分母的最小公倍数作公分母。

四、说教法

《义务教育数学课程标准（2022年版）》指出："教师应向学生提供充分从事数学活动的机会，帮助他们在自主探索和合作交流的过程中真正理解和掌握基本的数学知识与技能、数学思想和方法，获得广泛的数学活动经验。"根据这一理念，本节课的设计力求放手让学生全程参与到数学活动中来，让学生通过观察、分析、猜测、验证、交流、展示等数学活动，获得成功的学习体验。为了更好地突出本节课的重点和难点，我采用了以下教法：

1. 讨论法。由地球引出海洋面积、陆地面积以及亚洲等各大洲的面积等大量数据，为学生的探索提供了充分的选择和思考空间。通过学生的讨论，让他们自己总结归纳出通分的意义和方法。

2. 借助多媒体演示进行直观教学，帮助学生深入挖掘和利用情境信息，理解通分的算理，培养学生的观察、分析能力。

3. 运用口答、多媒体课件等形式进行练习，使学生巩固所学知识，使教学得到反馈。

4. 启发引导学生，鼓励学生积极发言，引导学生动口、动脑、动手，逐步掌握新知。

5. 本节课结束时进行巧妙拓展。这有利于学生突破思维定式，启发学生通过认真审题发现题目特点，进而灵活解决问题。

五、说学法

通过本节课的学习，学生学会联系旧知识解决新问题，通过对操作演示的观察、分析，自己总结归纳出通分的意义和方法，体现了学生的自主性。为了实现本课的教学目标，我对本课进行了如下预设：

1. 借助地球引入并提供大量相关数据，既有利于激发学生的研究兴趣，又能为学生提供较为充分的选择与比较空间。

2. 引领学生通过归类进一步掌握各类分数的特点，这样比较大小的方法也就一目了然。

3. 很多数据如果用一次就抛开就太可惜了，本节课注意引领学生进一步挖掘相关数据的价值，再通过学生自己的尝试，实现从已知向未知的转化。

4. 比较分数的大小一般是转化为分母相同的分数，但是应转化为哪个相同的分母呢？通过比较分析题目的特点，学生就会主动聚焦到最小公倍数上。

5. 从世界地图拓展到中国地图，同学们的探究热情会更高，同时渗透土地资源短缺的意识。中国用世界百分之七的耕地面积养活了占世界百分之二十二的人口，有利于激发同学们的自豪感。

6. 课后是学生重要的自主学习空间，设计一些有挑战性的题目，引领学生思考。

六、说教学过程

（一）复习引入

通分是在求几个数的最小公倍数和分数的基本性质的基础上进行学习的。因此，在新授前，我利用多媒体课件，先安排了求两个数的最小公倍数、复习分数的基本性质以及比较分数大小的内容。复习第（1）题让学生回忆两个数是互质关系、倍数关系和一般关系时如何求它们的最小公倍数；复习第（2）题让学生回顾分数的基本性质，为通分过程打好基础；第（3）题让学生回顾分数的意义和分数单位。这几道题都为新知的学习做了一定的铺垫。

（二）探索新知

1. 教学例4时，我先出示世界地图并提出地球上的陆地多还是海洋多的问题，让学生看地图，大致观察、判断。然后给出条件（陆地面积占地球总面积的十分之三，海洋面积占地球总面积的十分之七），让学生自己说方法、说结果、说理由。在此基础上，放手让学生自主完成课本第73页的填空题。然后总结归纳出分数的共同点，并自己总结出如何比较同分母分数的大小，以及如何比较同分子分数的大小。

2. 在教学例5时，我先让学生思考：如果两个分数既不同分母也不同分子，那又该如何比较它们的大小呢？学生思考并分组讨论，每一组推荐代表来说出思路，这时会有两种不同的思路：化成同分子分数比较；化成同分母分数比较。我首先肯定这两种思路都是可行的。然后借助题中具体的分数，引出异分母分数的概念，再引导启发学生把 $\dfrac{2}{5}$ 和 $\dfrac{1}{4}$ 化成分母相同的分数，公共的分母必须是5和4的公倍数，从而引出了公分母的概念，再引导学生思考：为了计算简便，取哪一个公倍数作公分母，然后出示了通分的关键。

3. 在教学通分过程时，我着重引导学生准确找出两个分数的公分母，也就是它们分母的最小公倍数，并思考将原来的分母和分子同时乘以几，就可以得到相同的分母。可以这样引导学生想：公分母是原来分母的几倍，原来分数的分母和分子就要同时乘以几。为了帮助学生切实理解通分的道理，我采用学生尝试做、教师板演以及多媒体演示等多种方式，多次帮助学生加深理解。在此基础上，引导学生对照板书总结归纳出通分的意义和方法。

（三）巩固提升

巩固练习分为四个层次。

第一层次：在教学例5后，就指导学生练习第74页"做一做"第1题：说一说，怎样比较分数的大小？

在○里填上">""<"或"="

$\dfrac{3}{13}○\dfrac{7}{13}$ $\dfrac{5}{6}○\dfrac{5}{8}$ $\dfrac{2}{3}○\dfrac{3}{5}$ $\dfrac{4}{30}○\dfrac{2}{15}$

第二层次：教材中"做一做"的第2题：把下面每组中的两个分数通分。

$$\frac{2}{3}和\frac{1}{5} \qquad \frac{3}{4}和\frac{5}{8} \qquad \frac{5}{6}和\frac{8}{15} \qquad \frac{4}{7}和\frac{6}{11}$$

$$\frac{5}{6}和\frac{7}{8} \qquad \frac{3}{7}和\frac{2}{9} \qquad \frac{4}{9}和\frac{7}{18} \qquad \frac{3}{8}和\frac{5}{9}$$

通分的关键是找准分数的公分母，也是本课教学的难点。此题的安排有利于巩固学生对公分母的确定，提高学生的解题速度，掌握解题的技能，夯实学生的基础。

第三层次：思维训练题。目的是提高学生的分析、辨别能力，防止通分的两种错误类型。

四大洋是地球上四片海洋（太平洋、大西洋、印度洋、北冰洋）的总称，也泛指地球上所有的海洋。其中，太平洋约占海洋总面积的 $\frac{1}{2}$，大西洋约占海洋总面积的 $\frac{13}{50}$，印度洋约占海洋总面积的 $\frac{1}{5}$，北冰洋约占海洋总面积的 $\frac{1}{25}$。请将四大洋按照面积从大到小的顺序进行排列。

（四）反馈总结

最后进行课堂总结，提问：这堂课，你学会了什么？引导学生回顾所学内容，帮助学生建构完整的知识网络。

七、说板书设计

板书设计力求简洁明了、重点突出，便于学生理解。

通 分

分子大的分数就大 / 分母相同   分子相同 / 分母小的分数就大

把异分母分数分别化成和原来分数相等的同分母分数，叫作通分。

异分母分数 ——分数的基本性质／转化——→ 同分母分数

圆柱的表面积

一、说教材

（一）教材内容和地位

"圆柱的表面积"是人教版小学《数学·六年级·下册》第三单元的第二节内容。它是在学生五年级学习了长正方体表面积、面的旋转，了解了点、线、面之间的关系，以及认识了圆柱、圆锥的基本特征后安排的一节课。通过让学生观察、想象、操作等活动，运用迁移规律掌握圆柱的侧面积、表面积的计算方法，并加以应用，以解决生活中的实际问题。学好这部分内容，为下节探究圆柱的体积降低难度，进一步发展学生的空间观念，为学生进入中学学习其他几何知识奠定坚实的基础，因此它具有很重要的承上启下的作用。

（二）学情分析

为了使教学设计更贴近学情，有效地完成教学目标，我在课前对学生的知识基础和学习经验进行了调研。从调研结果可以看出，学生对圆柱体是有一定认识的，70%的学生知道圆柱体的表面积是哪些部分，但全班只有10%的学生会求圆柱的表面积，而且这些学生都是在外面上过奥数的。由此可见，学生对圆柱的表面积了解得比较少，存在一定的困难。

（三）教学目标

根据教材和学情，我制定了以下三个教学目标：

1. 经历圆柱展开与卷成等活动，探索圆柱侧面积的计算方法，并掌握圆柱表面积的计算方法，能正确计算圆柱的表面积。

2. 培养学生观察、操作、概括的能力，以及灵活运用圆柱表面积计算方法解决生活中的一些简单问题，体会数学与生活的联系，丰富对现实空间的认识。

3. 培养学生初步的逻辑思维能力和空间观念，向学生渗透事物间的相互联系和相互转化的数学思想。

（四）教学重难点

教学重点：能应用圆柱体侧面积、表面积的计算方法解决实际问题。

教学难点：探究圆柱体侧面积、表面积的计算方法。

（五）教具准备

每组一套学具（包括能组成圆柱体的长方形、正方形、平行四边形和多个圆及其他图形）。

二、说学法

新课标指出：学生学习应当是一个生动活泼的、主动的和富有个性的过程。除接受学习外，动手实践、自主探索与合作交流也是数学学习的重要方式。学生应当有足够的时间和空间经历观察、实验、猜测、验证、推理、计算、证明等活动过程。所以，教给学生会做一道题不如教会他解题的方法，教给他解题的方法不如教给他数学思想。基于这样的认识，根据我采用的教学方法，本节课主要教给学生掌握合作学习法、练习法，让学生通过操作、观察、概括、讨论、归纳、演算、交流等多种活动，掌握求圆柱表面积的计算方法及应用计算机解决实际问题，以突破教学的重难点。

三、说教法

教无定法，贵在得法。新课标明确指出：数学教学活动必须激发学生兴趣，调动学生积极性，引发学生思考。教师教学应该以学生的认知发展水平和已有的经验为基础，面向全体学生，注重启发和因材施教，为学生提供充分的数学活动机会。通过有效的措施，启发学生思考，引导学生自主探索，鼓励学生合作交流，使学生真正理解和掌握基本的数学知识与技能、数学思想与方法，得到必要的数学思维训练，获得广泛的数学活动经验。为让学生能轻松愉快地学习，积极主动地探索，根据学生实情，我主要选用实验法、讨论法，以手动操作、自主探索、合作交流、直观演示等方式为主，再加上教师的适时点拨、学生间的互相补充和评价等方式为辅，完成教学目标。

四、说教学过程

为有效落实教学目标、突破教学重难点，在本节课中，我共设计了四个环节：

第一环节：激趣导入，初步感受

平面图形的面积学生已经会求，而圆柱的侧面积是个"曲面"，如何求出这个"曲面"的面积就成了圆柱表面积教学过程中的难点。于是让圆柱的侧面"由曲变直"，使新知识在一定条件下统一起来就成了一个关键性问题。

上课伊始，我发给每组学生一份材料袋，让他们四人小组合作，利用学具制作一个圆柱。这样一来，把学生理解上的难点"由曲变直"，转化为"由直变曲"。根据学生的生活经验，"由直变曲"相对容易。通过他们自己制作圆柱，直观了解曲面和平面之间的关系，有利于突破教学难点，同时提高学生的学习兴趣。学生带着兴趣开始尝试，兴趣产生了，自主探究的欲望自然就强烈了。

第二环节：动手操作，探求新知

这是本节课的核心，也是重点、难点所在，我主要通过三个层次来完成，使学生在小组探究的活动中归纳圆柱体表面积的计算方法。

第一层次：小组探究，自主发现

学生在操作过程中很容易想到用长方形或者正方形卷起来做成圆柱的侧面，然后选择两个合适的圆作为两个底，但对于学生能否想到利用平行四边形做侧面，可能认识仍不清楚。因此，在小组探究时，我会到小组中巡视，了解学生制作情况，及时对学生进行适时的启发引导。在这样的小组活动中，学生不仅对圆柱体有更加准确的认识，还提高了合作、探究能力及观察、概括能力。

第二层次：小组汇报、总结归纳

在小组探究的基础上，分组汇报讨论结果，共分三种情况：分别选择长方形、正方形、平行四边形作为圆柱体侧面，并卷成圆筒，再选正好能与圆筒适配的同样大小的两个圆。

在学生汇报完后，我让学生思考一个问题，为什么上、下两个底面的圆必须是大小相等的两个圆？不相等行不行？

通过动手操作，让学生从感官上加深对表面积的认识，为总结圆柱表面积公式奠定基础。

最后，我直接提出问题："你会求它的侧面积吗？你是怎么推导出来的？"依然让学生自主探究，学生很可能会无从下手。我及时点拨学生，引导他们发现长方形的长和宽与用它卷成的圆柱形纸筒的底面周长和高的关系。这样抓住新旧知识的内在联系，安排学生动手操作，引导学生在发现问题后及时动脑思考，不仅能激发学生兴趣，还能促进学生思维能力的发展。通过教师的点拨，学生能够找到这两者的内在关系，学生汇报时，利用课件配合，让学生从视觉上进一步感受到长方形的长就是圆柱的底面周长，宽就是圆柱的高。如果展开是平行四边形，平行四边形的底就是圆柱的底面周长，高是圆柱的高；如果展开的是正方形，正方形旳一个边长就是圆柱的底面周长，另一个边长就是圆柱的高，从而推导出圆柱的侧面积公式为底面周长×高。这一教学过程让学生亲自参与新知的形成，真正理解公式的内涵，感受到数学的乐趣，从而增强学好数学的信心。本环节，我旨在让学生的眼、手、脑等多种感官参与感知活动，激励学生合作交流、操作实践、自主探究，并渗透转换的数学思想。教学的重难点在学生的亲身探究实践中得到了突破。

第三层次：及时巩固，内化知识

在教学重难点基本突破后，让学生根据材料中给出的信息，计算本组制作的圆柱体表面积，然后全班交流。因为学生利用的材料不同，所以涉及的信息比较全面，侧面展开图有长方形、正方形，还有平行四边形。这样能使学生巩固对圆柱体表面积的理解。

1. 基础练习：完成课后1、2题。习题设计体现层次性、典型性和探究性，突出生活化的教学理念。

2. 专题训练：生活中与圆柱表面积相关的内容。

3. 在计算中总结规律，感受学习数学的魅力和价值。

第三环节：巩固应用，拓展提高

根据以上内容，我计划在实践练习中安排三个不同层次的内容。

一组已知底面半径、直径、周长和高，求侧面积、表面积的对比习题，加深学生对圆柱表面积的理解，提高求表面积的技能。

一道求圆柱状烟囱表面积的习题。待学生完成练习后，适时追问："为什么只求侧面积就可以了呢？"

求一个用塑料薄膜覆盖的蔬菜大棚表面积的习题，之后追问："为什么求完整个圆柱体表面积之后还要除以2呢？"使学生养成灵活计算圆柱表面积的习惯，培养其实际应用的能力。

最后安排的是一个拓展提升题，这是针对学有余力的学生所设计的，求帽子的表面积。这个帽子的表面积是由一个水桶型的圆柱体和一个环形的表面积组成的。此题将圆柱体表面积和我们以前学过的环形面积以及组合图形的知识融合在一起，旨在培养学生多角度思考问题的能力。

第四环节：回顾整理，总结收获

在一节课即将结束之际，我引导学生回顾整个学习过程，回顾学习过程中运用的数学思想方法，使学生在一节课的学习中，不仅有知识层面的积累，还能在学习方法上有所收获，使学生切实感受到学习数学所带来的快乐和价值。

五、说板书

为了唤起学生的注意力，帮助学生增强对新知的进一步记忆和理解，板书如下：既有"化曲为直""转化"数学思想的渗透，又有圆柱表面积公式这一新知的形成过程。同时，使用不同色彩粉笔标出易错点，以此引起学生的关注。整个板书设计提纲挈领，抓住重点词和核心句，做到了简单明了、重点突出，方便学生清晰易记。

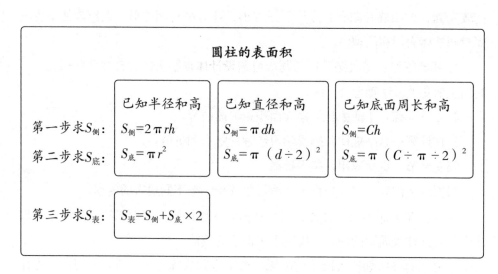

圆柱的表面积

已知半径和高
$S_{侧}=2\pi rh$
$S_{底}=\pi r^2$

已知直径和高
$S_{侧}=\pi dh$
$S_{底}=\pi (d\div2)^2$

已知底面周长和高
$S_{侧}=Ch$
$S_{底}=\pi (C\div\pi\div2)^2$

第一步求$S_{侧}$：
第二步求$S_{底}$：

第三步求$S_{表}$：$S_{表}=S_{侧}+S_{底}\times2$

圆柱的体积

一、分析教材，确定目标

"圆柱的体积"是人教版小学《数学·六年级·下册》第三单元"圆柱与圆锥"的第二节。在学生初步认识圆柱体的基础上，进一步深入研究圆柱体的特征，促使学生对立体几何图形进行更深入的研究，这是学生发展空间观念的又一次飞跃。圆柱体作为基本的立体几何图形，通过对其学习，可以培养学生初步构建空间观念，为下一步"圆锥的体积"的学习奠定基础。根据本节课的性质、特点以及六年级学生以形象思维为主且空间观念还比较薄弱的特点，我确定本节课的教学目标为：

1. 通过推导圆柱体积公式的过程，向学生渗透转化思想，助力学生构建空间观念，培养学生的判断、推理以及迁移能力。

2. 结合具体情境和实践活动，使学生理解圆柱体积的含义，探索并掌握圆柱体积的计算方法，能正确计算圆柱的体积，并会解决一些简单的实际问题。

3. 感悟数学知识的内在联系，强化学生应用数学的意识，激发学生的学习兴趣。

教学的重难点：鉴于圆柱体积计算是圆锥体积计算的基础，因此圆柱体积及其应用是本节课的教学重点。其中，圆柱体积计算公式的推导过程比较复杂，需要用转化的方法加以推导，且推导过程对逻辑推理能力有一定要求。因此，推导圆柱体积公式的过程是本节课的难点。

二、把握学情，选择教法

（一）学情分析

六年级的学生已经具备较丰富的生活经验，而这些感性经验恰是他们进一步学习的基础。本节课的学习过程正是让学生的感性经验上升到理性经验的过程，符合学生的年龄特征和认知规律。在这一过程中，学生能够体会到认识事物和归纳事物特征的方法，进而学会运用数学的思维方式去认识世界。

（二）教法选择

《义务教育数学课程标准（2022年版）》指出：数学教学应联系现实生活，使学生从中获得数学学习的积极情感体验，感受数学的力量。同时我紧密结合自己的课题"培养学生自主合作的学习能力与学生数学素养的策略研究""在数学课上如何激发学生的学习兴趣"。通过教学实践，学生学会自主学习和小组合作，培养学生的创新精神、小组合作能力以及应用数学的意识。因此，在本节课中，我认为运用活动教学形态、多媒体演示形态，采取"引导—合作—自主—探究"的教学方法，使每个学生都能参与到学习中，感受到学习的乐趣，从而突破本课的难点。

1. 直观演示，操作发现。

让学生充分利用直观教具进行观察、比较、动手操作和讨论交流，使学生在丰富感性认识的基础上，在教师的指导下，推导出圆柱体积计算的公式。这样可以使学生从感性认识上升到理性认识，体会知识的来源，并通过已学知识解决实际问题，充分发挥直观教学在知识形成过程中的积极作用，同时也培养学生学习数学的能力和学习习惯。

2. 巧设疑问，体现两"主"。

教师通过设疑，指明观察方向，营造探究新知识的氛围。在引导学生归纳推理等方面充分发挥其主导作用，有目的、有计划、有层次地启迪学生的思维，充分发挥学生的主体作用。把学生当作教学活动的主体，使其成为学习活动的主人，让学生在观察、比较、讨论、研究等一系列活动中参与教学全过程，从而达到掌握新知识和发展能力的目的。

3. 运用迁移，深化提升。

运用知识的迁移规律，培养学生利用旧知学习新知的能力，从而使学生主动学习，掌握知识，形成技能。教法融于学法，学法体现教法。通过本节课的教学，使学生掌握一些基本的学习方法：

（1）学会通过观察、比较、推理来概括圆柱体积的推导过程。

（2）学会利用旧知转化成新知，解决新问题的能力。

（3）学会利用知识的迁移规律，将知识转化为相应的技能，从而提高灵活运用知识的能力。

三、教学策略的选择

现代教育心理学认为：小学生思维的发展是从具体形象思维向抽象思维过渡的。因此，依据小学阶段的认知规律，按照"具体感知—形成表象—进行抽象"的过程，我计划主要采用观察发现法、实验法，以及分组讨论、合作学习等形式，并运用多媒体课件辅助教学，让学生在观察、感知各种实物的基础上，通过动手操作、分组讨论、合作学习，同时教师进行恰当点拨、适时引导等方法与手段，激发学生的学习兴趣，调动其学习积极性，使学生通过动手操作、观察、实验得出结论，以此体现以学生为主体、教师为主导的教学原则。

四、教学程序

（一）情境引入

1. 复习。大家还记得长方体、正方体的体积是怎样计算的吗？让学生说出公式。接着，出示圆柱形水杯，提出以下问题：

（1）老师在杯子里面装满水，想一想，水杯里的水是什么形状的？

（2）你能想办法计算出这些水的体积吗？

（3）讨论后汇报：可以把水倒入长方体容器中，量出相关数据后再进行计算。

2. 创设问题情境。如果要求压路机圆柱形前轮的体积，或是求圆柱形柱子的体积，还能采用刚才那样的方法吗？刚才的方法并非一种普遍适用的方法，那么，在求圆柱体积的时候，是否存在像求长方体或正方体体积那样的计算公式呢？今天，我们就来一起研究圆柱体积的计算方法。（板书课题：圆柱的体积）通过创设问题情境，可以引导学生运用已有的生活经验和旧知，积极主动地思考，去探索并解决实际问题，同时还能制造认知冲突，营造出"任务驱动"的探究氛围。

（二）学习新课

1. 设疑揭题。同学们想一想，我们当初是如何推导出圆的面积计算公式的呢？课件演示推导圆的面积公式的转化过程。我们当时能把一个圆运用化曲为直、化圆为方的方法推导出圆面积的计算公式，那么现在能否采用类似的方法将圆柱切割拼合成一个学过的立体图形来求它的体积呢？引导学生以小组为单位进行合作交流、观察，进而动手操作。沿着圆柱底面把圆柱切开，可以得到大小相等的16块或更多块，启发学生说出可将其转化成我们熟悉的长方体。同时引导学生观察转化前后两种几何体之间的内在联系，圆柱的底面与长方体的底面有什么关系？圆柱的高与长方体的高又有什么关系？让学生进行交流、验证，自主推导出圆柱体体积的计算公式。之后，教师再用多媒体课件演示验证整个具体的操作过程，最后让学生说一说圆柱的体积计算公式的整个推导过程，并引导学生用字母将其表示出来。

2. 依据教材特点以及学生的认知过程，充分调动学生的学习热情，激发其求知欲望，调动学生的各种感官，引领学生亲自完成从演示—观察—操作—比较—归纳—推理的认识过程，促使知识在观察、操作、比较等活动中得以内化，实现从感性到理性，从具体到抽象的转变。这种教学方法符合学生的认知规律，有助于突出重点、化解难点。关于难点的突破，我主要从以下几个方面着手：

（1）引导学生亲自动手，通过观察比较，明确圆柱体的体积与它的底面积和高有关。

（2）运用知识迁移的规律，进行启发引导，循序渐进地引导学生在积极的思维活动中获得新知识。

（3）充分利用直观教具，通过师生互动、小组合作以及演示操作等方式，帮助学生探寻出两种几何体在转化前后的关系。

（4）依据新旧知识的衔接点，精心设计讨论内容，以此分散难点，促进知识的有效形成。

3. 运用公式计算。出示例题：一根圆柱形木料，底面积为75cm^2，长为0.9m。它的体积是多少？

先让学生自主尝试练习，请一名学生上台板演，在集体讲评时向学生提问：在解题时要注意什么？引导学生自行概括总结，通过学生的语言说出：（1）单位要统一；（2）求出的体积需使用体积单位。在学生掌握了圆柱体积计算的方法之后，安排例1进行尝试练习，这样做既可以调动学生的学习积极性和主动性，又有助于培养学生学习新知识的能力，同时还能促使学生将所学知识转化为相应的技能。

（三）巩固练习，检验目标

1．练习五第1题：计算下面各圆柱的体积。（单位：cm）该题目目的在于让学生进一步理解并巩固圆柱的体积公式。

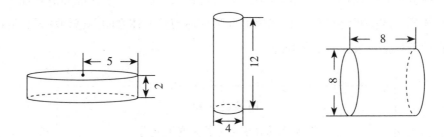

2．完成练习五第2题。借助该练习，巩固新知识，加深学生对新知识的理解，把所学知识进一步转化为实际能力，同时在练习中发展学生的智力，培养其优良的思维品质以及良好的学习习惯。

一个圆柱形油桶的底面直径是60cm，高是90cm，这个油桶最多可以装多少油？（数据是从油桶里面测量得到的。）

3．变式练习：已知圆柱的体积、底面积，求圆柱的高。

安排这道题的目的在于对所学内容进行深化，让学生在掌握基础知识的前提下，培养思维的灵活性，同时进一步深化教学内容，避免形成思维定式。

4．动手实践：让学生测量并计算自带的圆柱体体积的相关数据，进而计算体积。

教师提问：如果要知道这个圆柱的体积，应该采用什么方法呢？让学生说一说是怎样进行测量的，又是如何计算的。这道题的设计，一方面能够培养学生解决实际问题的能力；另一方面也有助于加深学生对圆柱体积计算公式的理解，并且将数学知识与学生的生活实际紧密结合起来，使学生切实体会到我们所学的数学是身边的数学，是有趣且有用的数学，从而激发学生的学习兴趣。

（四）总结全课，深化教学目标

结合板书，引导学生回顾并说出本节课所学的内容。这节课我们学习了哪些内容？圆柱体积的计算公式是怎样推导出来的？你有什么收获？

教师归纳：通过本节课的学习，我们明白了新知识的获取往往是借助已学的知识来解决的。今后，希望同学们多动脑、勤思考，善于运用转化的思想去解决生活中的问题。

五、板书设计

本节课我采用的是图示式板书。借助这种板书形式，学生能够清晰地了解圆柱体积公式的推导过程，直观地把握圆柱体与长方体之间的密切联系，同时也有助于学生对公式的记忆和理解。

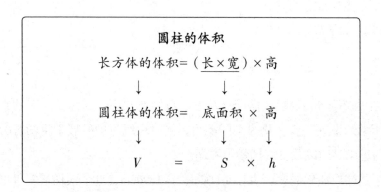

六、教学效果预测

《义务教育数学课程标准（2022年版）》指出："数学教学是师生交往、互动与共同发展的过程，教师是课堂气氛的调节者。"本节课我始终秉持以人为本的理念，从学生的兴趣出发，通过动手实践、自主探究和自主发现，使学生充分理解并掌握圆柱体体积公式的推导过程，并熟练地加以运用。

总之，本节课的教学设计遵循小学生的认知规律，从直观到抽象、从感性到理性，采用分组讨论、合作学习等形式，引导学生参与教学的全过程，以此增强学生的主人翁意识。同时，运用计算机多媒体教学课件辅助教学，有效激发了学生的学习兴趣，提高了教学效率与效益。不过，在圆满完成教学任务的同时，我也预估到可能会出现一些问题。例如，在具体的运用和实践环节，学生需要注意将圆柱的体积与圆柱的表面积加以区分，针对这一点，我在实际教学时会多加以指导和训练。

后 记

当最后一个句号落定，这场跨越三十年的自我对话暂告段落。泛黄的备课本、褪色的听课笔记、写满批注的作业本在纸页间悄然复活，化作可触摸的时光年轮。这部著作既是对我教育生涯的阶段性注脚，更是面向未来教育征程的再出发。全书以"研"与"教"的双重维度建构框架，源于对教师专业发展的深刻体悟——唯有在研究中深耕理论的沃土，在教学中培育实践的根系，方能真正抵达教育艺术的澄明之境。

上篇的写作犹如在教育的原野上开掘智慧的矿脉。当课题研究解开第一个教学困惑时，才发现那些藏在作业本里的错题、回荡在教室里的提问便是激发教学的活力，让我们触摸到教育创新的脉搏；在基于实践的真切思考里，每一篇教学随笔都带着粉笔灰的温度，每一次反思都源于课堂上学生欲言又止的眼神，每一次磨课都让我懂得了教育从来不是孤独的旅程。那些在研修中收获的批评与鼓励，都是照亮前行道路的星光。当研修积淀凝结成教育智慧时，愈发坚信教师专业成长应当如源头活水般生生不息。

下篇的字里行间则跳跃着课堂的体温。扎根课堂的教学设计章节，是无数个教学案例在理论框架下的重新绽放；为教学赋能的说课艺术，则试图将教师隐性的教学智慧转化为显性的专业表达。在撰写这些内容时，眼前常浮现出年轻教师们渴求成长的清澈目光，这促使我不断追问：怎样的教学指导才能真正唤醒教师内在的创造潜能？怎样的课堂设计才能让核心素养真正落地生根？教育的魅力，或许就在于它是一场"带着体温的遇见"——当我们把研究的视角对准学生，把教学的匠心融入细节，那些看似枯燥的理论便有了生命的质感。

特别需要说明的是，本书虽以个人教育实践为蓝本，但每个章节都是教研团队集体智慧的结晶。孩子们课堂上的真实反馈、同行们的不吝赐教，帮我褪去浮华、回归本真；课例研讨中迸发的思想火花、磨课中收获的珍贵建议、课题攻关时经历的思维碰撞，都已成为本书不可或缺的养分，是托举我不断前行的力量。

搁笔之际，更深切体会到教育写作的特殊价值——它不仅是经验的总结，更是对教育本质的持续叩问。书中所述的教学策略或许会随时代变迁而更迭，但其中蕴含的对教育规律的敬畏、对学生成长的关怀、对专业精进的追求，应当成为教育者永恒的精神底色。许多未竟的思考，是教育留给我们的"悬念"——它提醒着我们，教育是一门永远"未完成"的艺术，需要我们带着敬畏与好奇不断前行。教育之路永无终点，唯愿这本书能成为教师专业发展道路上的驿站，让同行者在此稍做休整后，以更澄明的教育心智继续前行。

作者

2023年7月30日